대서양의 무법자

대서양의 무법자
Outlaws of the Atlantic

지은이	마커스 레디커
옮긴이	박지순
펴낸이	조정환
주간	신은주
편집	김정연
디자인	조문영
홍보	김하은
프리뷰	문주현·신민경
초판 인쇄	2021년 11월 8일
초판 발행	2021년 11월 11일
종이	타라유통
인쇄	예원프린팅
라미네이팅	금성산업
제본	바다제책
ISBN	978-89-6195-285-9 03900
도서분류	1. 역사 2. 서양사 3. 해양사 4. 미국사 5. 영국사 6. 경제
값	17,000원
펴낸곳	도서출판 갈무리
등록일	1994. 3. 3.
등록번호	제17-0161호
주소	서울 마포구 동교로18길 9-13
전화	02-325-1485
팩스	070-4275-0674
웹사이트	www.galmuri.co.kr
이메일	galmuri94@gmail.com

일러두기

1. 이 책은 Marcus Rediker의 *Outlaws of the Atlantic : Sailors, Pirates, and Motley Crews in the Age of Sail* (Beacon Press, 2014)를 완역하고, 영어본에 없는 저자의 한국어판 서문을 추가한 것이다.

2. 단행본, 전집, 정기간행물, 보고서에는 겹낫표(『』)를, 소책자의 경우에는 홑낫표(「」)를 사용하였다.

3. 단체, 협회, 법률, 조약에는 가랑이표(〈〉)를 사용하였다.

4. 원서의 대괄호는 〔 〕를 사용하였고, 옮긴이가 덧붙인 내용은 [ ] 속에 넣었다.

5. 저자의 주석과 역자의 주석은 같은 번호를 가지며 옮긴이 주석에는 * 표시하였다.

6. 외래어로 굳어진 외국어는 표준 표기대로 하고, 기타 고유명사나 음역하는 외국어는 발음에 가장 가깝게 표기하였다.

스토턴 린드, 제시 레미쉬와 개리 내쉬에게,
또한, 알프레드 F. 영과 에드워드 톰슨의 영전에,
아래로부터의 역사를 가르쳐준 은사분들께 이 책을 헌사합니다.

월트 휘트먼은 자신의 서사적 시집 『풀잎』(1855)[1]에서 미국을 급속히 분열시켜 남북 전쟁으로 몰아가는 정치적 문제에 관해 썼습니다. 휘트먼은 이 시집에서 자유를 위해 남부의 속박에서 용감하게 북부 또는 캐나다로 도망친, 수천 명의 아프리카계 아메리카인 도망자의 이야기를 다루었습니다. 그는 이들의 탈출과 그 과정에 있는 극도의 위험을 상상해 보았습니다.

울타리에 기대어 숨을 몰아쉬며 땀으로 범벅이 된, 도망자 노예

그의 다리와 목에 바늘처럼 꽂힌 아픔, 목숨을 앗아가는 산탄과 탄알

나는 이 모든 것을 느끼니, 이제 그 자체가 된다.

나는 쫓기는 노예이고, 개에게 물려 움츠린다.

지옥 같은 곤경과 절망이 내게 엄습하고, 사수는 계속해서 방아쇠를 당긴다.

나는 울타리 난간을 움켜쥐고, 응혈이 땀과 뒤엉켜 뚝뚝 떨어진다.

나는 잡초와 자갈 위로 쓰러진다.

추적자들은 내켜 하지 않는 말에 박차를 가해 바짝 추적하고,

멍한 나의 귀에 대고 소리 지르고 채찍 손잡이로 내 머리를 거세게 후려친다.

이제 나는 고뇌의 옷으로 갈아입는다.

나는 상처받은 자에게 그 기분을 묻지 않는다.

나 스스로 그 상처받은 사람이 된다.

내 지팡이에 기대어 보면, 내 상처는 검푸른 빛으로 변한다.

위대한 시인은 다소 과장하여 요점을 표현했습니다. 그는 이 도망자가 "될" 수는 없지만, 자유 투쟁에 공감하고 인간적인 관점에서 현실화하여 독자들에게 그 힘을 전달할 수는 있습니다. 이 구절에서 휘트먼은 "아래로부터의 역사"history from below라고 지칭되어온 어떤 것의 핵심 지점들을 포착하고 있습니다. 아래로부터의 역사는 이 책의 접근 방식이기도 합니다. 그는 계급과 착취 그리고 권력의 문제를 파악했습니다. 그리고 저항의 경험을 이해하고 이러한 경험을 불러오기도 합니다. 그는 투쟁하는 평범한 노동자들과 자신을 동일시합니다. 그리고 그들을 역사를 경험할 뿐만 아니라 변화시키는 능동적인 동인動因으로 대하며 존중합니다.

『대서양의 무법자』는 과거에 대한 이러한 접근 방식을 이르는 여러 이름 중 하나인 "아래로부터의 역사"를 담은 작품입니다. 이러한 역사는 "사람들의 역사", "급진적 역사", "아래에서 위로의 역사"라고 불립니다. 어떤 이름을 선택하든, 이러한 종류의 역사는 지난 반세기 동안 사회사의 출현과 눈부신 성장에서 부인할 수 없는 중요한 부분을 차지하였으며, 전 세계적으로 역사학 분야와 역사학 전문가 사이에서 가장 중요한 발전 중 하나로 꼽히고 있습니다.

아래로부터의 역사는 길고 깊은 뿌리를 가지고 있습니다. 이 문구는 1930년대 프랑스 혁명의 역사가인 조지 르페브르에 의해 만들어졌습니다. C.L.R. 제임스와 E.P. 톰슨 그리고 크리스토퍼 힐은 이 장르에 해당하는 고전 작품을 저술했습니다. 이 개념의 형성 과정에서 가장 주요했던 시기는 1960년대와 1970년으로, 이 시기는 아래로부터의 다양한 운동을 전개한 "신좌파"가 형성되고, 새로운 세계와 새로우면서 더 민주적이며 더 포괄적인 역사를 요구하던 시기였습니다. 시민권과 흑인 인권 운동, 베트남 전쟁 반대 투쟁, 여성 운동은 우리가 노예제, 인종, 제국주의, 젠더를 보다 심각하게 받아들여야 한다고 주장했습니다. 주로 미국과 세계의 다른 지역에서 학계 외부의 정치 운동을 통해 시작된 아래로부터의 역사는 보수적인 주류 역사가들이 세워놓은 "위로부터의 역사"와 위대한 백인 남성의 역사 그리고 그들의 "영웅적인" 국가적 업적에 대한 근본적인 도전을 제시합니다. 아래로부터의 역사를 연구하는 역사가 중 일부가 대학으로 옮겨간 후에도, 이러한 역사는 반란 정신을 여전히 품고 있었습니다.

나 스스로도 이러한 운동의 산물이었으며 이 책도 마찬가지입니다. 나는 1969년 베트남 전쟁이 절정에 달했을 때 대학에 다녔고, 환멸을 느끼면서 학교를 그만두었습니다. 그 후 나는 다른 가족 구성원과 마찬가지로 공장에서 일했고, 거기에서 진정한 교육을 받을 수 있었습니다. 1974년에는 다시 학교로 돌아가기로 했고, 학위를 얻은 후에 아래로부터의 역사를 연구하고 가르치는 사람이 되었습니다. 나는 미국의 과거와 미래에 대한 새로운 비전을 만드는 데 참여하고 싶었습니다.

나는 지금까지 거의 반세기 동안 이런 종류의 작품을 썼고, 국제적 다민족 선원, 해적, 계약하인indentured servant, 노예 반란, 그리고 우리가 사는 세상을 건설한 모든 종류의 노동자들을 포함하는 역사에서 "잡색 부대"의 삶과 그들이 역사를 만들었던 힘을 강조해왔습니다. 한국의 독자들은 『대서양의 무법자』를 통해 선원들 간 소통의 사회사에서부터, "아래로부터"의 전기들biographies, 그리고 바다와 해변에서 정의와 더 나은 삶을 요구하며 봉기한 사람들의 역사적인history-making

행동들에 이르기까지, "아래로부터의 역사"의 다양한 사례를 만나게 될 것입니다. 이 책은 저항의 시정詩情과 그것이 오늘날과 갖는 관련성을 포착하고자 합니다.

월트 휘트먼과 신좌파의 연구-활동가들은 작가가 논쟁을 내려다보는 위치가 아니라는 점을 이해하고 있었습니다. 과거의 패턴과 의미를 관찰하고 분석하는 데에 중립적이고 비정치적인 입장은 존재하지 않습니다. 이어지는 글에서 나는 내가 연구한, 억압받고 착취당한 사람들과의 윤리적인 관계를 발전시키려고 노력했습니다. 오래전에 죽은 사람들과의 관계는 상상의 영역이지만, 중요하지 않다는 의미는 아닙니다. 나는 이 책을 쓰면서, 평등과 정의를 위해 싸웠음에도 기존의 대부분 전통적인 "하향식" 역사책에서 제외된 사람의 기록을 바로잡을 수 있을지, 스스로에게 물어보았습니다. 대답은 과거를 돌아보는 연대를 보여주고 그들과 함께 "동반"하여 역사를 걸어가는 것입니다. 이처럼 활동가 역사가 스토턴 린드가 제안한 "동반"이라는 용어를 사용하여 지식인과 아래로부터의 노동자 운동 사이의 평등한 관계를 묘사할 수 있을 것입니다. 휘트먼도 이에 동의했을 것입니다.

지금까지 내가 쓴 책 세 권을 출판한 갈무리 출판사의 번역자와 편집자 그리고 직원들에게 따뜻한 감사를 전합니다. 나는 갈무리 출판사의 저자인 것을 기쁘게 생각합니다. 한국에서 이 책이 새로운 독자들에게 인사드릴 수 있게 되어 기쁩니다. 우리에게는 아직 이루어갈 역사가 많이 있습니다…물론 아래에서부터 이루어가야 할 것입니다.

2021년 11월

마커스 레디커

나는 대서양의 무법자에 관한 이 책을 작고한 나의 어머니 루실 파넬 로버트슨의 이야기로부터 시작하고자 한다. 그녀는 사방이 육지로 둘러싸인 켄터키주의 던모어라는 작은 마을에서 태어났다. 어렸을 적의 기억을 더듬어보면 던모어에는 대부분 빈민만 살고 있었다. 어머니의 아버지, 그러니까 나의 외할아버지는 석탄 광부였다. 외할머니는 어머니가 두 살 때 돌아가셨는데 당시 그 계층의 사람들에게는 흔한 일이었다. 시골 지역의 많은 가난한 사람들과 마찬가지로 나의 어머니도 겹사촌double first cousins 1을 포함해서 조밀하게 모여 사는 친척 관계 속에서 살고 있었다. 그들 중에는 예술적 소질을 가진 공장 노동자도 한 명 있었다. 그는 수년에 걸쳐 우리에게 감성적인 그림을 끝도 없이 보냈다. 어느 날 나의 어머니가 최근 도착한 그림을 자랑스럽게 가리키며 설명했다. "이 그림은 켄터키 러셀빌의 은행 그림이란다."

"이게 뭐라고요?" 나는 혼란스러웠다. "도대체 누가 켄터키 러셀빌에 있는 은행 그림을 그리고 싶어 해요?" 나는 천진하게 물어보았고 돌아오는 대답은 "어이구, 대단하신 역사 전문가께서는 켄터키 러셀빌 은행의 역사적 중요성은 모르시나 보네."였다. 나는 고개를 갸웃하며 "몰라요. 어머니, 말해주세요."라고 답했다. 그녀는 웃으며 역사 이야기로 답해주었다. "러셀빌 은행은 제임스 일당이 처음으로 털었던 은행이란다."

그녀가 말한 일당이란 남부 윗지방과 중서부 전역에서 은행을 강탈하며 미국 역사상 가장 위대한 무법자가 된 악명 높은 두 명의 일당, 제시와 프랭크 제임스를 두고 한 말이었다. 실마리가 잡히자 당황은 잦아들었다. 나는 "던모어 주변에 살던 사람들은 제임스 일당을 어떻게 생각했어요?"라고 물었다. 그녀는 잠시 생각에 잠긴 후에 곧 쾌활한 남부 켄터키 억양으로 대답했다. "그들은 좋은 사람들이었어. 단지 작은 문제가 있었을 뿐이야."

작은 문제? 그들은 열 번이 넘도록 은행과 열차 강도를 자행했고 수많은 살인을 저질렀다. 지방과 주 그리고 연방 당국은 그들을 잡으려고 모든 추적자를 동원했고 결국 격렬한 총격전이 발생하며 더 많은 사망자가 발생했다. 제시는 결국 1882년에 한 현상금 사냥꾼에게 살해당했고 이 사냥꾼은 후에 프랭크 제임스가 그를 쫓아 죽이러 온다는 공포에 떨며 자살했다. 작고 조용한 던모어(현재 인구 317명)의 기준으로 본다면 이 "작은 문제"는 보통 일이 아니었다. 나는 이런 무법자들이 우리 가족의 역사 주변에 있다는 사실이 즐겁고 꽤 흥분되기도 했다. 나는 과감히 다른 질문을 던져보았다. "던모어 주변에 살던 사람들은 제임스 일당이 러셀빌에서 은행을 털었다는 점에 대해서 신경 쓰지 않았나요?" 나의 어머니는 대답하는 데 잠시의 시간도 필요하지 않았다. 그녀는 또렷한 목소리로 단숨에 대답했다. "던모어 사람들은 은행에 맡길 돈이 없었단다. 그들은 너무 가난했지."[2]

내 사촌의 그림 덕분에 나는 나의 어머니를 포함한 던모어의 사람들이 제임스 일당을 범죄자라거나, 심지어는 나쁜 사람들이라고 생각하지 않았다는 사실을 알 수 있었다. 그들은 작은 문제가 있는 좋은 일당이었다. 그뿐이었다. 그들은 어느 정도의 대중적 지지를 모았고 심지어 스스로 저지른 일에 관해 자부심까지 가지고 있는 무법자였다. 혹은 또 다른 관점에서 본다면 법이 범죄를 가늠하는 것도 아니었다. 제임스 일당은 역사가 에릭 홉스봄이 묘사한 전형적인 "사회의적단"social bandits이었다.[3]

◇

나는 역사가로서 나의 모든 경력을 무법자에 관한 기록에 바쳤고, 그래서 이 주제에 관한 내 생각과 글을 모아 이 책『대서양의 무법자』에서 펼쳐낼 수 있다는 것이 특히 즐겁다. 나는『악마와 검푸른 바다 사이에서』(1987)에서 무법자의 정수라고 할 수 있는 선원과 반란자 그리고 해적에 관한 이야기를 썼고 이후 더 넓은 주제로『만방의 악당들』(2004)을 썼다. 피터 라인보우와 함께 쓴『히드라』(2003)에서는 대서양 자본주의 형성에서 무법자들의 역할을 다루기도 했다. 여기에서는 선원, 노예, 계약하인 그리고 법을 어기고 대양에서의 삶으로 뛰어든 많은 사람, 위대한 대서양 시대에 해적, 밀수업자, 반란자 그리고 다양한 종류의 혁명가로 나타난 새로운 형태의 무법자 이야기를 썼다. 그 후로『노예선』(2007)과『아미스타드 선상 반란』(2012)이 출간되었다. 두 책은 모두 노예가 된 아프리카인들의 단호한 행동을 통한 하갑판으로부터의 반란을 강조하고 있으며, 이는 노예제도와 노예제도 폐지의 역사 저변에 짙게 드리워져 있다.[4]

이 책은 대서양을 배경으로 한 자본주의의 전 세계적 부흥 과정에서 인간 활동과 역사적 변화의 장이 된 바다를 탐색한다.「프롤로그」에서는 "대항해시대" 대서양의 장면을 그리고 있다. 1장은 선원을 세계 전역의 의사소통 매개체인 이야기꾼으로 묘사한다. 여기에서는 타르 묻은 바지로 인해 잭 타르Jack Tar로 불렸던 선원이 어떻게 철학, 정치적 사고, 극예술, 시 그리고 문학의 고결한 역사에 영향을 주었는지 보여준다. 바다는 비록 이해할 수 있는 부분이 많지는 않지만, 심오한 소통이 존재하는 장소이다. 이어지는 여섯 편의 글은 나무배와 강철 사나이의 시대인 17세기 후반에서 19세기 초반 사이의 시기를 배경으로 한다. 여기에서는 아프리카인 노예들이 선원과 계약하인 그리고 반란자, 도망자, 해적이 되어 바다를 온갖 해상 반란으로 뒤덮으며 보여준 저항 역사의 연대기를 개략적으로 전개한다. 2장에서는 바다 사나이 에드워드 발로우의 삶과 함께 노동의 장소로서의 바다를 살펴본다. 3장에서는 1685년 영국 몬머스 반란 후에 "계약하인"이라 불리는 상품으로 팔리게 된 헨리 피트먼을 따라 또 다른 "아래로부터의 일대기"를 전개한다. 그는 바다를 도피의 장소로 활용했다. 4장은 1710년대에서 1720년대까지의 해적을 주제로 삼고 대안적 사회 구조 구축을 위한 장소로서의 바다를 분석한다. 5장에서는 급진적 사상의 발생지로서의 바다를 논의한다. 여기에서는 대서양 선원과 아프리카인 노예 그리고 다인종 집단을 아메리카 독립 혁명에 혁명적 역할을 수행한 사람으로 보았다. 6장은 18세기 서아프리카인에 대한 탐구인데, 이들은 "노예"라는 상품으로 불리면서도 노예라는 개념 자체와 그 관습에 강하게 저항한 집단이었다. 그들은 바다를 반란의 장소로 삼았다. 이 주제는 마지막 장까지 이어진다. 아미스타드호의 선상 반란(1839)의 주동자들은 바다를 투쟁의 장으로 활용했는데, 당시 그들의 반란을 해적 이야기로 여기는 시각들이 있었고, 그런 관점이 결국 이 역사적 사건의 판결 결과에도 영향을 미쳤다. 이 책은 선원, 노예, 해적 그리고 잡색 부대가 어떻게 우리가 오랫동안 백인, 엘리트, 국가 그리고 육지의 것이라고 여겨왔던 역사를 형성했는지를 보여주는 "무법의 대서양"에 관한 견해로 마무리된다. 이 세계주의적cosmopolitan 노동자들은 세계화의 새 시대를 사는 우리에게 들려주고 싶은 이야기가 많을 것이다.

:: 프롤로그

　유럽의 심해 범선[1]과 이 배를 타고 항해하는 뱃사람들은 세계를 변화시켰다. 콜럼버스가 대서양을 건넜던 산타마리아호에서, 마젤란이 세계를 일주한 빅토리아호에서, 그리고 일곱 개의 바다와 대륙 그리고 그곳의 사람을 연결하는, 늘어가는 상선과 해군의 함대에서, 당시 가장 정교한 기계에 올라타 일했던 잡색 부대motley crew 승선원들이 역사를 만들었다. 은과 향신료 그리고 실탕과 같은 상품을 먼 거리에 수송하면서 그들은 세계 시장과 국제 경제를 형성했다. 상인과 정착인 그리고 제국 건설자를 아프리카, 아시아 및 아메리카로 옮기면서 그들은 전 세계의 정치 질서를 변화시켰다. 심해 범선의 선원은 이렇게 식민주의와 자본주의의 부흥 그리고 골치 아픈 우리 시대의 근대화와 같은 중대한 변화를 가능케 했다.

　그러나 선원은 한 번도 역사서에서 마땅한 대우를 받은 적이 없다. 베르톨트 브레히트는 "일곱 개의 성문을 가진 테베를 누가 건설했는가?"라고 물었다. 그는 "책을 채운 것은 왕의 이름들뿐이다."라고 답했지만, 이내 "울퉁불퉁한 돌덩이를 나른 이들이 왕이었는가?"라는 의문을 남겼다. 바다의 역사를 바라보는 우리의 관점은 콜럼버스와 마젤란과 같은 탐험가와 허레이쇼 넬슨과 같은 제독으로 오랫동안 점철되었지만, 마침내 변화가 일어나기 시작했다. 지난 세대들이 알고 있던 "위대한 자"들과 바다를 통한 국가적 영광의 역사는 일반 선원과 수많은 그들의 투쟁 연대기 앞에 도전받게 되었다. 해양사는 계약하인과 아프리카인 노예들을 포함할 만큼 성장했고 대서양을 건너던 그들의 인생은 무시무시하면서도 잘 갖춰진 중간 항로에서 그대로 드러났다. 1970년대 이후 사회사의 부상은 당연하게도 많은 역사적 주체에 관한 우리의 관점을 변화시켜왔지만, 해양사만큼 극적으로 재정립되는 모습을 본 사람은 거의 없을 것이다.[2]

최근 국가를 초월하는 세계사의 부흥에서 선원은 국가 역사에서 차지하던 관례적 위치인 변두리에서 보다 중심적 위치로 이동하며 그들의 노동이 단지 세계를 연결했을 뿐만 아니라 새로운 세상을 만들 수 있게 했다는 점을 보여주었다. 결정적인 역사적 과정들이 해상에서 펼쳐졌다는 점, 그리고 거기에 있던 뱃사람들이 역사를 만드는 데 가장 중요한 사람들이었다는 점은 점점 더 분명해지고 있다. 지난 30년간 내 연구의 집합체인 이 책은 이 두 변화 모두에 초점을 맞춘다. 이 책은 항해와 노예의 역사에서 대서양사와 세계사를 연결하고, 자본주의의 부상과 종종 문자 그대로의 의미에서 '아래로부터' 즉 하갑판에서부터 제기되었던 자본주의에 대한 수많은 도전을 연결 짓고 있다.[3]

아래로부터의 해양사를 쓰면서 나는 옛 해양사의 엘리트주의뿐만 아니라 더 미묘하고 이해되지 않은 장애물에 직면했다. 바로 지표면의 육지 공간만이 실제라고 보는 공인되지 않은 가정이었다. 이러한 가정을 그저 생각의 차이 정도로 치부하는 것은 옳지 않을 것이다. 이러한 가정은 오히려 정신적 반사작용이며 본능이라고 할 수 있고 단순히 넘어가기에는 너무나 강력하고 너무나 널리 퍼져있다. 누군가는 이러한 가정이 오랜 역사를 가진 깊은 구조의 서구적 사고인 망딸리떼[4] 차원의 문제라고 보았다. 그러나 내가 육지중심적terracentric이라고 부르는, 세상을 보는 이러한 관점은 분명 18세기 후반 근대 국민국가의 부흥으로 강화되었다는 점 역시 강조되어야 한다. 이 시기 이후로 권력과 주권은 "인민"과 그들의 땅에 관한 특정한 인종적, 시민적, 국가적 정의와 연결되었다. 동시에 낭만주의 세대는 문학가 마거릿 코헨이 "배 바닥에 괸 더러운 물과 노동하는 사람들"이라고 기록한 진짜 배와 선원이 가득한 바다는 "내버려 두었고" 바다를 미학적 관조에나 걸맞은 거칠고 숭고하며 상상의 모습으로 가득한 장소로 바꿔놓았다.[5]

육지중심주의의 또 다른 측면에는 세계의 바다가 영토와 국가의 실제 공간 사이에 존재하는 공허와 같은 비현실적 공간이라는 암묵적인 명제가 있다. 육지 사회 편향이라는 이 논리는 소설가 조지프 콘래드와 철학가 미셸 푸코와 같은 사상가의 작품에 극단적인 대조를 이루며 명확히 드러난다. 상당한 시간을 바다에서 보냈던 콘래드는 대양을 항해하는 배를 "지구에서 떨어져 나온 파편"이라고 불렀다. 이 문장은 배가 단지 육지에서 단절되었을 뿐만 아니라 어찌 보면 우리 행성에서 분리되어 따로 존재한다고 암시하고 있다. 푸코는 배를 "떠다니는 공간의 조각, 장소 없는 장소, 스스로 존재하고 스스로 닫혀 있는 동시에 무한한 바다에 흡수된" 것이라고 불렀다. 이러한 체제에서 대양은 멀리 떨어진 장소가 아닌 유토피아의 원래 의미인 "장소가 아닌" 무언가를 의미한다. 두 경우 모두 바다를 인간 노동과 거주를 위해 실재하는 물질적 공간이자 주체성이 형성되고 역사가 만들어지는 장소로 간주하기를 거부하고 있다.[6]

서인도의 시인 데렉 월컷은 그의 시 「바다는 역사」에서 서양의 육지중심적 편향을 폭로하고 비판했다. 그는 이 시에 고향을 떠나 흩어져 사는 아프리카인들의 경험을 반영했다.

자네 기념비, 자네 전투, 자네 순교자는 어디 두었소?
이보시오. 자네 부족의 기억은 어디 두었소?

바다. 그 회색빛 지하실에.

바다는 역사. 바다가 그들을 가둬버렸소.[7]

월컷은 우리에게, 바다를 역사가 없는 빈 장소로 여기는 것과 같은 무의식적으로 깊이 박힌 육지중심주의적 믿음을 극복하도록 요구한다. 회색빛 지하실을 열고 그 깊이 숨겨진 비밀이 드러나도록 하는 것이 우리의 임무다.

◇

이 책은 유럽 북부의 심해 범선이라는 특정 해상 기술에 의존한 제국의 형성과 자본주의의 부흥의 역사적인 장소로서 대서양을 조사함으로써 이러한 비밀을 열려고 한다. 대략 1500년에서 1850년까지의 "대항해시대" 동안, 이 함선은 세계에서 가장 정교하고 중요한 기계였다. 소설가 베리 언스워스는 이 함선을 "나무와 돛 그리고 삼hemp으로 만들어진 기계 기관"이라고 불렀다. 이 유럽 권력의 전 세계적인 도구는 약탈과 정복 그리고 결국 오늘날까지 이어진 정치적이고 경제적인 지배라는 엄청난 일을 가능하게 했다.[8]

3등급 전함의 그림은 심해 범선의 구조를 보여준다. 이 함선은 세 개의 갑판, 수많은 격실, 크고 작은 통에 비축된 물자, 소화기와 화약 및 대포, 매우 복잡한 삭구로 구성되어 있다. "함포 전함"은 기동성과 속도 그리고 엄청난 파괴력을 겸비했다. 세계 어느 곳에서도 이전에 이러한 기계를 본 적이 없으므로, 이 함선은 나타나는 곳마다 놀라움을 자아냈다. 이 함선은 "떠다니는 섬"으로 불렸고 실제로도 그랬다. 일부 전함은 1천 명이 넘는 승무원이 타고 있었고 이는 작은 마을 수준이었다. 화기를 발사하면 놀라움은 공포로 변했다. 한 목격자는 유

"전함, 3등급, 삭구 등, 정박 중"

럽인이 아닌 자들이 "예수를 숭배하게" 만들 만큼 위협적이었다고 기록했다.9

무장한 유럽의 심해 범선은 사유재산을 위해 광대한 해상 공통장을 안전한 곳으로 만드는 수단이었다. 이 함선은 유럽의 제국주의 지배력이 전 세계의 바다에 미치도록 했다. 이 함선은 15세기 후반 이후로 바다에서 상품을 유통할 수 있게 하며 전 세계적 자본의 축적이라는 결과를 낳았고 이와 관계된 일련의 심대한 변화를 일으켰다. 아마도 이 중에 가장 큰 변화는 세계 시장의 창출이었을 것이다. 세계 시장의 존재는 단순하게 요약될 수 있다. 함선이 없으면 세계 시장도 없다. 물이 이 세상의 대륙들을 연결하고 있기 때문이었다. 그리고 물론 함선은 선원의 집단 노동이 있었기 때문에 움직일 수 있었다. 그들은 느리고 변덕스럽게 세계 경제를 짜 맞추었고 서로 다른 세상에 살고 있던 다양한 지역(아프리카, 남·북아메리카, 아시아)을 확장된 하나의 전체로 통합했다.[10]

역사가 에릭 홉스봄은 "상품을 위한 크고 확장된 시장의 창출과 무상 노동의 확대 및 활용은 함께 나타날 수밖에 없으며, 두 가지 양상으로 나타나는 하나의 과정일 뿐이다."라고 기록했다. 그렇게 전에 없던 대규모 무보수 노동자들의 손으로 작동되었던 것이 유럽의 심해 범선이었다. 전 세계의 함선 운용에는 해상 프롤레타리아가 필요했고 배에 올라탄 구성원은 "일손"hands으로 불렸다. 선원들은 보통 생산수단(땅이나 기술 또는 생산 도구)을 갖고 있지 않았고 따라서 생계를 위해서는 손을 쓰는 노동자가 될 수밖에 없었다. 세계를 항해하는 선단을 구성하는 과정에서 유럽의 지배계급은 노동을 상품으로 간주하는 법을 배웠고 돈을 위해 국제 시장에서 뱃사람들의 노동력을 사고팔았다. 근대 경제학의 아버지 윌리엄 페티 경은 1690년에 "뱃사람의 노동과 함선의 화물은 언제나 수출 상품의 성격을 띠고 있으며 그것들이 수입되는 양보다 과잉되면 돈이나 기타의 것들이 자국으로 흘러들어온다."라고 기록했다.[11]

또한, 세계의 물과 땅을 지배하던 유럽의 지배자들은 노동력을 상품으로 간주하는 또 다른 중요한 방법이 있다는 점을 알게 되었다. 대형 범선은 다시 한번 그 과정의 중심에 서게 되었다. 노예선 브룩스호

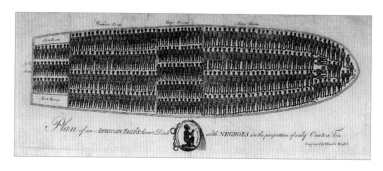

"아프리카 함선의 하갑판 개요" (브리스틀 기록 관리소)

는 1782년에서 1804년 사이에 리버풀을 기점으로 항해하며 5천 명 이상의 아프리카인을 대서양 건너편에 운송하며 아메리카 노예사회의 싹을 틔웠다. 노예무역 폐지론자가 그렸던 이 익숙한 그림 〈아프리카 함선의 하갑판 개요〉는 당시의 독자들이 노예무역에서 인간이 느끼는 공포를 실감할 수 있도록 하갑판의 비좁은 공간에 빼곡히 쌓인 사람들의 모습을 그렸다. 개별 정체성의 체제적 소멸에는 엄청난 공포가 내재한다. 노예선은 아메리카의 농장을 위해 아프리카인 무리를 대량으로 생산하는 공장factory 12의 모습으로 나타났다. 노동력은 상품의 면모를 갖추기 위해 잔인하게 만들어졌다. 이 그림은 이 산업이 갖는 악질적 속성의 핵심을 짚고 있었다.13

이 그림은 다소 덜 친숙하기는 하지만, 영국군함 베드포드호와 같은 동시대의 해군 함선과 의미 있는 비교를 가능케 한다. 여기에서는 실제 인물의 신체가 아니라 선원들이 하갑판에서 잠을 청하던 해먹을 하나씩 따로 그려 넣었으며, 그 모습이 노예선에 잡힌 아프리카인들에 비해 크게 더 넓게 보이지는 않는다. 만약 브룩스호의 표현이 충격과 공포를 보여주려고 했다면 베드포드호의 그림은 어떻게 수백 명의 선

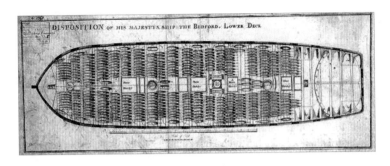

영국군함 베드포드호의 하갑판 (국립 해양박물관)

원(원본에서는 파란색)과 해군(빨간색)이 전함의 하갑판에 실제로 거
주하고 있었는지 보여준다는 다소 무미건조한 목적을 가지고 있었다.
양쪽 모두에서 상품으로서의 노동력 묘사가 주요한 목적이었다. 노예
와 자유노동 모두를 포함하는 근대 자본주의의 근본적 계급 관계는
이처럼 배를 통해 마련되었다.

　유럽의 지배자들이 대서양을 넘나드는 자본주의 경제를 조직하면
서 그들은 필연적으로 그들 국가와 주변 세계의 노동자들 사이에서
새로운 관계를 창출했다. 이 점을 다른 방식으로 놓고 보면 더 큰 이
익 생산을 위한 조직은 전 세계적으로 새로운 협력적 노동 분업을 요
구하고 있었다. 위대한 서인도의 학자이자 활동가인 C.L.R. 제임스는
다음과 같이 기록했다. "더 많은 자본이 성공적으로 조직될수록 필연
적으로 더 많은 노동 계급이 조직된다." 대서양을 넘나드는 축적의 역
동은 세계의 상품을 생산하고 수송하는 전에 없이 크고 다양한 무리
가 형성하는 집합적 노동관계에 의존했다. 농업 노동자들은 기술 노
동자에 연결되어 있어야 했고 이들은 다시 부두 노동자와 선원에게
연결되었다. 자본주의 경제의 확장과 함께 이러한 연결이 늘어나면

서 새로운 일이 일어나기 시작했다. 자본의 생산력에 의해 함께 모인 이 무리의 사람들이 그들만의 계획을 품기 시작한 것이다. 간단히 말해 자본을 위한 그들의 협력이 다른 무언가로 변질하였다. 예를 들어 1768년 런던에서 선원들은 항해를 위해 협력하며 그들 사이에 공통의 관심사를 발견했다. 그들은 임금 삭감 이후 함선과 함선을 옮겨 다니며 돛을 내려버렸고strike(접어내리기taking down)14 세계에서 가장 큰 함대의 발을 묶었다. 이렇게 "파업"이 탄생했고 이와 같은 저항은 전 세계 노동자들 사이에 급속히 피졌다. 탈주, 선상 반란, 해적질, 노예 봉기, 도시 시위 그리고 폭동, 거기에 심지어 혁명까지 아우르는 다양한 형태의 저항은 새로운 형태의 협력 속에서 나타났으며 이는 모두 이 책에서 상세하게 다루어진다. 축적을 위한 대서양 상업 네트워크는 대서양의 자주적 활동과 전복 행위의 네트워크가 되었다. 위로부터의 자본주의와 제국 조직은 아래로부터 올라오는 자본주의와 제국에 대한 저항을 창출했으며 우리는 이어지는 장에서 이를 마주하게 될 것이다.15

1장   선원의 허풍

1724년 바다에 관해 잘 알고 있던 찰스 존슨 선장은 지식의 세계 순환에 관한 중요한 사실을 관찰했다. 그는 "위대한 학식을 갖춘" 수학자들과 지리학자들은 지식 습득을 위해 개인적 연구의 범위보다 멀리 다녀본 경우가 거의 없어서 세상의 사람과 장소에 관한 정확한 설명을 할 자격이 없다고 기록했다. 그러한 지식은 그들 경험 밖의 것이었다. 이러한 지식인 신사들은 "무학자無學者들의 보고에 그들의 학식을 의존한다."는 게 선원들 사이에 도는 말이었다. 존슨은 "우리가 가진 모든 지도와 도해가 극도로 불완전한 것은 선원들의 무지함 때문이다."라고 진지하게 결론 내렸다.[1]

내 관점에서 존슨 선장이 지도의 불완전함을 선원의 탓으로 돌리는 것은 잘못된 일이었다. 또한, 그가 선원들을 무학자라고 말한 점도 잘못된 일이었다(당시 일반 선원의 3분의 2는 자신의 이름으로 날인을 할 수 있었다). 그러나 더 진중한 존중을 갖고 다른 견해로 본다면 그는 자신이 무엇에 관해 말하고 있는지 정확히 알고 있었다. 수학자와 지리학자뿐만 아니라 철학자와 정치가, 그리고 특히 작가까지 포함한 지식인 신사들은 오래전부터 전 세계 노동 분업에서 전략적인 위치를 차지하고 있던 선원들과 이야기를 나누고 그들로부터 배우기 위해 부두에 드나들고 있었다. 대항해시대에 그들은 나무로 만든 작은 세계의 노동자였고 그들의 마음과 몸이 전 세계적 소통의 방향타였다. 이는 지난 세대 해양 역사가가 이뤄낸 가장 위대한 발견 중 하나이며 우리가 사는 행성의 역사에 관한 우리의 이해와 매우 관련이 있는 사실이다. 만약 우리가 대항해시대의 인간 공동체community를 이해하고자 한다면 우리는 같은 어근을 가진 또 다른 개념, 즉 소통communication을 이해해야만 한다.

만약 18세기에 항구 도시가 세상에서 가장 세계주의적cosmopolitan

장소였다면 해안가는 항구 도시 안에서 가장 국제적인 장소였을 것이다. 대양이나 연안 또는 강 옆에 형성된 여러 구역은 세계 시장의 상품이 배에 실리거나 내려져 이 배에서 저 배로 옮겨지거나 운송되던 장소였다. 이러한 작업은 잡색(즉, 다인종) 인류의 집합체의 손에 맡겨졌고, 이는 당시 세상 어디에서도 쉽게 찾아볼 수 있는 모습이었다. 함선의 갑판에서부터 부두와 거리, 창고, 주점, 선술집 그리고 여인숙에 이르기까지 해안가는 "문화적 접경지대"의 형성에서 최전방이자 가장 중요한 장소였다. 이러한 장소는 "프롤레타리아 공공 영역"의 물질적 환경을 구성했지만, 그 중요성은 여전히 널리 알려지지는 않았다. 이곳에는 그들만의 소통 수단이 있었고 선원들이 그 중심에 있었다.[2]

이러한 영역, 구역, 장소 그리고 그곳의 세계주의적 해양 노동자들이 이 장의 주제이다. 선원의 "보고"는 그들의 이야기이며 더 구체적으로 말하자면 그들의 허풍yarn이었다. 가장 넓은 의미로 보자면 그 허풍이 대항해시대의 국제적 공동체를 창출하도록 도왔다. 이 주제는 나처럼 35년 이상 선원에 관해 연구한 사람에게조차 큰 주제이며 어떤 면에서는 완전히 다루기에는 불가능한 주제이기도 하다. 따라서 나는 "지식과 경험의 첫걸음"이라는 말로 이 글을 시작하고자 한다. 선원의 허풍은 커다란 배에서 일하는 사람들이 대양과 대륙을 연결했을 때 세계가 어떻게 작동했는지 이해하는 열쇠가 된다.

이야기꾼

선원의 허풍이라는 난해한 어떤 것의 기원과 의미를 이해하기 위한 내 여정에서 나는 독일의 유대인 작가이며 비평가인 발터 벤야민이라는 좋은 뱃동지shipmate를 발견했다. 「이야기꾼」이라는 글에서 벤야민은 이야기를 전하는 사람에는 역사적으로 두 가지 필수 유형이 있다고 설명한다. 하나는 "먼 곳에서 찾아와" 이야기를 가지고 다니는 자들로 이들은 방랑 선원으로 요약될 수 있고, 또 하나는 "집에 머무르면서" 땅을 고르며 지역의 이야기와 전통을 알고 있는 자들로 이들은 농민으로 요약될 수 있다. 글의 후반부에 그는 이전 두 가지 유형의 측면을 결합하고 있으면서 전혀 다른 유형의 노동에 기반을 둔 기능공이라는 세 번째 유형을 추가했다. 그들의 작업실(이야기꾼의 이야기가 전해지는 장소)에는 상주하는 기능공과 떠돌아다니는 여행자가 모두 머무르고 있었다. 벤야민은 이렇게 이야기꾼의 유형학을 창조했고 시골과 도시 그리고 대양에서 일하는 노동자들 사이에 일종의 순환 계통을 그려냈다. 이러한 이야기꾼 유형들을 통해서 "먼 곳을 다니는 사람이 고향으로 가져오는 머나먼 곳의 지식이, 어떤 장소의 토박이들이 가장 잘 알고 있는 과거의 지식"과 섞일 수 있었다. 벤야민은 소통을 일터에서의 경험으로 자리매김했다.[3]

이 훌륭한 정식화로서 벤야민은 선원의 허풍을 이해하는 데 도움이 되는, 이야기와 이야기를 하는 사람에 관한 몇 가지 요점을 제시한다. 첫째로 이야기는 사회적이며 실로 공동체적이다. 이야기는 기본적으로 집단 내에서의 경험 교환에 관한 것이며 화자와 청자 집단 사이의 관계에 관한 것이다. (벤야민은 이야기의 이 뚜렷한 특징을 소설과 대조하는데, 소설에서는 그것의 서술narration과 독서가 대부분 개인적이고 사적으로 이루어진다고 본다.) 이야기꾼은 무명일 때조차도 항상 "사람들 사이에", 그리고 구전 전통이나, 종종 시적 전통 속에도 "뿌리를 내리고 있었다."

둘째로 이야기에는 자주 계급 차원이 나타난다. 많은 이들이 "전통적으로 이야기꾼이라면 천하고 사기꾼과 같은 기질을 지닌다는 데 공감을" 비친다. 프리드리히 엥겔스 역시 이 사실을 포착했고 1830년 대 후반과 1840년대 초반 영국 맨체스터의 많은 노동자에 관해 "그들 은 여왕의 이름은 물론이고 넬슨, 웰링턴, 보나파르트와 같은 이름을 들어본 적도 없었다. 그러나 성 바울과 모세 또는 솔로몬의 이름도 모 르는 자들이 노상강도였던 딕 터핀과 도둑에 탈주범이었던 잭 셰퍼드 라는 인물의 인생과 소행은 각별히 잘 알고 있었다는 점은 주목할 만 하다."라고 기록했다. 사람들은 수 세기가 넘도록 영웅적인 프롤레타 리아 범법자의 이야기를 알고 있었고 끊임없이 그 이야기를 되풀이했 으며 현세나 종교상 나타났던 위대한 자들의 정사正史에 대항하여 그 들만의 "아래로부터의 역사"를 형성했다.[4]

셋째는 가장 중요한 점으로, 벤야민에 따르면 이야기는 노동 문화 에 연결된다. 이야기는 "농촌과 해상 그리고 도시와 같은 노동 환경" 에서 무성하게 나타난다. 왜냐하면 이야기는 항상 생성과 반복의 작 품으로 "이야기가 전해지기 위해서는 물레를 돌려 푸는" 과정이 필요 하기 때문이다. 그러므로 벤야민이 "노동의 리듬"이라고 불렀던 것이 "의사소통의 공예품"인 이야기로 형성된다. 이야기꾼이 사람들의 삶 과 가지는 관계는 마치 기능공의 역할과 유사하다. 그들은 "경험이라 는 자신 또는 타인이 가진 원재료를 구체적이고 유용하며 독특한 방 식으로" 만들어낸다. '유용하다'라는 단어에 주목하라. 어떤 관점에서 이야기가 얼마나 환상적인지 상관없이 그 안에는 항상 교훈, 작은 충 고, 격언 또는 단순히 실용적인 정보 따위의 유용한 무언가가 담겨있 으며 종종 불안정한 삶의 조건에 갇혀있는 노동자들에게 필요한 위험 한 생존의 기술도 담겨있다. 선원/허풍쟁이들은 벤야민이 "세상의 관 점을 담은 각색의 직물"이라고 불렀던 천을 짰다.

마지막 넷째로 이야기는 전하는 사람의 특별한 경험으로부터 그 권위를 끌어낸다. 이는 특히 "멀리 떨어진 장소를 집으로 삼아야 하는" 선원들에게 해당하는 말이다. 이러한 경험은 그들에게 세속의 지식과 전 세계의 사회 경제적 견문을 제공한다. 그들은 작고 부서지기 쉬운 나무 함선을 타고 먼 곳에서 와 온 세상을 누볐으며 그 이동을 통해 권위를 부여받은 이야기를 가지고 돌아왔다. (같은 원리가 우리가 곧 보게 될 건달 문학[5]에도 깔려있다.) 또한, 한 걸음 더 나아가서 바다의 이야기꾼은 죽음과의 근접성으로 추가적인 권위를 갖는다. 벤야민은 "죽음은 이야기꾼이 꺼내는 모든 말을 인가認可한다. 그는 죽음으로부터 권위를 빌려온다. 다시 말해 그의 이야기는 자연사를 참조한다."라고 기록했다. 같은 점을 다르게 표현하자면, 허먼 멜빌은 위대한 해양 소설『모비딕』의 종막에서 이야기꾼 이스마엘을 통해 "나만 홀로 피하였으므로 주인께 아뢰러 왔나이다."[욥기 1장 15절]라는 말로 이를 표현했다.[6]

허풍 창세기

벤야민을 기반으로 하여, 직물 제조, 어업, 밧줄 제조 그리고 항해라는 네 가지 노동의 세계와 연관되어 자라난 선원의 허풍 창세기를 간략하게 살펴보도록 하자. "허풍"yarn이라는 용어는 원래 목화, 양모, 실크 또는 아마의 실을 짜내서 방적이나 편직에 활용하기 위해 만든 것[7]을 의미한다. 18세기 해안가에서 이 용어의 의미는 새끼줄과 밧줄로 변했고 밧줄 제작에서 (열여덟 가닥, 스무 가닥 또는 스물다섯 가닥으로) 꼰 줄처럼 어부의 그물망을 만드는 밧줄 가닥을 뜻하게 된다. 우리는 점점 더 배에 가까워지고 있다.

"허풍"[또는 원사]은 곧 항해자들이 쓰는 속어로서의 의미를 갖게 된다. 허풍을 푼다는 말은 일반적으로 바다의 모험 중 겪은 극적인 난파, 피비린내 나는 전투, 폭압적 항해사 또는 결사의 저항이나 그 소문을 이야기하는 것을 의미하게 되었다. 이러한 이야기들은 주로 길고 복잡했으며 다채로운 서사를 지녔다. 또한, 공동체적 전승과 계급 및 노동에 관한 실용적 지식 그리고 죽음을 불사하는 경험뿐만 아니라 익살스럽고 불가사의하며 환상적인 요소들을 갖추고 있다. 개별 이야기꾼이 자신의 재능을 더해 끊임없이 변화하는 청중에게 그들의 이야기를 형성하면서 허풍은 바다 위에서건 해안가에서건 모든 해상의 장면에서 부단하게 창작되고 재창작되었다.

해상의 이야기는 집단적이면서도 외롭고 비연속적이었던 배 위의 특정 노동 절차로 인해 허풍이라 불리게 되었다. 배는 오랜 기간 고립되었고 선원들은 강제적 근접성을 유지하며 가까이 붙어 살았다. 할 일조차 없는 시기도 많았다. 이러한 상황은 바람이 거의 없거나 아예 없는 무풍지대에서 발생할 수도 있었고 함선이 높은 바람에 순항하며 바다를 가를 때도 발생할 수 있었다. 따라서 선장은 구멍 난 노동일을 메꾸기 위해 다양한 "창출 노동"[쓸데없는 일]을 만들어냈다. 갑판 마석질(사암으로 갑판을 문질러 깨끗하게 하는 일)은 선원들 사이에 가장 두렵고 악명 높은 일 중 하나였다.[8]

또한, "뱃밥 떼기"도 있었다. 심해 범선의 움직이는 삭구는 모두 타르가 칠해진 마 밧줄hemp rope이었다. 타르가 닳으면 (그리고 밧줄이 젖어 느슨해지면) 삭구를 교체해야 했다. 선원들이 낡은 마 밧줄을 몇 피트 정도의 짧은 가닥으로 자르고 갑판에 모여 이 가닥을 떼어내는 일을 뱃밥 떼기라고 불렀다. 이는 밧줄을 잡아당기는 노동으로 이미 거칠어진 손을 가진 선원들에게도 따분하고 싫증 나는 고된 손가락 노동이었다. 선원들은 함께 모여 앉아 꼬인 마 밧줄을 하나씩으로

풀었고 다시 마 가닥을 하나의 타래로 감았다. 이 뱃밥은 나중에 타르와 섞여서 배의 틈을 메꾸는 데 사용되었다. 배의 목수는 뱃밥 메우는 정과 망치 같은 특별한 도구를 가지고 선체 판자의 이음매나 틈에 밀어 넣어 물이 새는 것을 막았다. (뱃밥 떼기는 항상 하급 선원이나 노예들의 손에 맡기는 것으로 여겨졌다. 이 일은 종종 노역소나 감옥의 "강제 노역"으로 행해지기도 했다. 또한, 역사적으로 강요된 복종 노동과 연결되었으며 이는 선원들이 가장 잘 이해하고 있을 것이다.)[9]

선원들이 밧줄의 가닥을 떼어내며 한자리에 모여 있으면 누군가 지루하고 불행하며 내키지 않은 일을 하는 준비된 공동 노동의 청중에게 허풍을 늘어놓았을 것이다. 곧 그들의 허풍은 여러 가시 방식으로 읊조리며 낭독하는 노동요가 되었다. 그 목적 중 하나는 흥을 돋우고 단조로움을 이겨내도록 도우며 시간을 때울 수 있도록 하는 것이었으며, 또한 말하는 이와 듣는 이 모두를 새롭고 더 나은 장소로 인도하기 위한 것이었다. 간단히 말해서 그들의 이야기는 배 위의 노동에서 벗어나기 위한 행동의 발로發露였으며 배는 서사적 재능의 양성소였다.

허풍의 형태와 기능

선원의 허풍은 여러 형태를 띠며 심해를 항해하는 범선에서 형성된 나무로 만든 세계에서 다양한 기능으로 작용했다. 이러한 허풍은 새로운 선원을 선상 사회로 끌어들이고 사회화할 수 있도록 도왔다. 또한, 배에 관한 기본적인 지식과 그 안의 사회관계와 함께, 특히 위험한 노동의 선상에서 살아남는 방법을 가르쳐 주었다. 생존의 일환으로 그들은 배나, 그보다 큰 대서양 사회의 정치를 형성하는 저항의 역

〈토요일 밤의 바다〉 (국립 해양박물관)

사와 실천을 전승했다. 그들은 상상력을 자극해 불을 지폈고 환상에 기름을 부었다. 이 모든 유용하고 중요한 일을 하는 내내 그들은 즐거웠다.

〈토요일 밤의 바다〉는 하갑판에서 허풍을 늘어놓는 장면을 그렸다. 수염 난 이야기꾼이 한 손에 커다란 그로그주(酒)를 들고 거리낌 없는 몸짓으로 사람들을 끌어모으면 열일곱 명의 선원이 전함의 포열 갑판에 모여 그를 둘러쌌다. 그의 동료 뱃사람들은 긴장을 풀고 거꾸로 둔 술통, 상자, 대포 그리고 갑판 바닥에 앉아 이야기를 들었다. 선원들은 노동의 장소를 자신들의 것으로 만들었다. 흘러나오는 이야기에 정신이 팔린 선원들은 고개도 돌리지 않고 이야기를 듣고 있었고 얼굴에는 미소가 번졌다. 이 순간은 배 위의 사회생활에서 매우 중요했다.

허풍의 주요한 목적은 해상 문화의 재생산이다. 즉, 그들 노동의 모험적이면서도 일부 영웅적인 측면을 강조하여 젊은이들을 바다로 향하게 꾀어내고 대양 선원들의 형제애를 갖도록 하는 것이다. 분명 많은 이들이 듣기 좋은 허풍을 듣고 찾아왔다. 스코틀랜드의 갈리스톤에서 자란 어린 시절을 회상하던 새뮤얼 로빈슨은 "바다 생활에 관한 나의 환상은 서인도 항해의 이야기에 우리를 빠져들게 했던 제임스 쿠퍼(그보다 더 나이 많은 학교 친구)의 긴 허풍으로 더욱 들뜨게 되었다."고 설명했다. 그 후 "선원 생활에 관한 저항할 수 없는 욕구에 완전히 사로잡혔고 배에만 오를 수 있다면 배가 향하는 곳이 바다 아래만 아니라면 어디든 전혀 상관없고 해적질만 아니라면 무엇을 거래하든 문제없다고 생각하게 되었다." 로빈슨은 이야기를 듣기만 하는 것이 아니라 직접 이야기를 할 수 있는 이국적 경험을 얻고자 했다.[10]

18세기 초 월터 케네디라는 이름의 런던 선원은 같은 길을 걸었지만, 또 다른 결말을 향했다. 케네디는 왕립 해군에 있던 시절 해적 이야기를 유달리 사랑했던 것으로 알려졌다. 그는 끊임없이 동료 선원들에게 해적 이야기를 들려 달라고 요청했고 귀 기울여 듣고 기억했다가 스스로 되뇌기를 열중하고 반복했다. 그 뒤 그는 그 이야기에 뛰어들었다. 그는 1718년 우즈 로저스가 영국 정부의 임명을 받고 악명 높은 해적 출몰지인 바하마 제도로 출항하여 영국 정부의 위신을 바로 잡고 필요하다면 그곳의 바다 강도 떼를 목매달아 버리고자 한다는 소식을 알게 되었다. 케네디는 그 원정대에 참가했지만, 로저스가 하나님의 뜻을 세울 수 있도록 도우려는 의도는 아니었다. 그는 거기에 도착하자 이내 원정대를 탈주했고 해적에 합류해 버렸다! 그는 검은 깃발 아래 2년이 넘게 항해했고 1721년 7월 21일 런던에 돌아왔을 때는 실제로 졸리 로저[11]가 걸린 교수대에 목이 매달린 채 세워져 해적으로 삶을 마감했다.[12]

또한, 허풍은 신참 노동자에게 배에서의 기술적 또는 사회적 차원에 관한 기본적 지식을 가르쳐줌으로써 그들이 배의 사회 질서에 사회화될 수 있도록 도왔다. 선원들은 용기를 갖고 위험에 직면하며 살았다. 또한, 결핍, 고난, 위험, 때로는 죽음에 이를 수도 있는 환경을 견디고 살아가는 방법을 배워야 했다. 허풍은 선원들이 폭풍이나 전투 또는 난파의 상황에서 해야 할 일을 전해줄 수도 있었다. 이야기는 질병, 사고, 날씨 또는 전투로 인해 누구도 삶과 죽음에 더 나은 통제력을 가질 수 없는 이러한 불안한 노동 환경에서 공동의 가치, 특히 협력과 연대의 필요성을 일깨우는 데 도움이 된다.[13]

유명한 해적에서 탐험가와 박물학자 그리고 유명 작가로 변신한 윌리엄 댐피어가 수없이 반복해서 설명했듯이 이야기는 유용한 정보를 전했다. 그는 선원의 허풍을 글로 출판하는 역사적 과정을 이끌었다. 1697년 출판된 후 여러 번 다시 인쇄되었던 그의 책 『새로운 세계 일주 항해』는 당시 가장 잘 팔린 책이었으며 어떻게 항해 문학이 17세기 후반에서 18세기 초에 가장 인기 있는 단일 글쓰기 장르가 되었는지 보여주었다. 이 책에서 댐피어는 필리핀의 민다나오섬에서 일어난 사건을 이야기했다. 그곳에서 선원들은 특별한 잎을 발견했다. 그것을 끓여서 찧으면 "훌륭한 고약"이 되었고 많은 선원이 잎을 사용해 피부 궤양이 "크게 호전될" 수 있었다. 잎을 발견하고 조제해준 사람은 "다리엔 지협[14]에서 한 인디언으로부터 처음 그러한 지식을 얻었다." 이는 이야기에 수반된 일종의 실용적 지식이었고 그 지식은 선원의 기억 안에서 배를 타고 중앙아메리카로부터 동아시아까지 세상을 돌아다녔다. 많은 허풍이 과학에 기반을 두고 있었다. 실제로 댐피어는 과학적 지식에 많은 공헌을 했다는 평을 받았다.[15]

또한, 댐피어는 이야기의 정치적이고 경제적인 효과를 알고 있었다. 그는 인도 남동부의 코로만델 해안에서 선장이 상륙 허가를 내린 후에 선원들을 다시 배로 돌아오게 하는 데 상당한 어려움을 겪었다고 기록했다. "우리 선원들은 모굴[인도 서부의 왕]을 섬기는 데 대한 득과 장점에 관해 내가 모르는 대단한 생각에 빠져들고 있다. 그들은 한동안 그 생각이 괜찮은 이야기라 여기며 대화를 나눠왔고 이제는 진지하게 실천에 옮기려고 한다." "대단한 생각"을 갖춘 "괜찮은 이야기"라는 허풍을 통해 선원들 사이에서는 벵골만과 인도 해안의 해상 노동 시장에 관한 유용한 정보가 돌았다. 댐피어가 지적했듯이 그들은 말로만 떠들었던 것이 아니라 그들의 허풍이 행동의 지침이 되어 해상 노동자가 귀했던 곳에서 영국인 대장의 분노를 끌어냈다.[16]

허풍은 또한 저항도 가르쳤다. 이 이야기는 대부분 사람의 몸에서 시작한다. 예를 들어 선원의 등에 흉터가 있다면 이는 반란, 파업, 탈주, 반항 또는 다른 선상 사회 질서에 대한 도전에 관한 이야기를 끌어냈다. 네드 워드가 18세기 초에 관찰한 한 일반 선원은 구교묘 채찍에 쓰라린 상처를 얻은 후에 "등에 웨일스의 자랑을 업은 듯이, 또 예루살렘의 흔적을 얻은 성지 순례자인 양" 행동했다. 실제로 선원들은 그 흉터를 "호랑이 줄무늬"라고 불렀다. 처벌의 흉터는 명예의 표시가 되었고 이야기를 통해 위엄을 드러냈다. 이를 통해 선원들은 자기 동료의 몸을 "읽을" 수 있었다. 누가 문제를 일으켰고, 또 여전히 문제를 일으키고 있는 사람인지 알아보는 일은 어렵지 않았다. 흉터 그 자체와 그에 관한 허풍은 하갑판 정체성의 중요한 표식이었다. 국가 없는 사회에서나 볼 수 있는 의례적 난절[17]처럼 이러한 표식은 더 넓은 공동체로의 진입을 의미했고 이들의 경우에는 국제적인 심해 선원의 사회가 그 대상이었다.[18]

이야기는 선원의 몸에서 찾을 수 있는 또 다른 특징적인 표식인 문신으로 전해지기도 했다. 몸에 표식을 새기는 행위는 고대부터 있던 예술이지만, 대항해시대에는 선원과 특별한 관계를 갖게 되었다. 선원들은 19세기 후반 선원들의 마을에 전문 예술가가 나타나 그들의 몸을 치장해주었던 시기보다 한참 이전부터 서로의 몸에 문신을 새겼다. 그들은 바늘이나 칼끝으로 피부를 여러 번 찌른 후 잉크나, 더 일반적으로는, 화약으로 만든 가루 안료를 작은 상처에 문질렀다. 문신의 원래 목적은 장식 이상의 의미였다. 많은 선원이 자기 고유의 표식을 몸에 새기고자 했고 이를 통해 파국적 죽음의 사건에서 자기 시신이라도 알아보고 적절하게 매장될 수 있기를 원했다. 18세기 후반에서 19세기 초반 미국 선원들이 새긴 대부분의 일반적 문신은 자기 이름의 머리글자였다. 그러나 문신은 급속도로 다른 의미를 띠게 되었다. 하나는 직업적 의미로 손이나 팔뚝의 닻 문신은 심해 선원 공동체로의 진입을 의미했다. 팔레스타인을 방문한 종교적 선원들이 새긴 예루살렘 십자가 문신은 항상 해상 순례 여행 이야기를 꺼내는 계기를 마련했다. 1760년대에서 1770년대 남해[남태평양]를 향한 제임스 쿡 선장의 역사적 항해 이후 선원들, 특히 혹독한 다년간의 태평양 항해를 했던 사람들 사이에는 새로운 폴리네시안 양식의 문신이 유행했고 그들은 세계주의cosmopolitanism의 상징으로 그 표식을 자랑할 수 있었다. 하트 모양 문신은 집에 두고 온 사랑하는 이에 관한 이야기를 불러일으켰고 자유의 모자[19]나 장대 또는 나무는 혁명 시대에 선원들 사이에서 가장 인기 있는 주제였던 "자유"에 관한 정치적 호언豪言을 끌어낼 수 있었다.[20]

허풍의 또 다른 측면은 1973년 프랑스의 철학자 미셸 푸코의 강의에서 나온 포괄적 언급에서 조명을 받았다. 16세기부터 현재까지 서양 문명 전체에서 "떠다니는 공간의 조각 … 그 자체로 닫혀있는" 장소인 배는 "위대한 경제 발전의 도구"였을 뿐만 아니라 동시에 "위대한 상상의 보루"였다. 푸코가 말하기를, 배가 없었다면, 그리고 추측건대 허풍이 없었다면 "꿈은 말라버리고 첩자들이 모험의 자리를 차지하며 경찰이 해적의 자리를 차지했을 것이다." 밀폐된 배의 억압된 공간은 자본주의의 기관engine이었고 거기에서 초월적이고 때로는 유토피아적이기도 한, 자유의 꿈이, 그리고 새로운 존재 방식에 관한 이야기들이 출현했다. 선원들은 같은 시기 농민들이 "환락향의 땅"Land of Cockaigne에 관해 이야기했던 것과 유사하게, 번쩍이는 금화(여기에서 우리는 해적 이야기에 가까워진다), 풍부한 음식, 따뜻한 쉼터 그리고 인간의 보살핌에 관한 허풍을 만들어냈다. 긴 항해는 환상, 특히 남성적 환상을 부추겼다. 따라서 선원들의 허풍은 싸움, 음주, 성관계, 정력, 남성성을 강조했다. 변증법적인 선상의 상상은 주갑판에 둥글게 둘러앉은 자리에서, 함께 밥을 먹는 동료들 사이에서, 한밤중 선원 선실에서, 심지어 배에서 내려 부두나 여관에서까지 선원들이 친밀하게 모여 앉아 허풍을 늘어놓던 장소에서 그 모습을 드러냈다. 선원들은 심오하고 필연적인 진리를 이야기할 때도 연기자였지만, 특히 거짓, 익살, 과장, 꾸밈 그리고 말 그대로 기묘한 주장이 가득한 "장대한 이야기"를 펼칠 때는 더욱 연기에 힘썼다.[21]

바다에서 생명의 위험은 종종 "미신"으로 폄하되는 일련의 믿음을 조장했다. 특히 바다를 떠다니는 사람들이 직면하는 높은 사망률로 인해, 영혼은 특별히 크게 부각되었다. '횡설수설 잭 크리머'는 모든 선원이 "허깨비에 대한 공포"가 있다고 기록했다. (높은 곳에서 떨어지거나 배 밖으로 떨어지거나 또는 떨어지는 장비에 부딪혀서) 잠깐 사이에 누군가 죽을 수도 있는 위험한 환경에서 동료의 죽음은 빈번하게 배를 따라다녔다. 크리머는 "지지난 항해에서 물에 빠져 죽은 남자를 보았다는 신입 일손이 몇몇 있었고 이런 일이 한 번이 아니었다."라는 이야기를 전했다. 또 다른 경우에는 크리머 자신이 자기 선원 사물함에 앉아있는 낯선 허깨비를 보았다.[22]

(허풍이 문자로 기록된 담론 영역으로 진입하기 시작한) 18세기 후반 선원들 사이의 일반적인 허풍은 "플라잉더치맨호"[23]였다. 조지 배링턴의 『보타니만으로의 항해』(1795)에 따르면 선원들은 희망봉에서 폭풍을 만나 침몰한 네덜란드 전함에 관해 이야기했다. "배에 타고 있던 모든 생명이 소멸해 버렸다." 함께 떠났던 요선傃船은 살아남아 정비를 받은 후 바다에 돌아갔고 지난번 항해와 거의 같은 위도에서 또 다른 격렬한 폭풍을 만났다. 야간 망루를 보던 이들은 "마치 추적하듯이" 돛을 완전히 편 채 폭풍을 뚫고 그들의 함선으로 곧장 다가오는 함선을 보았다고 말했다. 한 선원은 특히 그 배가 가라앉았던 요선이거나 그 허깨비라고 장담했다. 후에 각색된 이 이야기에서 유령선은 18세기 중반 네덜란드 선장의 배라고 알려졌다. 그는 자연의 힘을 무시하던 사람으로 그의 오만으로 배가 파괴되어 가라앉았으며 이제 그 벌로, 또 선원들에 대한 경고로 그는 바다를 떠돌게 되었다. 빛을 내는 유령선은 모든 심해 선원들을 쫓아다니던 죽음의 유령을 나타냈으며 그에 관한 허풍은 다양했다. 위험하고 주술에 걸린 세계에서 바다 이야기는 우리가 현재 "마법적 사실주의"라고 부를 법한 요소가 상당히 많았다.[24]

많은 허풍이 태고에서부터 대항해시대까지 이어진 대양 깊은 곳의 위험을 상징하는 바다 괴물과 연관이 있었다. 지도 제작자는 이상한 바다생물로 자신의 지도를 장식하기 위하여 오랜 세월에 걸쳐 선원의 이야기를 참고했다. 중세 스웨덴의 지도 제작자 올라우스 마그누스는 1539년 환상적인 바다 괴물로 대양의 공간을 장식한 훌륭하고 풍부

올라우스 마그누스의 지도에 장식된 크라켄 (허가받고 사용함)

한 색채의 스칸디나비아 지도를 그렸다. 그중에는 13세기 아이슬란드의 성문 역사 기록에 처음 나타났던 무서운 크라켄의 모습도 있었다. 이 괴물의 모습은 여러 번 그린란드 근처의 북대서양이나 노르웨이 해변에서 멀리 떨어진 북해에서 스코틀랜드의 선원, 노르웨이의 어부 그리고 아메리카의 포경선 선원에게 발견되었고 프랑스 선원들은 앙골라 해변에서도 이 괴물을 만나기도 했다. 크라켄에 관한 뱃사람의 이야기는 문학적 상상을 자극했고 존 밀턴이 1667년 『실낙원』에서 "필시 노르웨이의 거품이 이는 바다에 잠들어 있을" 괴물에 관해 언급하도록 했다. 덴마크의 베르겐 주교 에릭 폰토피단은 1752년 크라켄에 관한 글을 쓰면서 선원들의 허풍을 참고하여 거대한 존재가 바다에 가라앉으면 "바다의 위험한 파도 굽이"가 소용돌이를 만들어 전함을 바다 밑바닥으로 곧장 끌어들일 수도 있다고 강조했다. 또 다른 이야기에서는 이 괴물의 크기가 1마일 반약 2.5킬로미터에 이르며 물 위에

드러난 괴물의 등은 섬으로 오해받을 만하다고 전했다. 과학자들도 선원들의 이야기를 경청했다. 프랑스의 박물학자 피에르 드니스 드 몽포르트는 크라켄을 자신이 쓴 『연체동물의 일반 및 특수 자연사』(1801)에 포함했다. 위대한 스웨덴의 분류학자 칼 린네우스가 이 괴물을 자신이 쓴 『자연의 체계』(1735)에 포함했을 때 그는 그 자체로 완전하다는 의미로 미크로코스무스 마리누스[25]라는 학명을 붙였다. 선원들 사이에서 크라켄은 광대하고 불분명하며 위험하고 대단히 두려운 지구의 대양을 괴물의 형태로 구체화하고 있었다.[26]

허풍 늘어놓기가 선상의 공식적 권력 위계와 독립적으로 존재하고 있었다는 점이 가장 중요하다. 다시 말해 허풍을 늘어놓는 사람은 그 권위를 땅 위의 특권이나 선상의 자기 계급 및 직위에서 가져온 것이 아니었다. 그는 자신의 경험과 동료 선원의 경험 안에서 그 권위를 끌어냈다. 같은 처지의 보통 선원들 사이에서 의미심장하고 흥미로우며 교훈적인 방식으로 이야기할 수만 있으면 그 권위를 가져올 수 있었다. 수척하고 햇빛에 거칠어진 늙고 현명한 뱃사람은 배에서 일종의 그리오[27]로서 배와 고급 및 일반 선원의 솜씨에 관한 전문 지식과 생생한 기억의 박물관처럼 지냈으며 그 모든 내용은 길고 짧은 허풍으로 표현될 수 있었다. 어떤 함선에서든 그 안에서 일어나는 일은 항상 "배에서 가장 나이와 경험이 많은 자"의 기억에 비추어 판단되었다. 허풍으로 표현된 경험, 지식, 저항 그리고 환상의 조합은 방랑하는 해상 프롤레타리아의 자기 이해에 매우 중요했다.[28]

문화적 형태로 지속하기 위해서 허풍은 무엇보다도 이동성이 있어야 한다는 선원 생활의 사회 현실에 걸맞아야 했다. 허풍은 끊임없이 하나의 일에서 또 다른 일로, 하나의 대륙에서 또 다른 대륙으로, 하나의 대양에서 또 다른 대양으로 옮겨 다니는 사람들과 함께 옮겨 다녀야 했다. 허풍의 힘은 유연하고도 민주적인 본성에 있었다. 누구나 이야기를 말할 수 있었고 그 집단에 참여한 모든 이들이 이야기의 의미를 결정할 수 있었다. 허풍의 또 다른 힘은 실체가 없는 본성에 있었다. 허풍은 이야기되고 들려지고 반복될 수 있었지만, 이야기꾼의 말은 배의 갑판에 머무르다가 시간이 지나면 바람에 실려 사라졌다. 따라서 허풍은 즉흥적인 형태였으며 이것이 허풍이 의사소통의 수단으로 성공과 중요성을 가지게 한 열쇠였다. 동시에 이는 허풍을 연구하기 어렵게 만들기도 했다. 우리는 절대 먼 과거에 말로 이야기되던 허풍의 순수한 형태를 찾을 수 없을 것이다. 우리는 단지 누군가 그 허풍의 일부를 기록에 남기기로 계획한 이후의 내용만을 찾을 수 있다.

이로 인해 허풍은 예기치 못한 장소에서 발견할 수 있다. 예를 들어 선원이 고등 해상 법원에 소환되어 왜 그들의 배에서 반란이나 살인이 일어났는지를 증언해야 했던 진술 조서가 그러한 장소가 될 수 있다. 선원은 판사에게 말하면서 십중팔구 전에 여러 번 했던 이야기를 반복했을 것이며, 법원 서기는 분명 그 말을 받아적으며 알아들을 수 있는 말로 옮겨 기록했을 것이다. 예를 들어 필립 브랜드가 1729년 조지 스틸이라는 이름의 잔인한 동료가 또 다른 동료인 일반 선원 조지 윌리엄스를 구타하며 위협했다고 설명했던 법정 증언을 읽으면 선원의 목소리가 거의 원본 그대로 생생하게 들리는 듯했다. 브랜드에 따르면 윌리엄스는 정중하지만, 단호하게 학대와는 선을 그으며 증언했다. "저는 아직 한 번도 선장님의 손에 맞아본 적이 없고 그렇게 맞게 된다면 굉장히 곤란할 것 같습니다." 이렇게 허풍은, 흔히 말하듯이, 호박석에 갇힌 것처럼 주변을 둘러싼 환경에 의해 색채가 더해지지만, 아마도 원래의 표현에서 크게 변화되지 않고 남아있을 것이다.[29]

떠도는 허풍, 또는 소금물 시詩

허풍은 어디로 갔을까? 허풍은 선원들에 의해 전 세계를 다니며 바다와 항구 도시, 강의 상·하류, 그리고 육지 사회로 전해졌다. 또한 그 이야기는 18세기 저술에서 가장 방대하고 유명한 항해 문학의 출판물이 되기도 했다. 필립 에드워즈가 이 주제에 관해 쓴 중요한 책의 제목을 빌려 말하자면, "항해 이야기"에 탐닉하는 독자층에 이야기를 전하기 위해서 18세기에만 영국에서 대략 2천 권의 책이 출판되었다. 19세기에는 해상 구전 전승과 출판된 전승이 잘 공존하고 있었다.[30]

항해 문학을 18세기의 가장 인기 있는 장르로 만든 바로 그 책인 댐피어의 『새로운 세계 일주 항해』는 허풍이 출판 형태로 침투한 모습의 좋은 예를 보여준다. 댐피어는 바다의 노동과 언어 그리고 문화를 통해 책을 구성하는 이야기를 어떻게 표현해야 할지 알고 있었다. "내 방식으로 생각하면 뱃사람들이 예를 갖추는 모습은 기대할 수 없었다." 그는 자신이 "육지 독자들의 기쁨을 위해 스스로 바다의 어법을 벗어버렸고 뱃사람들에게 그런 자신을 용서받기는 아마도 힘들 것이다."라고 설명했다. 그러면서도 그는 책에 여전히 많은 바다 용어가 남아있다는 점을 인정하면서 그가 말하고자 하는 바를 "이해만 할 수 있다면 어떤 단어로 표현되는지는 중요하지 않다."라고 확신했다. 허풍이 출판으로 이어지는 길에서 다양하게 되풀이된 이야기들은 많은 변천을 겪었다.[31]

이제 나는 고귀한 철학의 영역에서 시작하여 내가 허풍의 이주라고 부르는 과정의 몇 가지 예시를 제시하고자 한다. 서양 철학의 근간이 되는 작품 중 하나인 토머스 모어 경의 『유토피아』(1516)는 라파엘 히스로데이라는 뱃사람이 바다에서 돌아와 자신이 여행 중 만났던 사유 재산 없는 새로운 사회에 관해 이야기하면서 엄청난 허풍을 늘어놓는 모습으로 시작된다. 같은 세기 후반에 마찬가지로 같은 인본주의 전통 속에서 미셸 드 몽테뉴는 『식인종에 관하여』라는 제목의 유명한 소론에서 구세계와 신세계의 만남에서 덜 문명화된 사람들이란 아메리카 선주민을 말하는 것이 아니라 오히려 유럽인을 칭하는 말이라고 결론지었다. 그는 동시대의 유명한 동료들처럼 "인디언"을 야만인으로 보았던 것이 아니라 오히려 고귀하고 위엄있는 사람들로 보았다. 아마도 더 흥미로운 점은 몽테뉴가 그들에 관한 정보를 하인으로부터 얻었다는 사실이다. 그 하인은 수년간 선원으로 일하며 브라질로 항해한 경험이 있었고 거기에서 선주민들을 만난 후 그들에 관한 허풍을 늘어놓았을 것이며 이 허풍이 유명한 인본주의자와 그의 고전 작품에 영향을 미쳤을 것이다. "원시 공산주의"의 발견이 유럽이 미친 심오한 영향을 다룬 윌리엄 브랜든의 『구세계를 위한 신세계 : 신세계로부터의 보고와 1500년~1800년의 유럽 사회사상 발전에 대한 영향』을 살펴보면, 그 안에는 "무학자의 보고"를 통해 배움을 얻은 위대한 사람들이 가득 차 있다.[32]

허풍은 마찬가지로 전 세계의 극예술과 문학의 발달에 막대한 영향을 미쳤다. 셰익스피어는 『템페스트』(1611)를 쓰면서 심해 항해자들의 출판된 이야기와 구전 이야기를 활용했다. 키플링은 연극의 주요한 개념을 "술 취한 선원"으로부터 얻었다고 주장했다. 뱃사람들과 그들의 이야기는 마치 17세기 세계의 대양에서 영국 배들이 보여주었던 모습처럼 시와 문학에서, 또 공상과 과학에서 다양한 형태로 모습을 드러냈다. 존 밀턴은 『실낙원』에서 반항적인 사탄의 제국을 상상할 때 항해 문학을 활용했다. 문학평론가 마거릿 코헨에 따르면 사탄은 스스로 "온전한 선원"complete mariner[33]의 모습으로 나타났다. 17세기 후반과 18세기 초반에 세계를 돌아다니는 노동자들이 우리가 현재 "소설의 발생"이라고 부르는 움직임에 영감을 주고 불을 지피면서 이러한 영향력의 새로운 단계가 나타났다.[34]

통례적으로 근대 소설을 창안한 사람으로 추앙받는 대니얼 디포는 바다의 서사와 선원의 보고를 많이 활용하여 선원, 해적, 난파 그리고 실로 해상의 모든 것을 망라하는 진정 막대한 양의 허구 또는 실화 작품을 생산했다. 그는 리처드 해클루트의 『영국의 주요 운항, 항해, 무역 그리고 발견』(1589~1600)과 댐피어의 『새로운 세계 일주 항해』에 특별한 관심을 기울였다. 그는 개인 도서관에 49개의 항해 기록 출판물을 보유했고 선원들의 귀중한 개인 경험을 듣기 위해 선원들을 찾아다녔던 것으로 알려져 있다.[35]

디포는 1704년 사략 항해 중 칠레의 후안 페르난데스섬에 고립되었다가 1709년 우즈 로저스와 그들의 동료 사략선원들에게 구조된 스코틀랜드의 선원 알렉산더 셀커크의 모험에 영감을 얻어 1719년 근대 해상 소설의 걸작인 『조난을 당해 모든 선원이 사망하고 자신은 아메리카 대륙 오리노코강 가까운 무인도 해변에서 28년 동안 홀로 살다 마침내 기적적으로 해적선에 구출된 요크 출신 뱃사람 로빈슨 크루소가 그려낸 자신의 생애와 기이하고도 놀라운 모험 이야기』를 출판했다. 후에 『로빈슨 크루소』로 알려진 이 소설은 즉각적이고 놀라운 성공으로 영국과 프랑스에서 십여 개의 판형(그중 일부는 해적판)으로 나타났고 곧장 20개의 언어로 번역되었다. 허구적으로 그려진 해상 탈주의 기록은 출판 이후 점점 또 다른 해양 소설에 영감을 주었다. 디포의 건달picaresque 이야기들은 그 주제와 에너지를 대서양과 더 먼 곳을 이동하는 선원 및 또 다른 노동자로부터 얻고 있었다.[36]

디포의 동시대 경쟁자인 조나단 스위프트는 모험심 가득한 바다의 영웅이라는 개념을 혐오했지만, 그 역시 선원과 그들의 기록에 영향을 받았으며 특히 이러한 영향은 1726년 런던에서 출판되고 후에 『걸리버 여행기』로 알려진 그의 최고 걸작 『세상의 여러 외딴 나라로의 여행기. 처음에는 외과 의사였고 그 후 여러 배의 선장이었던 레뮤엘 걸리버가 쓴 네 개의 이야기』에 잘 나타났다. 스위프트는 오스트레일리아 선주민에 관한 묘사에 바탕을 두고 야후[37]를 그렸으며 레뮤얼 걸리버는 어쩌면 댐피어의 모습에 바탕을 두었을 수도 있다. 비록 스위프트는 인기 있는 바다 항해 장르를 무자비하게 비판했지만, 그 역시 이야기의 형성에서는 같은 방식을 활용했으며 그가 쓴 소설의 유명세가 선원과 바다, 그리고 해외의 낯선 장소에 관한 글을 갈망하던 대중으로부터 크게 기인한다는 사실은 의심의 여지가 없었다. 스위프트는 상인과 제국에 관한 디포의 열정을 공유하지 않았지만, 그런데도 선원의 해양 노동과 이야기가 자기 시대의 중심에 있다는 점을 확언했다.[38]

스코틀랜드의 저술가 토비아스 스몰렛은 카리브의 젱킨스 귀 전쟁[39](1739~1748년)이라는 대단한 이름으로 불리는 사건에서 의사의 2급 조수라는 낮은 직급으로 젊은 시절의 경험을 쌓은 후 뛰어난 해상 소설가의 반열에 올랐다. 스몰렛은 80개의 대포와 600명의 선원을 태운 3등급 전함 영국군함 치체스터호에서 복무했다. 여기에서 그는 협동 노동, 잔인한 규율, 고문 그리고 테러, 음산한 질병 및 갑작스러운 죽음을 보았으며 이는 모두 엄청난 규모였다. 이러한 일련의 경험은 곧 1748년 출판되어 함선 병실의 공포를 사실적으로 묘사한 그의 유명한 건달 문학 작품 『로데릭 랜덤의 모험』의 토대를 형성했다.

이 이야기에서 나는 비참하게 앓고 있는 50명의 가엾은 자들이 나란히 누운 채 서로 한 덩어리가 된 모습을 보았다. 한 사람이 누울 자리는 고작 14인치(약 35센티미터)도 채 되지 않았고 모두 맑은 공기는 물론 밝은 햇빛조차 충분하지 않은 곳에서 서로의 배설물이 뿜어내는 병적인 기운으로 가득한 유독한 공기만을 들이쉬며 주변을 둘러싼 오물 속에서 병든 몸을 해충에 갉아 먹히고 있었다. 희망을 잃은 상황에 놓인 사람들에게 필요한 어떤 것도 충분하지 않았다.

해군 전함에 관한 그의 묘사를 노예선에 대어보면, 비록 전함의 병실과 노예선의 하갑판에 대한 비교이기는 하지만, 그 묘사는 서로 매우 잘 들어맞았다. 스몰렛은 자신의 경험을 통해 시대의 가장 인기 있는 소설에 생기를 불어넣으며 디포가 수립한 해상 장르를 계속 이어갔다.[40]

1806년 스털링호에 승선한 선원들은 제임스 페니모어 쿠퍼라는 이름의 17세 미국인을 가르치기 시작했다. 함선의 승무원 수는 적었지만, 잡색 부대로 이루어져 있어서 일손 중에는 덴마크, 독일, 아일랜드, 스페인, 그리고 포르투갈의 사람들이 섞여 있었다. 대서양을 건너 영국으로 간 후 다시 지중해로 향하는 항해에서 이 신출내기 선원은 "생업의 현장에서 필요한 매듭과 가닥 꼬기는 물론 다른 섬세한 일들을" 배웠다. 그는 허풍을 듣고 경치를 바라보았다. 또한, 자신의 친구 "필라델피아 빌"을 포함한 뱃동지들에게 나폴레옹 전쟁 복무를 요구하는 영국의 징용단[41]이 줄곧 다가왔을 때는 저항에 관해 배우기도 했다. (빌은 쿠퍼의 첫 해양 소설 『키잡이 : 바다 이야기』(1823)에 나오는 롱 톰 커핀의 모델과도 같은 인물이었다.) 쿠퍼의 전기를 쓴 웨인 프랭클린에 따르면 스털링호를 타고 떠난 항해는 "그의 미래 기반"을 다졌으며 이는 단순히 그의 미래만이 아니었다. 쿠퍼는 아메리카 해양 소설의 구선자였고 프레더릭 매리엇과 외젠 쉬 그리고 빅토르 위고를 포함한 유럽 작가 세대에 영감을 주었다. 가장 잘 알려진 『모히칸족의 최후』를 비롯하여 대륙 프런티어에 관한 이야기들을 쓴 쿠퍼는 실제로 동양과 해상의 또 다른 프런티어들에 대해 쓰면서 작가 경력을 시작했었고, 이러한 주제는 그가 쓴 소설의 3분의 1을 차지했다.[42]

허풍을 옮기는 또 다른 예시는 노예무역에 동조하지 않던 선원들이 토머스 클락슨이라는 이름의 성실하고 젊은 폐지론자 신사에게 전해준 노예무역 이야기와 연관된다. 그는 선원 행세를 하면서 리버풀의 부두를 걸으며 그 이야기들을 모았다. 이 선원들은 노예선에서 항해했고 공포를 경험했으며 이제 그들의 이야기를 전하고자 했다. 클락슨의 첫 번째 정보 제공자는 존 딘이라는 이름의 흑인 선원으로, 그는 노예선에서 일하면서 받은 채찍질로 인한 흉터를 인상적으로 이 신사에게 보여주기 위해 셔츠를 벗어젖혔다. 이 만남은 다른 여러 선원과의 만남과 마찬가지로 폐지론자에게는 물론 노예무역의 공포를 더 많은 대중에게 가르치려는 움직임에 커다란 영향을 미쳤다. 이러한 허풍은 의회 보고서, 사회 선전 운동, 시(윌리엄 쿠퍼와 로버트 사우디), 문학(새뮤얼 테일러 콜리지), 설교(조지프 프리스틀리) 그리고 예술(J.W.M. 터너)에서 널리 유포되었다. "무학자의 보고"는 이렇게 유토피아 문학, 인본주의 철학, 르네상스 극예술, 소설의 부흥 그리고 노예제도 폐지 운동의 사회적이며 지적인 근원의 중심에 있었다. 이는 모두 "위대한 학식을 갖춘 자들"이 부두에 나와 선원들과 대화를 한 덕분이었다.[43]

선원의 허풍은 또한 아래로부터 공동체를 형성하는 데도 중요한 역할을 했고 특히 가장 혁명적인 시대였던 1790년대를 포함한 대서양 혁명 시대에 장엄한 규모로 나타났다. 이는 두 가지 뛰어난 학술적 업적인 줄리어스 스콧의『공통의 바람: 아이티 혁명 시대의 아프리카계 아메리카인 소통의 흐름들』("흐름들"이라는 표현에 주목하라)과 니클라스 프리크먼의『나무로 만든 세계의 전복: 혁명 시대의 해상 반란』에 잘 나타나 있다. 이러한 해상 역사의 예시는 각자의 방식으로 선원의 허풍을 국제적 소통의 수단으로 고려하지 않고는 중요한 사건을 온전히 이해할 수 없다는 점을 보여준다.

스콧은 아래로부터의 소통에 관한 고전적인 작품인 조르주 르페브르의『대공포』— 이 책은 프랑스 혁명 당시였던 1789년 7월 말에서 8월 초에, 자발적으로 조직된 반란 농민들 사이에서 소문이 어떤 역할을 했었는지를 탐구했다 — 를 활용하여, 투생 루베르티르가 이끌었던 산도밍고의 혁명이 어떻게 대서양 전체에 영향을 미치는 사상이 되었는지, 다시 말해 50만 명의 노동자가 벌인 이 위대한 노예 반란이 어떻게 서반구 모든 노예사회의 모든 지주 계급에 악몽을 불러왔는지 정확하게 설명한다. 이 소통을 이끈 힘은 스콧이 "카리브의 유랑자"라고 불렀던 검은 피부와 흰 피부 그리고 갈색 피부를 가진 선원이었다. 그들은 북아메리카와 서인도 그리고 남아메리카 북부의 배와 항구에 흩어져 있었다. 선원들은 프롤레타리아 공론장의 핵심 장소인 선실과 부두에서 혁명의 이야기를 전했다. 이 이야기는 다시 부둣가에서 일하는 노예노동자와 자유노동자에게, 사공과 키잡이 그리고 다른 뜨내기 노동자에게, 시장에서 일하던 여성 행상인에게, 그리고 또 다른 소규모 상인들에게 전해지며 이야기와 소식 그리고 정보를 내륙과 농장으로 전했다. 이와 함께 반란의 범위와 정치적 의미가 기하학적으로 확장하였고 아래로부터 일어난 반노예제 운동 역시 세계적으로 확산하였다.[44]

니클라스 프리크먼은 1970년대에 반란을 일으켰던 수만 명의 선원에 관해서 이와 유사한 작업을 하였다. 그전까지 이 잡색 부대의 공통된 저항의 역사는 국가적인 영국, 프랑스, 네덜란드 등의 국사國史들에서는 비좁게 숨겨져 있었다. 그는 프랑스와 아이티 혁명과 같은 규모의 아래로부터의 들끓음이 바다에서 시작되었다는 점을 보여주었다. 그는 당시 모든 유럽 함대에서 발생한 반란의 구조적 원인을 밝히면서 동시에 공통의 참여자와 공통의 사상을 통해 나타나는 경험의 흐름이 어떻게 이러한 가장 급진적인 사건을 연결하고 있는지 보여주었다. 그는 1797년 9월 160명의 잡색 부대가 산도밍고와 푸에르토리코 사이의 어느 기점에서 반란을 일으켜 10명의 고급 선원을 죽이고 배를 장악한 후 카라카스로 항해하고 영국의 적국인 스페인에 투항한 후에는 대서양풍을 타고 모두 흩어져버렸던 헤르미오네호의 역사를 자세히 다루었다. 결국 35명을 추적해내고 그중 24명을 처형했는데 일부는 차마 반란에 관한 허풍을 쏟아내고 싶은 열망을 참지 못하다가 잡혔다! 함선의 하갑판에서 속삭여지며 영국에서부터 프랑스와 서인도 그리고 남아프리카까지 멀리, 또 널리 퍼졌던 이야기가 없었다면 해상 반란이 이와 같은 힘과 분노로, 그리고 이토록 광대한 규모로 폭발하는 것을 상상할 수도 없었을 것이다.[45]

대항해시대의 커다란 질문 중 하나는 바로 누가 항해 이야기를 전할 수 있느냐는 것이었다. 선원이 할 수 있고 실제로 그들이 이야기를 전했지만, 이는 "무학자의 보고"에 의존하기를 단호히 거부했던 당시의 지배계급에게 문제가 되었다. 이러한 모순으로 인해서 17세기와 18세기에는 이 의존성에 대한 반작용으로서 중요한 역사적 발전들이 나타나게 된다. 바로 상업신문, 여행 문학, 소설, 해상 관료주의, 부해사 법원, 국가가 후원하는 과학적 해양 탐사, 현대 지도제작법의 부흥이었다. 이러한 발전은 하나의 공통점에 수렴한다. 선원이 전 세계적 노동 분업에서 전략적인 위치를 점했으므로 그들이 특정한 종류의 지식과 정보 그리고 사상에 관한 유동적 접근성과 통제력을 가졌다는 점이다. 이에 대한 대응으로 위로부터 보다 안전하게 생성되고 통제되는 대안적 출처와 형태를 지닌 지식의 발달이 필요했다.

허풍은 모든 것의 중심이었다. 최근 작고한 위대한 노동 역사가 데이비드 몽고메리는 19세기와 20세기의 산업에 관해 다음과 같이 말하곤 했다. "사장의 뇌는 노동자의 모자 아래에 있었다." 초기 근대 사회의 심해 범선이라 불리는 직장에서도 마찬가지였다. 선원의 허풍은 상인, 해군, 어부, 노예, 사략선 그리고 해적선 이야기까지 늘어놓았고 이는 광범위한 인간 사회 쟁점에 관한 중요한 정보를 전달했을 뿐만 아니라 대항해시대의 세계사 자체의 역동을 형성했다.

2장   에드워드 발로우, "가엾은 바다 사나이"

에드워드 발로우는 거의 반세기 동안 세계의 바다를 부지런히 다녔다. 항시 위험이 도사리며 자주 죽음을 마주하는 직업에서 그토록 오랫동안 살아남았던 그의 능력보다 더 주목할 만한 유일한 점은 그 생존에 관해 그가 남긴 기록이다. 영국의 그리니치 국립 해양박물관에 보관된 그의 일지는 22만 5천 단어와 150점 이상의 도면과 채색 그림이 담긴 뛰어난 업적이다. 문학과 예술을 독학하면서("나는 바다에 나오기 전에는 글을 쓸 줄 몰랐다.") 발로우는 다른 사람들이 "가엾은 선원들이 겪을 위험과 고난을 이해할 수 있도록" 글을 썼다. 비록 그는 자신의 생애에 쌓은 업적을 출판하기 위한 뚜렷한 노력은 기울이지 않았지만, 아마도 가족이나 친구가 읽어주기를 마음으로 바라고 있었을 것이다. 또한, 어쩌면 그는 후손을 위해, 바로 우리에게 말하기 위해, 글을 썼을 수도 있다.[1]

발로우는 중대한 시기에 바다를 항해했다. 그의 경력(1659~1703)은 1660년에서 1690년대 사이 무역에서 기하급수적이면서도 매우 중요한 성장을 이루었던 영국의 "상업 혁명"과 거의 완벽하게 일치한다. 이 시기에 전례 없는 수의 선원이 해운 업계에 동원되어 세계의 상품을 날랐고, 또한 해군에 동원되어 그 수익 사업을 보호했다. 발로우는 이렇게 1세대 국제 자유 임금 노동자를 구성하는 가장 크고 중요한 직업 집단의 일원이었다. 그는 정식으로 임금을 받는 자유노동자들이 고용된 배에서 일했다. 그들은 격리된 채 복잡한 노동 분업 아래 기계를 운용하기 위해, 얼마간의 숙련을 필요로 하는 작업을 배웠으며 질서 정연한 집단 생산의 과업을 훈련받았다. 발로우가 탄 배의 노동 집중도는 당시 기준으로 엄청나게 높았으며 가장 큰 전함에는 1천 명에 달하는 선원이 타고 있었다.[2]

발로우의 놀라운 일지는 17세기 후반에 선원이 된다는 것이 어떤 의미인지 보여주었다. 이 일지에서 우리는 낮은 계급의 사람이 자신의 목소리로 하는 이야기를 들을 수 있다. 그의 말은 우리가 노동자에 관한 정보를 얻을 때 주로 의존하던 대상인 상인, 해군 장교, 판사 그리고 왕실 관리와 같은 권위에 간섭받거나 왜곡되지 않았다. 우리는 드디어 억압하는 자들에게 그들이 억누르고 있는 자들의 역사에 관해 묻지 않아도 된다. 대신 우리는 독학자의 말라비틀어진 손으로 마련된 선원의 삶을 통해 배울 수 있다. 그는 자신의 귀중한 관찰 내용을 대나무 통에 넣어 마개를 막아두고 신중하게 간직하며 그토록 긴 여러 해를 보냈다. 탐욕스러운 바다에 맞선 그의 승리로 인해 우리는 그의 전기에 실린 내용과 함께 아래로부터의 정체성이 형성되는 과정을 만나볼 수 있게 되었다.[3]

생애 초기

1642년 영국의 (맨체스터 근교) 프레스트위치에서 태어난 발로우는 일찍이 선원이 될 법한 모든 요소를 갖추고 있었다. 그는 농부로서 삶의 투쟁을 이어가던 "가난한 사람들"이 이룬 대가족 가운데 태어난 미천한 신분이었다. 여섯 아이를 둔 가족의 연간 수입은 8 또는 9파운드였다(2014년 미국 달러 기준으로 1,200달러를 간신히 넘는다). 발로우는 "나는 쟁기질과 씨뿌리기, 건초 만들기와 수확하기와 같은 농사일은 물론 울타리 치기, 도랑 파기, 탈곡하기, 소에게서 비료 모으기와 같은 겨우내 일거리나 유사한 모든 고된 일에는 그다지 큰 뜻을 가진 적이 없었다."라고 인정했다. 그는 탄광에서 일하기도 했다. 돈도 없고 연줄도 없었던 발로우는 괜찮은 기술을 배울 견습 자격을 얻을 수 없었다. "숙련공들은 우리가 8개월 또는 9개월 동안 그들을 위해 일하

어머니의 집을 떠나는 에드워드 발로우 (국립 해양박물관)

지 않으면 돈 없는 우리를 받아주지 않았다." 어쨌든 에드워드는 어린
[시절 이후] 마음에 어떤 직업을 가지고 싶다는 생각을 해본 적은 없었
다. 대신 그는 세상을 보고 싶어 하는 간절한 눈과 방랑하기 위한 발
을 가지고 있었다. 이웃들이 여행에 관해 늘어놓은 허풍을 들은 후에
그는 먼 곳에 가서 "타국의 이상한 것"들을 보고 싶어 했다.[4]

비록 배를 보았을 때는 그 배가 자신에게 어떤 의미인지 알지 못하
고 있었지만, 실상 그는 자신의 운명을 목도하고 있었다. 진작부터 반
대하던 가족들을 뒤로하고 그는 13세의 나이에 해군 선장의 견습 선
원이 되기로 했다. 그는 남은 생애 전부를 상선과 해군 함선에서 유럽
과 서인도 그리고 신세계를 향해 항해했다. 그는 대양이라는 자비심
없는 독특한 환경에서 오랜 세월을 보냈고 노동자로서의 생애에 관한

비견할 데 없는 기록을 남겼다.[5]

바다에서

발로우가 외해外海의 나무로 만든 세계에서 노동 체계에 통합되는 과정은 순탄치 않았다. 새로운 노동 생애에 관한 최초이면서도 가장 감정적인 언급은 사랑하는 이들과의 고통스러운 분리에 관한 걱정이었다. 그가 런던을 떠날 준비를 하는 과정에서 그는 슬픈 듯 기록했다. "여기에서 남편은 아내에게서, 자식은 사랑하는 부모에게서, 친구는 친구에게서 떨어졌다. 그들은 다시는 서로를 볼 수 없었으며 누군가는 전쟁에서 누군가는 평화의 시기에, 누군가는 갑작스럽게 누군가는 또 다른 이유로 헤어짐을 맞이했다." 바다에서 일한다는 것은 가족과 친구로부터 고통스러울 정도로 먼 곳으로 떠나는 것을 의미했으며 누군가에게는 짧은 기간이었지만, 대부분의 경우에 오랜 기간이었다. 선원들을 둘러싼 모든 관계에 죽음의 신이 드리워 있었고 선장은 필멸의 상징인 해골의 머리를 일지에 그려 넣으며 고향에서 멀리 떠나온 선원의 종말을 일지에 기록했다.[6]

일가친척과 떨어지게 된 발로우는 배라는 새로운 공간의 질서에 적응해야 했다. 바다에서의 오랜 삶을 시작하면서 그는 선원이 머무르는 공간을 "고된 투옥 생활을 견뎌야 하는" 사람의 공간에 비유했다. 예를 들어 그가 잠드는 장소는 "신사가 기르는 개의 집"과 크게 다를 바가 없었다. 실제로 그는 1668년 해군에 징용된 이후 7개월 동안이나 육지에 발을 딛지 못했다. 마침내 그가 발아래 땅을 느낄 수 있었던 때는 "그들이 내가 도망가지 않으리라는 점을 충분히 알고도 남을 (남아프리카의) 이교도 나라"였다. 해군은 탈주를 걱정하고 있었고 특히 전쟁의 시기에 이러한 걱정이 더욱 커지면서 이는 선원의 공통된 운명이 되었다. 배에 감금된 긴 시간은 해군 선원들 사이에 가장 흔한 불평이었다.[7]

　발로우는 곧 선원의 삶이 공포와 함께 달리는 길이라고 보기 시작했다. 그는 해상 노동자의 일이 극도로 위험하다는 사실을 몸소 고생하며 알게 되었다. 그는 "뱃일"에 숙달하기 전에 심각한 사고를 겪었다. 그는 캡스턴(무거운 것을 들어 올리는 윈치) 작업을 하다가 머리뼈에 금이 갔다. 허리케인을 포함한 맹렬한 폭풍우와도 맞섰으며 4백 통의 화약이 실린 배에서 화재를 겪기도 했다. 또한, 함선 누수, 잔인하고 학대를 일삼는 선장, 네덜란드 해군과 스페인 사략선에 붙잡혀 포로가 된 일, 그리고 항상 존재하던 부상, 질병 및 전염병의 위협을 마주했다. 발로우는 "청년들이 직업을 가지려거든 바다로 나서지는 말라. 거기만 아니라면 낮에 힘들게 일했더라도 밤에는 안전히 몸을 뉠 수 있다."라고 권고했다. 운 좋은 선원들은 "다른 많은 보통의 일하는 사람처럼 살기도 했지만, 그렇다고 하더라도 보통의 사람들보다 더 많은 위험을 겪어야만 했다." 발로우가 보았던 위험과 갑작스러운 죽음은 광대하고 예측할 수 없는 바다에서 일하는 선원의 그림자였다.[8]

　발로우가 심해 항해의 세계로 발을 들이는 과정에서 또 다른 중요한 부분은 이제 자신에게 주어진 임금에 맞춰 생계를 유지하며 살아가는 방법을 배우는 것이었다. 그의 가족은 비록 가난했지만, 항상 자신들을 위한 약간의 식량을 생산해낼 수 있었다. 하지만 이제 발로우와 선상의 다른 이들에게 이 삶의 기본적 조건에 변화가 생겼다. 그는 이제 식량을 임금에 따른 관례적인 할당에 의존해야 했다. 먹기를 좋아했던 발로우에게 식량은 항상 진지한 관심을 가지는 주제였다. 처음 바다에 왔을 때 발로우는 음식이 가난한 시골집에서 가족과 먹었던 것보다 더 낫다고 생각했다. 그러나 나중에 그는 마전장이[9]의 견습 일을 하다가 형편없는 음식 때문에 도망쳤던 일을 떠올리며 그런 생각을 후회했다. "때로는 조악한 음식이 나오기는 했지만, 그래도 누구든 먹고살 수는 있는 정도였다. 나는 그때의 음식 중 최악이었던 것이라도 다시 먹어볼 수 있기를 수없이 바랐다." 다 썩은 염장 쇠고기와 해충이 너무 많이 달라붙어 제 발로 움직이는 듯한 비스킷에 비해서 이전에 먹었던 식단은 왕의 식단이 부럽지 않았다. 바다에서 그는 "영국에 있는 동안 그토록 고되게 일하지 않고도 좋은 음식과 음료를 배부르게 먹던 즐거움"을 꿈꿨다.[10]

발로우는 또한 자기 임금의 금전적인 부분에 관해서도 불평을 가졌고 특히 견습 생활을 하면서 이러한 불만은 더욱 커졌다. 그는 한 번도 자신의 고생과 고통에 걸맞은 임금을 받고 있다고 생각한 적이 없었으며 더 나아가 법적인 자신의 권리를 찾기 위해서조차 자주 투쟁해야 한다는 점을 알게 되었다. 많은 상인들이 화물 손상과 해상 수송비용을 충당하기 위해 선원들의 임금을 떼어먹는 것으로 드러났다. 발로우는 또한 놀랍게도 해군이 탈주 방지와 노동력 통제의 수단으로 불법적인 임금체불을 하고 있다는 점도 알게 되었다. 앞으로 우리가 살펴볼 수 있듯이 발로우는 돈이 점점 인간관계를 지배하는 방식을 크게 염려하고 있었다. 임금에 대한 그의 의존은 이러한 점에서 많은 교훈을 남긴다.[11]

고립, 감금, 위험 그리고 임금 투쟁과 같은 이 모든 문제는 발로우가 다음과 같은 결론을 내리도록 이끌었다. "하늘 아래 우리 가엾은 선원들만큼 제대로 먹지 못하고 힘든 환경에서 살아가면서 모든 면에서 혹사당하는 자들은 없다." 심지어 그는 선원이 되고자 하는 젊은이들과 가상의 대화를 만들어보기까지 했다. 발로우는 스스로 "바

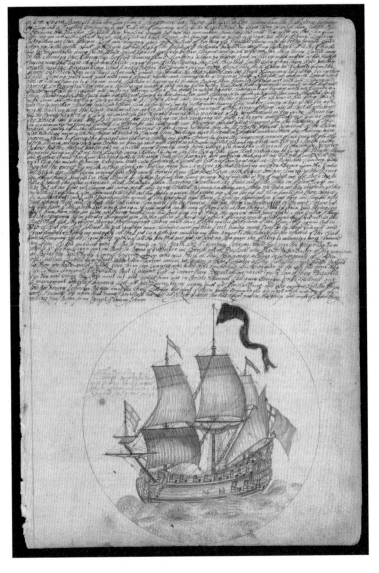

에드워드 발로우가 그린 "동인도회사 함선 셉터호" (국립 해양박물관)

다에 발도 들이지 않았기를 수없이 바라는" 자신의 모습을 이야기하며 그들에게 바다 근처에 얼씬도 하지 말라고 경고했다. 그는 다음 속담에 동의하며 인용했다. "누구든 자기 자식을 바다에 보내 살아가게 하려거든 차라리 사형집행인의 제자로 들여보내는 것이 더 나을 것이다." 그의 한탄은 계속되었다. "실로 나는 아무리 최악의 견습 생활을 하는 자도 내가 살았던 삶보다는 나은 삶을 살고 있다는 점을 항상 알고 있었다. 그들은 일요일이나 다른 휴일에 쉴 수 있었고 여가를 즐길 수도 있었지만, 우리는 매일 같은 날을 보냈고 다른 날보다 안식일에 오히려 더 많은 일이 기다리는 날이 많았다."[12]

이 마지막 언급은 아주 중요하다. 바다에서 하는 노동의 궁핍은 육지의 지역적, 종교적 문화에 대한 애착으로 이어져 선원들의 마음을 약화하고 무르게 했다. 예를 들어 바다에서의 생활은 평민들의 달력에 그득하던 휴일과 휴가일을 거의 지워버린 삶이었다. 발로우가 보기에 바다에서의 노동은, 마땅히 주어져야 할 성탄절 성찬과 같은 기본적인 기독교인의 관습을 따르기에도 어려움이 있었다. 또한, 선원으로 일하게 되면 보다 미묘한 문화적 영향을 받기도 했다. 발로우는 자신의 시간과 일정 그리고 노동, 여가 및 휴식의 시간과 활동을 통제하기 어렵다는 사실도 알게 되었다. 항해 일은 일반적인 엄격한 규율의 임금 노동과 마찬가지로 멋진 신세계의 모습이었다.[13]

발로우는 끊임없이 자신의 직업을 한탄하면서도 왜 바다를 떠나지 않았을까? 매번 항해를 마치는 시점에 발로우는 다시 이 생활로 돌아와야 하는지에 관한 질문에 마주했다. 바다를 떠나지 못한 것을 단지 노력의 부족 탓이라고 볼 수는 없었다. 실제로 그는 특히 40세가 된 이후에 다시 바다로 돌아가기를 두려워하고 있었기 때문에 바다에서의 자기 삶을 이어갈지는 촌각을 다투며 다루어야 할 문제라고 느끼고 있었다. 발로우는 끊임없이 "육지에서 일을 구해보려고" 노력했지만, 계속해서 실패했다. 그는 거대한 장애물을 직면했다. 17세기 말 영국 경제는 "거대하게 부풀어 오른 빈민층"을 위해 베풀어주는 것이 거의 없었다. 이러한 상황은 발로우가 50대가 되던 세기 후반까지 개선되지 않았고 그가 직업을 바꾸기란 쉬운 일이 아니었다. 발로우는 자신의 두려움을 뒤로하고 50대 중반에 들어서기까지 여전히 자신의 영역에서 분투하며 "거만하고 오만하며 악질적인" 선장에 맞섰다. 이러한 일은 선원들 사이에서 상대적으로 드문 일이었지만, 그렇다고 전혀 없었던 일도 아니다.[14]

일과 사상

바다 일은 발로우의 의식과 정체성에 어떤 영향을 미쳤을까? 계급 의식을 조장했을까? 국가 의식을 조장했을까? 국제 의식? 그는 세상과 그 안에 자신의 자리를 어떻게 생각하고 있었을까? 우리는 발로우의 일지에 나타난 사회 갈등에 관한 근거, 더 구체적으로 말하자면 끊임없이 세상을 방황하는 여정을 뒤덮고 있던 권력 관계를 묘사하거나 논할 때 그가 사용한 언어를 분석함으로써 그 질문에 관한 답을 얻을 수 있다.

발로우는 자신을 시골 농장 노동자에서 진정한 세계주의자, 온 세계를 다니는 남자로 변모시켜 주었던 세계 항해 경험에 큰 자부심을 가지고 있었다. 실제로 그는 바다 세계의 횃대에 앉아 회고하며 자신의 이웃을 멸시하기도 했다. "그들 중 일부는 육지에서 최고로 좋은 성찬을 먹고 마시고 있는 상황도 아니며, 오히려 갈색 빵부스러기와 우유 찌꺼기를 먹으며 집에 머물고 있으면서 엄마 젖을 떼고 자기 집굴뚝 연기 밖을 벗어나는 단 하루의 모험도 하지 않는다." 발로우는 발터 벤야민의 이야기 속 먼 곳에서 온 남자처럼 그가 해외에서 보았던 기이하고도 매혹적인 이야기를 가지고 집으로 돌아갈 것이다.[15]

발로우가 가진 가장 집요한 습관 중 하나는 그가 경험한 문제에 관해 당국을 비난하는 고집이었다. 자신의 고난이 개인적이든 아니면 정치적이든, 크든 작든, 그는 보통 당국의 잘못을 곧잘 찾아냈다. 그가 항상 "가엾은 선원"을 착취하고 억압하던 자들에게 독을 품어왔다는 점은 그리 놀라운 사실도 아니다. 그가 항해했던 함선에서 소수 고급 선원들은 배에서 식량을 우선 선택할 수 있었던 그들의 권리를 행사하면서 여러 번 가를 괴롭혔다. 고급 선원들이 염장 쇠고기에서 자기 할당을 잘라가고 나면, "가엾은 선원에게 남은 것이라곤 뼈에 붙은 고기 조각뿐이었다." 그들은 선원들에게 "홉슨의 선택", 즉 선택의 여지가 없는 결정만을 남겨주었다. 발로우는 또한 큰 배에 있던 의사도 싫어했다. 그의 말에 따르면 그들의 처방은 "(아픈 선원에게) 막대기로 머리를 때리는 수준의 효과 정도밖에 없었다." 후에 발로우가 고급 선원이 되며 경력을 키웠을 때도 세상을 바라보는 그의 관점은 하갑판에서 형성한 그 기원을 그대로 담고 있었다.[16]

발로우는 왕립 해군의 함선에서 식량과 음료를 사들이던 회계관에게 유별난 분노를 갖고 있었다. 이 탐욕스러운 자들은 "절대로 왕명에 따른 할당량만큼 식량을 사들이는 법이 없었고 항상 부족하게 사들인 후 남은 돈으로 자기 주머니를 채웠다." 부패가 왕립 해군 전역에서 유행했다. 더욱 불편하고 위험했던 점은 회계관이 함선의 선장과 사악한 동맹을 맺고 있었기 때문에 "회계관과 선장이 붙어먹으며 그들의 방식에서 얻는 이익을 공유했고 만약 가엾은 선원이 (불평을) 입 밖에 꺼내는 경우에는 얻어맞을 위험에 빠지게 될 뿐 그들의 권리를 들어주는 이는 없었다." 누구든 감히 자신의 권리를 언급하면 "등에 20번에서 30번의 채찍질"을 감내해야 했다. 극단적인 경우에 "마땅한 자신의 몫을 말한 가엾은 선원의 목숨이 사라지는 경우"도 있었다.[17]

선주와 선장은 대체로 그들 스스로도 꽤 참기 어려운 소행을 저질렀기 때문에 굳이 회계관과 연합하지 않았어도 발로우의 분노를 피할 수는 없었다. 발로우는 상선에서 선원들의 법적인 임금을 속이고 말도 안 되는 요구를 하며 사소한 일에도 선원들의 잘못을 따지는 "야욕에 찬 거만한 선주들"에 대한 저주를 퍼부었다. 그는 "할 줄 아는 것이라고는 으스대며 걸으면서 욕설과 저주를 내뱉는 것뿐이고〔주변에 아무 적도 없을 때〕커다란 가발과 칼을 차고 씩씩거리기만 하는" 비열한 해군 함선 지휘관도 경멸했다. 발로우는 그런 허세에 찬 귀족은 "멋진 왕의 함선이 아니라 비료나 나르는 작은 배에나" 어울린다고 생각했다. 발로우는 자신의 "상관"을 비판하는 데 거리낌이 없었고 주로 그의 비판은 매우 가혹했다.[18]

발로우는 "영국의 상인과 선주들에게" 가장 모진 비난을 가했다. 이자들은 대서양을 건너는 항해에서도 자신의 함선에 충분한 식량을 싣지도 않고 "선원의 주린 배"로 자신의 이득을 채웠다. 배의 목수만이 손볼 수 있는 심한 손상을 입어서, 선원들이 손쓸 방도가 없는 문제가 생기고 이로 인한 화물 손상이 생겼을 때도 이를 벌충하기 위해서 선원들이 힘겹게 번 임금을 떼어먹기도 했다. 발로우는 자신의 비판을 개별 선주나 작은 회사에 한정하지 않았다. 그는 평선원인 "가엾은 자들"에게서 시종일관 이득을 취하고 있는 것으로 여겨지던 '동인도회사'에도 비판의 날을 세웠다. 발로우와 그의 동료들에게 회사의 세관 관리자는 늘 "침몰하는 배에 밀려드는 물처럼 막 대하는" 태도를 취했다. 발로우가 당시 동인도회사를 이끌고 있으면서 중상주의

重商主義 사상을 선도하던 조슈아 차일드 경에게 느끼는 것이라곤 냉소뿐이었다. 그가 포츠머스의 왕립 해군과 거래하는 식료품 공급 상인이 되면서 그토록 큰 재산을 일구었다는 점은 그리 놀라운 사실은 아니다.[19]

발로우는 때로는 바다 세계를 넘어 자신의 적대감을 표현하는 위험을 무릅쓰기도 했다. 그는 "부자들", 아니면 그들 중 일부를 비판하는 것이 부끄럽지 않았다. 그는 "돈과 향락"에 파묻혀 "허세와 허영" 속에 사는 "위대한 귀족 백작 나리들"이 종종 나라의 "배신자들"이며 그들의 재산을 몰수해서 "생계 수단의 부족으로 인해 바다로 나갈 수밖에 없는 진실한 마음의 가엾은 신원들에게" 주어야 한다고 주장했다. 그는 또한 "자기 침대에서 잠을 자고 대지의 녹을 먹으며 휴식과 여가를 즐기면서 나라를 배반할 궁리만 하는 수많은 영국 젠트리gentry"는 선원과 단 "한 달 또는 두 달"만이라도 자리를 바꾸어보아야 한다고 생각했다. 발로우는 부자나 그들의 나라를 보호하려다가 "팔다리를 잃고 난파와 투옥을 당하고" 이제는 거리의 거지로 전락한 "늙어버린 가엾은 절뚝발이 선원"을 돕지 않는 부유한 사람들을 맹렬히 비난했다. 부자와 가난한 자들의 자리를 바꿔버림으로써 세상을 뒤엎으려던 발로우의 열망은 국가의 주요 기능이 부자와 그들의 재산을 보호하고 있다는 그의 생각에 따른 것이었다. 발로우는 부자들이 "그토록 즐거움에 가득 찬 집에서 배불리 먹고 누울 수 있었던 것"은 외해에서 선원들이 여러 차례 겪은 불행과 위험이 있었기에 가능한 것이라고 말했다. 실제로 그가 가진 계급 간의 관계에 관한 뚜렷한 개념에서는 일부가 부자가 되기 위해 많은 이들이 가난해져야 했고 역으로 많은 이들이 가난해진 덕분에 일부가 부자가 될 수 있었다.[20]

발로우의 블랙리스트에 있는 최후의 악당은 영국 국가 그 자체였다. 발로우는 수많은 선원과 수많은 가난한 사람들 모두에게 영향을 주었던 징발을 위한 "악의 풍습"을 호되게 꾸짖었다. 해군 본부는 17세기와 18세기를 통틀어 강제로 동원한 해군에게 제국의 전쟁을 치르게 했다. 수많은 "가엾은 자"가 강제로 동원된 후 "자신의 자금줄과 의복 그리고 몇 달간의 급여"를 잃었다. 이렇게 잃어버린 것들은 "그 적은 임금과 임금을 받을 수 있을지에 관한 불확실성을 고려하면 그들이 12개월의 시간 동안 다시 벌어들일 수 있는 것보다 더 많았다." 발로우 자신도 강제로 왕립 해군에 들어왔고 그의 수많은 뱃동지도 마찬가지였다. 그들은 징용단에 맞서 싸운 이야기에 관한 허풍을 늘어놓았고 국가 그 자체는 강제되고 비자발적인 노동을 활용하여 선원들을 억압했다.[21]

발로우는 주로 성경에서 가져온 종교적 인용구를 활용하여 갈등을 이야기했다. 그의 갈등에 나타난 경쟁 상대는 때로는 성경적 개념의 "부자"와 "가난한 자"였지만, 대부분은 강자와 약자의 경쟁이었다. 전자는 권력의 지위(상인, 선장, 회계관)를 가진 자를, 후자는 희생자("가엾은 선원", "가난한 자", "불쌍한 영혼")를 가리켰다. "가난/가여움"의 개념은 발로우가 사용하는 계급에 관한 언어에서 확고한 핵심을 차지한다. 발로우는 "가난/가여움"을 단지 일시적인 궁핍으로 괴로움과 불행을 겪고 있는 자들만이 아니라, 독립적으로 생계를 꾸릴 방도를 찾지 못하여 "생계 수단의 부족"을 겪거나, 발로우의 경우처럼 방도를 찾았더라도 살아가기에는 한참 모자란 직업을 가진 모든 이들을 지칭하는 데 사용했다. 발로우에게 있어 가난한 자들은 노동하는 가난한 자들이었고 이들의 수는 공통장의 인클로저와 17세기 영국에서 나타난 또 다른 형태의 수용으로 급격히 증가하였다. 서임과 발탁을 통해 근본적으로 조직된 사회에 살면서 발로우의 가난한 자들에게는 인간관계도 부족했다. 발로우가 바야흐로 선장이 되어 자신의 배를 갖는 것을 인생의 꿈으로 삼으려던 시기에 그의 후견 귀족이 갑자기 죽어버렸다. "이렇게 가난한 자가 사람들의 그럴듯한 말과 불확실한 행실에 가장 의존해도 그들의 말은 붙잡을 길 없이 지나가는 바람일 뿐이라는 점이 여러 번 증명되었다." 땅도, 기술도, 도구도 없었기 때문에 임금을 위해 자신의 노동력을 팔 수밖에 없었던 "가난한" 또는 "보통" 사람들은 이렇게 자신의 통제를 넘어선 힘에 의해 계속 농락당했다. 이러한 곤궁한 물질적 상황과 기울어진 삶의 무게는 발로우가 부자와 가난한 자를 대하는 방식에서 어떤 숙명론을 갖게 이끌었다. 그는 "부자는 항상 가난을 잊고 가난한 자들은 계속해서 가난하다."라고 기록했다. 다른 경우와 마찬가지로 발로우는 여기에서도 일반적인 성경의 말로 설명했다. "가난한 자들은 항상 너희 가운데 있을 것이다."[22]

"가난한 자"가 어디에나 있음에 관한 믿음과 함께, 발로우는 앞서 그가 제기한 수많은 불평과 비판적 반영에서 평등과 정의의 가치에 대해 시종일관 일종의 수평화leveling 본능을 강조하며 표현했다. 예를 들어 그는 부자와 가난한 자를 영적인 평등 선상에 두었다. 그는 "주님께서 가난한 자의 찬양을 부자의 것과 마찬가지로 듣는다는 사실에는 의심의 여지가 없다."라고 믿었다. 하나님은 "사람을 차별하지 않았고" 이는 가난한 자보다 부자를, 여자보다 남자를, 흑인보다 백인을 더 좋아하시지 않는다는 의미였다. 그는 또한 부자나 가난한 자 모두 똑같이 "죽음의 손길"을 피할 수 없다는 점을 지적했다. 비록 발로우는 부자와 가난한 자가 동등하게 대우받는 것을 볼 수는 없었지만, 최소한 "날개 달린 돈이 헤프게 떠나버리는" 부富의 덧없음으로 스스로 위안할 수 있었던 것이다. 발로우는 또한 행동으로도 그의 수평화 본능을 표현했다. 그는 바다에서 수년을 보내고 고향에 돌아오면서, 그의 말을 빌리자면, "제 소명에 비해 너무 고귀한" 옷을 입고 돌아왔다. 그러나 옷은 바라던 대로의 효과를 발휘했다. 그의 모든 이웃이 집을 방문한 "신사"의 정체에 관해 물어왔다. 발로우는 스스로 조소했다. "만약 그들이 내가 주로 처해있던 상황에서 내 모습을 몇 번 보았다면 그들은 이내 내가 거지 또는 죄수가 아닌지 묻거나 어느 감옥에서 출소하는 길이냐고 물어보았을 것이다."[23]

부의 집중과 영국의 사회적, 정치적 생활을 급격하게 잠식해가던 돈에 대해서 발로우의 태도는 대개 부정적이었으며 때로는 폭력적이기까지 했다. 그의 의식은 모두에게 공정한 대우와 버젓한 생계 수단을 갖춘 도덕적인 경제를 표현했다. 자유롭고 유동적인 임금 노동은 사회 변화와 양극화의 광범위한 과정의 일부였고 영국과 그 제국에서의 자본주의적 생산 관계 정착 초기 과정의 일부였다. 이러한 관계는 발로우와 같은 수천 명의 노동자가 일했던 상선 해운 업계와 왕립 해군에서 두드러지게 나타났다. 더 많은 남자와 여자들이 임금을 위해 일하기 시작하면서 돈이 생계에서 차지하는 비중이 더욱 커졌고 곧 사회생활 전체의 중심이 되었다. 발로우는 "돈이면 어떤 일이든 해결할 수 있는" 이 과정이 매우 꺼림칙하다는 사실을 알게 되었다. 많은 이들이 부의 급격한 축적은 부패하기 쉬우며 심지어 불법적 과정이라고 생각했다. 발로우는 "나는 서둘러 부자가 되는 자가 죄를 짓지 않을 수 없다는 오래된 격언이 맞는 말이라고 믿고 있다."라고 설명했다. 이렇게 부를 향한 욕망은 사회생활의 부도덕한 표류를 불러왔다. 발로우는 일부 사람들이 "믿음을 저버리는 방법임에도 거리낌 없이, 조금의 돈이라도 벌기 위해서 어떤 일이든 하면서 이득을 얻으려 한다."라고 말했다. 비록 발로우는 이익을 구하기 위해 자신의 권력을 남용하는 이들을 두고 이러한 말을 남겼지만, 많은 가난한 자들이 "조금의 돈이라도 벌기 위해 어떤 일이든 해야 하는" 절박한 상황에 있었기 때문에 오히려 이 말은 그의 고향 사람들에게 훨씬 가깝게 돌아갔다. 간신히 연명하기 위해서라도 그들은 그렇게 할 수밖에 없었다. 그러나 발로우가 보기에 진정한 죄인은 가난한 자가 아니라 힘 있는 자들이었다. 발로우는 장사꾼 선장들이 "스스로 독차지하기 위해서는 어떤 방법이든 거리끼지 않았고 그들 휘하의 사람들이 얼마나 가지지 못하는지도 괘념치 않았다."라고 강조했다. 발로우는 그 시대의 경쟁과 물질주의 그리고 "소유적 개인주의"가 심해지면서 온전한 사회관계가 망가지고 있다는 점을 분명히 느꼈다.[24]

그의 삶이 끝나갈 무렵이었던 1703년에 발로우는 수백 척의 한선을 침몰시키고 수천 명의 형제 선원들을 죽인 커다란 폭풍이 있고 난 후에 벼락같은 악평을 내질렀다. 발로우에게 폭풍의 의미는 간단했다. 이는 "하나님의 분노에 대한 경고"였으며 도덕적 타락의 징후였다. 그는 "자신의 말과 약속을 중요시하지 않는 자는 그가 어떤 행동과 말을 하건 간에 결국 이웃을 돈벌이로 편취할 수밖에 없다. 모든 지휘관과 선주들은 오만과 억압 그리고 폭정으로 자랐다."라고 기록했다. 그는 자신의 인생 경험으로 얻게 된 좌절로 결론을 맺었다. "나는 그동안 내가 만났던 사업과 비열한 거래에 대해, 그들이 전혀 기독교인처럼 행하지 않았다는 말을 쓰고 싶다." 발로우가 그의 길었던 노동 생애를 통해 선장을 비판하고 자주 투쟁을 벌였다고 말하는 것은 전혀 과장이 아닐 것이다.[25]

에드워드 발로우는 최소한 17세기 중후반에 사용된 용어를 기준으로 한 의미에서는 급진주의자가 아니었다. 그는 분명하게 반군주주의 정서를 품지 않았다. 그는 강제징용에 관한 불평 외에는 "왕권"에 대한 지속적 비판을 제기하지 않았다. 실제로 그는 1660년에 찰스 2

세가 즉위했을 때 "커다란 기쁨"을 분명히 나타냈다. (그러나 그 기쁨 중에서 왕정복고에 대한 만족에서 온 기쁨이 어느 만큼이며, 왕립 해군 일원들에게 기쁜 일을 축하하고 충성을 장려하기 위해 주어진 공짜 와인과 9실링 6펜스 가치의 금 조각 그리고 추가분의 월급에서 온 기쁨이 어느 만큼인지는 정확히 말하기 어렵다는 점에 주의할 필요가 있다.) 발로우는 혁명 시대의 급진 종파와 명백한 관련이 없었다. 그는 1661년에 유일하게 그러한 집단에 관한 언급을 했다. "소위 제5왕국파[26]에 관한 문제와 여러 소동이 있었고 채텀에 있는 함선에 머무르던 우리는 두려움에 떨었다. 또한, 우리는 매일 밤 매우 엄격한 보초를 서야만 했다."[27]

이렇게 서로 다른 부류였지만, 발로우는 급진주의자들과 일종의 정신적·도덕적 세계를 공유했다. 이들이 17세기 영국을 뒤흔들었던 뒤틀린 사회 변화를 같이 겪었기 때문이다. 가장 중요한 점은 발로우와 급진주의자들은 모두 사회 권력과 차별에 관한 큰 의식과 경험을 표현했다는 점이다. 이러한 문제를 논의하기 위해 사용된 언어는 투쟁적인 기독교 정신 안에서 정치와 종교를 융합했다. 실제로 선원의 임금을 떼어먹는 것은 "가난한 자로부터 적법한 임금"을 박탈하여 "가엾은 선원을 억압하기 위해 영국이 너무나 오랫동안 이용해먹은 관행"이라고 기록한 발로우는, 마치 영국 혁명에서 가장 급진적인 목소리를 내었던 진정한 개간파 제라드 윈스탠리와 겹쳐 보이는 듯했다. 아마도 투쟁을 계속할 능력이 쇠약해졌을 인생의 후반부에 발로우는 분노한 신의 앙갚음으로 "하나님의 시대가 열리며〔동인도회사가〕가난한 자들과 고용인들을 억압했던 소행의 대가를 치르기를" 기원했다. 대부분의 다른 급진주의자들과 마찬가지로, 발로우 역시 "인민"(영국 사회의 중간층 요소)의 편이 아니라 정확히는 "가난한 자"의 편으

로 구분된다는 점은 중요한 의미가 있다.[28]

　많은 급진주의자와 마찬가지로 발로우는 자신을 영국의 애국자이자 신교新教 국제주의자로 보았으며 그러기에 그는 종종 "교황파"의 소행과 "음모"에 관심을 두고 있었다. 그는 자신을 고귀한 문명의 소산인 "진정한 영국인" 애국자로 칭했고 "이교도의 나라"에서 행해지는 이상한 관습을 깔보았다. 신교도이자 유럽인이며 또한 자유노동자로서 그는 사람을 "마치 널려있는 양처럼" 사고팔던 알제에서 기독교인들이 노예로 팔리고 있다는 이야기를 들었을 때 상당히 불편해했다. 그는 아프리카인 노예제를 마찬가지로 반대하지는 않았지만, 수많은 항해 동안 한 번도 노예선에서 항해하지는 않았다는 점에는 주목할 필요가 있다. 이는 중대한 개인적 선택이 반영된 결과일 것이다. 그는 또한 1678년 자메이카의 포트 로열 근방에서 반란을 일으켰던 아프리카인 노예들에 대한 동정을 표하기도 했다. 그들은 "매우 혹독하게 일하며 엄청난 고문과 고난 속에 살아서 더는 그 상황을 견디느니 어떤 위험이라도 뛰어들고자 했다."[29]

　그러나 발로우의 애국심과 신교 교리에도 한계는 있었다. 1640년대와 1650년대 영국 혁명 운동에서의 일부 급진주의자처럼 발로우는 영 제국의 문명화 탐험에 의구심을 가지고 있었다. 1689년 브라질과 중국 그리고 동인도 및 서인도를 향한 항해 후에 발로우는 유럽 바깥의 세상을 떠돌았다. "그러나 외국의 나라가 들어와 국토와 섬에 강제로 뿌리내린 후 요새를 짓고 법을 세우며 그들의 동의도 없이 그곳의 사람과 천성에 반하는 관습을 강요한다면, 이것이 하나님의 율법과 우리가 따르는 종교와 일치하는지는 세상이 판단해야 할 것이다." 제국주의적 "문명화" 계획에 대한 그의 회의론은 뚜렷했다. 또한, 발로우는 이따금 영국이 "모든 기독교 국가 중 최악의 왕국으로 성장했다."

라고 생각하기도 했다. 국제 해상 노동 시장에서 그의 경험은 어쩌면 그가 품었을 수도 있는 약간의 민족주의 정서를 앗아가 버렸다.[30]

발로우와 많은 급진주의자의 세계관에서 또 다른 중요한 공통점은 "노동 존엄성"에 관한 신념이 철저히 부재했다는 점이다. 신교도로서의 정체성을 가지고 있었음에도 발로우는 바다에서 일하는 것에 어떠한 도덕적 의미도 부여하지 않았다. 발로우가 선원으로서 경험한 임금 의존성과 권위에 대한 가혹하고 불명예스러운 관계에는 존엄하다고 할 만한 것이 전혀 없었다. 실제로 때로는 그의 상황이 너무나 좋지 않았기 때문에 그는 선원의 처지를 노예의 처지와 연관 짓기도 했다. 그는 "배에 있는 이들 중 선장을 제외한 모든 이들은 명령을 따르고 있다는 점에서 노예보다 나을 것이 거의 없었다."라고 언급했다. 발로우는 또한 거지와 처지를 바꾸는 상상도 했다. "나는 항상 거지의 삶이 내가 지금껏 살아온 삶보다 더 낫다고 생각했다. 그들은 우리가 얻을 수 있는 것보다 더 나은 음식으로 배를 채워 끼니를 거르지도 않았고 밤에는 조용하고 안전한 밀짚 가득한 좋은 헛간에 누울 수도 있었으며 누구의 방해도 받지 않고 기뻐하며 오래 누워있을 수 있었다." 물론 "선원들의 처지는 정반대였다." 발로우는 결코 자신의 "배를 채울" 수 없었고 바다에서의 보초 체계를 따르느라 네 시간 (때로는 더 적은 시간) 이상 잠을 잔 적도 없었다. 노예와의 신랄한 비교와 거지가 되는 달콤한 상상은 노동 존엄성을 믿는 자의 것은 아니었다. 발로우는 노동을 "땀과 노력"으로 보았다. 그는 "단조로운 식단과 고된 노동"으로 자신의 삶을 살았다.[31]

결론

크리스토퍼 힐은 노동 존엄성에 관한 17세기의 사상이 독립적 생계 수단인 자신의 땅과 도구를 가진 자작농과 기능공들과 같은 중간 계급 사람들 사이에서 가장 유행했다는 점을 보여주었다. 사회 계급의 반대편 끝에는 임금 노동을 적대하고 거기에서 도망치고자 하는 대조적인 태도가 존재했다. 힐은 "노동 존엄성에 관한 이론이 농노의 신분에서 임금 노동자로 진화한 사람들에게는 거의 호소력을 갖지 못했다."라고 기록했다. 게다가 "자유의 반대말은 다른 누군가의 기계에 속한 톱니바퀴가 되어 그 안에서 무의미한 고된 일을 수행하는 것"이었다. 이는 에드워드 발로우가 발견한 자신의 상황과 정확하게 일치했다. 나무로 만든 세계에서는 단조로우며 고된 일들이 면밀히 감독받았다. 여기에서 기계는 배였고 그 기계를 소유한 다른 누군가는 상인과 선주였다. 이 사악한 자들은 40년간 기록된 발로우의 일지 내내 통렬한 비판의 대상이 되었다.[32]

결국 에드워드 발로우의 긴 바다 인생에 관한 귀중한 이야기는 17세기 후반 선원들의 마음을 엿볼 수 있는 남다른 길을 제시해주었다. 근본적으로 자신의 노동 경험을 통해 형성된 그의 생각과 행위는 국가적, 국제적, 종교적 요소 및 현세의 도덕적, 정치적 요소와 강력하게 결합하였다. 현재의 연구 상황에서 발로우가 형제 선원 또는 더 일반적으로는 영국 노동자들의 "전형"이었다고 말하는 것은 불가능하다. 그러나 발로우의 일지는 특정한 의식과 일련의 신념들을 구체적이고 미묘한 방식으로 연구할 수 있는 길을 열어주는데, 다시 말해 어떻게 발로우의 노동 경험이 평등주의자와 반권위주의자 그리고 도덕가적 경향을 포함하는 그의 개인적 기질을 완성하도록 도왔는지를 살펴볼 수 있었다. 어떤 면에서는 발로우의 사상이, 17세기 후반에 이르면 천년왕국의 종교적 열정과 공공연한 정치적 의미를 모두 탈각한 신념

체계였던 평민적 율법폐기론antinomianism의 한 형태를 반영한다고 주장할 수도 있을 것이다. 발로우의 사상을 어떻게 보건 간에 그의 일지는, 아직도 불완전하게 이해되고 있는 민중의 노동 세계와 의식 세계 안에 가능성의 지평을 열었다.[33]

3장　　　　　　헨리 피트먼, "탈주 반역자"

헨리 피트먼은 영국 서머싯주 요빌의 부유한 퀘이커교인 가정에서 태어났기에 1685년의 몬머스 반란[1]에 참가한 전형적인 사람들과는 달랐다. 그는 의사였고, 대부분이 직물 노동자와 기능공 그리고 농경 노동자들의 평범한 부류로 구성된 무리의 하급 젠트리의 구성원이었다. 헨리와 같은 사람들은 폭동과 거리를 두었지만, 몬머스가 자신의 병력 대부분을 끌어들였던 서머싯은 그 자체로 "반란자 양성소"였다. 자신의 땅에 대한 권리를 지키기 위해 싸웠던 평민들과 영국 혁명에서 기사당원과 의회당원 모두에 맞선 "클럽맨"[2] 그리고 점점 더 어려워지는 삶을 직면하고 폭동을 일으키는 데 주저하지 않았던 직물 노동자들을 품고 있었던 이곳은 아래로부터의 강력하고 다채로운 자주적 조직 결성과 투쟁의 전통을 가지고 있었다. 이곳은 또한 급진적인 비국교도들(침례교도와 퀘이커교도가 꽤 모여 살고 있었다)과 공화국 모반 음모의 장소로서, 영국 혁명에서 나타난 신조인 "오랜 대의명분"[3]이 여전히 남아있었으며, 헨리는 이를 계승하고 있었다.[4]

또한, 헨리는 이 책이 핵심으로 삼은 수백만 명의 하인, 노예, 죄수 그리고 선원의 경험에 비추어 보았을 때도 전형적이지 않은 것으로 보인다. 그는 배움과 학식이 있는 특권층이었지만, 전쟁의 부침浮沈으로 인해 대서양 프롤레타리아의 놀랄 만한 구성원이 된 자신을 발견했다. 그로 인해 그는 자신의 시대와 그 이후에 다른 강제 노동자들이 겪은 "큰 고난"과 "기묘한 모험"을 마주했다. 헨리의 기록은 속박으로부터의 탈출이 실제로 어떤 과정으로 이루어졌는지, 또 어떤 종류의 지식과 사회관계가 이를 가능하게 했는지 우리에게 보여주었다. 또한, 그의 기록은 탈출이 우리가 보통 생각하는 것과 꽤 다른 형태의 역사적으로 중요한 저항의 유형이라는 점을 암시한다.

이러한 점은 학계 어디에서나 볼 수 있는, 대단히 풍부한 사료를 바탕으로 하는 탈출에 관한 역사기록들을 통해서도 잘 드러난다. 여기서 말하는 사료는 17세기와 18세기 그리고 19세기 북아메리카와 카리브해에서 있었던 노예사회의 탈주에 관한 광범위한 문헌 자료를 말한다. 이처럼 풍부하고 잘 알려진 광맥에서 우리는 기술, 문화 변용, 계절성, 지형에 따른 다양한 변수를 가진 또 다른 형태의 저항으로서의 탈출에 관한 분석을 찾을 수 있다. 우리는 소탈주(노예 신분으로부터의 일시적 탈출)와 대탈주(영구적인 탈출)에 관한 연구들을 읽어볼 수 있다. 우리는 저명한 카리브 학자인 N.A.T. 할이 "해상 탈주"라고 불렀고 헨리 피트먼이 그 본보기를 보였던 탈출의 이야기를 만날 수 있다. 그러나 우리는 이러한 탈출이 정확히 이렇게 이루어졌는지 그 과정을 구체적이고 인간적으로 보여주는 예시는 거의 만나볼 수 없었다.[5]

이 모든 사실을 염두에 두고 몬머스 반란자와 그의 대서양 모험으로 돌아가 보자. 그의 이야기는 노예제에 관한 건달 문학이며 분명한 노예제로부터의 자기 해방 이야기이다. 폭력과 불행 그리고 죽음의 이야기이며 동시에 용기와 힘 그리고 행운(때로는 섭리라고 하는)의 이야기이다. 근본적으로 이 이야기는 기술적 지식과 자연적 지식 그리고 사회적 지식을 담은 지식의 이야기이다. 어쩌면 이 이야기는 결국 우리가 오래도록 들어왔고 계속해서 말하게 될 신화에 대해서 무언가 다른 사실을 말해줄 수 있을 것이다.

생포

헨리는 호기심과 연민 그리고 기회의 오묘한 조합으로 불운을 맞이했다. 마침 몬머스 공작이 폭동을 일으키기 위해 라임 레지스에 도착했던 시기에 이탈리아로 향했던 항해에서 갓 돌아와 서머싯주 샌드퍼드의 친척들을 방문한 헨리는 "항간에 퍼진 흔한 소문처럼 그 힘과 수가 대단한지 보기 위해 거기에 가기로" 했다. 그는 자신의 호기심을 채우기 위해 가족들과 함께 톤턴으로 갔고 이내 몬머스 반란군과 옥스퍼드의 왕당파 사이의 교전에 얽혀들었다. 그는 전자의 무리 속으로 피했고 거기에서 한 친구는 그에게 "머무르면서 아프고 다친 사람들을 보살펴 달라"고 부탁했다. 오랜 고민 없이 "함께 살아가는 이들, 특히 같은 기독교 신앙을 가진 형제들에 대한 동정과 연민은 나로 하여금 거기에 머무르면서 그들 사이에서 나의 소명의 책임을 다하며 또 다른 의사 형제를 돕도록 했다. 그가 베풀었던 원조가 없었다면 그곳의 사람들은 고통 속에서 참혹하게 살아야 했을 것이다." 헨리는 또한 포로가 된 왕의 병사들도 치료했다. 그는 절대 대의를 위해 손에 무기를 들지는 않았지만, 동료 의사들과 동료 기독교인들 그리고 함께 살아가는 이들과의 연대감(이 중에서 마지막에 제시된 이들과의 연대감은 1640년대와 1650년대에 시작된 급진주의의 이정표이다)은 그가 폭동에 뛰어들게 했고 결국은 반역에 이르게 했다. 1685년 7월 6일 세지무어에서 몬머스의 부대가 참패한 직후 많은 반란군이 교수형에 처해졌다. 그는 탈출을 시도했지만 붙잡혀서 탈탈 털렸고("주머니를 샅샅이 수색당하고", "겉옷은 등 뒤에서 벗겨졌다.) 400명에 달하는 다른 이들과 함께 일체스터 교도소에 갇혔다. 그는 수십 명이 열병과 천연두로 죽어 나가던 더럽고 혼잡한 감옥에서 다치고 베이고 뼈가 으스러진 이들과 함께 지냈다. 헨리는 살아남았다.

유죄판결과 추방

대학살은 이제 막 시작되었다. 곧 악명 높은 교수형 판결을 내린 수석재판관 조지 제프리스가 주연한 "피의 재판"이 찾아왔다. 태생적으로 가졌던 그의 폭력적인 성미는 마침 당시 신장 결석을 앓으면서 더욱 심해졌다. 제임스 왕의 관리들은 1,300명의 사람으로 가득 찬 구치소와 교도소를 방문하여 죄를 인정하는 대가로 은혜와 자비를 약속했다. 많은 이들이 계략에 놀아나기를 거부했고 그 결과 도체스터에서 28명이 재판에 회부되어 유죄선고를 받았으며 "같은 날 오후에 처형 집행 승인이 떨어졌다." 이들의 교수형 후에 남은 이들 대부분은 크게 겁먹고 목숨을 구하기 위해 죄를 인정했다. 이렇게 했던 이들은 대부분 곧 유죄판결을 받고 "교수척장분지형"[6]을 선고받았지만, 생각하지도 못한 방향에서 반대 의견이 제시되었다. 바로 사형집행인들이 할당된 숫자만큼의 사형을 집행할 수 없다고 항의한 것이다(그들의 작업 기준은 하루 12건이었다). 어쨌든 또 다른 230명의 죄수가 처형되었다. 그들 중 일부는 "일말의 후회도 드러내지 않았으며 그들의 반란을 정당화하며 찬양했다." 시신은 배가 갈라지고 목이 잘렸으며 남은 유해에는 타르가 칠해진 후 대중들 앞에 내걸리며 1550년대 이후 가장 큰 규모의 교수형이 어떤 모습이었는지 보여주었다. 헨리의 행운은 꿋꿋했다. 그는 "남은 우리들은 카리브 제도로 이송되었다."라고 기록했다. 그와 함께한 850명의 죄수는 노예 신분이라는 살아있는 죽음으로, 교수형이라는 말 그대로의 죽음을 대체했다.

헨리와 그의 형제 윌리엄 그리고 약 1백 명의 다른 죄수들은 당국에 의해 기독교인 상인에게 넘어갔고 그는 즉각 헨리의 가족과 몸값에 대한 협상에 들어갔다. 돈을 주어도 헨리가 풀려나지 않을까 봐 우려한 가족들은 망설였지만, 그들이 요구한 돈 120파운드를 내어놓지 않으면 이 형제들에게 특히 가혹한 처사를 내리겠다는 협박에 마음이 약해질 수밖에 없었다. 한편, 헨리는 웨일스에서 웨이머스로 옮겨졌고 거기에서 그와 그의 "전우"(그는 이렇게 불렀다)들은 바베이도스로 향하는 런던의 배 베티호에 몰아넣어졌다. 5주간의 항로는 "병이 크게 만연한" 길이었다. 죄수 아홉이 죽었고 바다에 묻혔다. 살아남은 이들도 어떻게 될 일인지 확실하게 알 수는 없었다. 헨리의 행운은 낯선 섬으로 향하는 대서양을 건너는 항해에서도 여전히 남아있었다.

노예 신분

헨리는 그가 막 도착했던 1686년 1월 식민지 총회에서 그와 같은 정치범과 이송된 중죄인을 통제하기 위해 통과된 법안을, 자신의 이야기에 그대로 옮겨옴으로써 바베이도스에서의 자기 경험을 소개했다. 운명은 그를 가장 부유한 영국의 식민지로 보냈다. 이곳의 농장 사회는 세계 시장을 위해 설탕을 생산하는 계약하인과 노예에 대한 잔인한 착취로 지어졌다. 한 방문자가 기록한 바에 따르면 이 노동자들은 "맡겨진 혹독한 작업을 수행하고는 곧 사멸했다." 실제로 흑인이든 백인이든 노동자의 사망률은 높았다. 노동력에 대한 탐욕이 넘치던 바베이도스의 농장주들은 몬머스의 반란군을 데려올 수 있다는 점을 기뻐했다.[7]

1686년의 법안은 왕의 영토를 "피와 불행의 무대"로 뒤바꾸고자 한 반역자들의 "극악무도한 악행"을 규탄하는 것으로 시작한다. 법령이 알리기를, 많은 "반란군 죄인"은 당연하게 교수형에 처해졌지만, 그렇지 않은 이들은 폐하의 "비할 데 없는 은혜와 용서로" 식민지에 보내져 10년간의 노역을 치렀다. 헨리는 "또한, 이렇게 우리가 본 자유인을 노예 신분으로 사고파는 모습은 마치 독단적 권력이 이교도의 관습에 필연적으로 의존하던 모습이 기독교인들 사이에서 새롭게 자라나는 것처럼 보였다."라고 환멸에 찬 어조로 말했다.[8]

법은 바베이도스의 지배계급이 어떻게 헨리와 그 부류들이 탈출을 시도할지 상세하게 설명했다. 그들은 일부는 "돈으로 직접 구제책을 찾으려고" 노력하고 일부는 그 섬에서 자유인 여성과의 결혼을 시도할 것이라는 점을 알고 있었다. 그들은 일부가 죽음을 가장해서 변장하고 달아나려 할 것이며 다른 이들은 "다른 이름으로 된 가짜 표"를 사용해서 섬에서 달아나려 하고 또 다른 이들은 선장이나 다른 누군가가 그들의 도망을 돕게 하려고 한다는 점을 알고 있었다. 누군가는 작은 배를 구해서 자유를 향한 항해를 떠나며 스스로를 해방할 것이다. (입법자들은 일부가 죽으려고 노력한다는 점도 알고 있었다.) 따라서 법안은 이에 앞서 자기 구매 또는 계급 간 결혼을 통한 노예 신분 해방을 금지했고 죄수들을 추적하기 위해 등록부를 만들어두었다. 또한, 탈출을 돕는 사람은 누구든 일련의 벌금과 구금을 당하도록 했고 모든 소형 선박의 사용도 규제했으며 도망치려고 한 자들에게 내릴 처벌도 규정해두었다. "휴일을 골라 인근 시장이 열리는 마을에서 주인의 처소까지 걸으며 맨몸에 39대의 채찍질을 하고, 시장이 열리는 다른 날을 골라 목에 칼을 차고 한 시간을 끌려다니며, 이마에 탈주 반역자Fugitive Traitor를 뜻하는 문자 f.t.를 불로 지져 새겨 넣어서 글자가 뚜렷이 드러나도록 했다." 헨리는 이러한 처벌이 "비기독교적이고 비인간적인 법"이라고 생각했다. 이는 채무노예노동자bonded laborer의 이동성을 위한 계급투쟁을 반영하는 생각이었다.[9]

착취

영국에서 상인이 헨리의 가족에게 했던 약속에도 불구하고 헨리와 그의 형제는 "엄청난 몰인정"을 베푼 로버트 비숍에게 팔렸다. 그는 돈을 낸 가족의 자유를 위한 모든 청원과 간청을 파기했고 종복들에게 적절한 옷을 주지도 않았으며 "매우 볼품없는" 식단만을 허락해서 헨리가 "심각한 이질"을 앓게 했다. 헨리는 자신의 계급 배경과 전문 기술을 이용하여 주인과 협상해보려고 노력했다. 그는 "겸손하게 주인에게 자신의 직업과 경험을 고려해보도록 권하면서 보통 다른 종복들에게 주어진 것보다 더 나은 환경을 줄 만하다고 생각하기를 바랐다." 그의 희망은 새로운 계급 조건에 걸맞지 않았고 비숍도 그에게 솔직하게 그렇게 이야기했다. 마음이 상한 헨리는 "나는 의사로서 그를 섬기며 내 직업을 욕되게 하기보다는 흑인들과 함께 뜰에서 일하는 것을 선택하겠다. 또한, 나는 보통 종복들과 똑같이 대접받고자 한다."라고 선언했다. 비숍은 분노하며 자신의 지팡이가 부서지도록 헨리를 두들겨 팼고 그 후 그를 차꼬에 채워 12시간 동안 "작열하는 태양의 열기에 내버려 두도록" 했다.

이후 15개월 동안 헨리는 로버트 비숍에게 더욱 잔인한 대우를 받았지만, 곧 주인이 채무에 시달리게 되면서 원래 그를 팔았던 상인에게 돌아가게 되었다. 굴욕은 끝났고 이제 그는 "팔리지 않은 상품"이었다. 풀려나기를 기대하는 지친 마음과 끝없는 혹사에 대한 분노 그리고 최근에 있었던 형제의 죽음에 대한 슬픔으로 헨리는 "섬 탈출을 도모하기로 결심했다." 그는 낙인과 채찍질로 "이마에 지져질 흉터와 쓰라릴 등의 상처"를 감수하기로 했지만, 실상 그가 감수해야 할 위험은 더욱 컸다. 그는 나중에야 바베이도스의 농장주들이 한 번 집단 탈출을 경험한 후에는 "그들은 나를 교수형에 처해야 한다고 결의했다!"라는 사실을 알게 되었다. 교수대는 처음부터 끝까지 헨리의 모험에 그림자를 드리우고 있었다.

계획

헨리는 다양한 탈출 전략을 곰곰이 생각해보았지만, 모든 길이 위험했다. 그가 선택한 전략에서는 소형선을 확보하고 동료 공모자들을 조직하며 물자를 모아 한밤중에 빠져나가 퀴라소섬을 향해 북동무역풍을 등지고 600마일을 항해할 필요가 있었다. (그는 영국 식민지의 관리가 그를 붙잡으면 즉시 바베이도스로 돌아갈 것이라고 생각했기 때문에 네덜란드 식민지를 선택했다.) 영국에 있는 친척들은 섬에 있는 친구에게 물품을 위탁하여 보냄으로써 (아마도 부지불식간에) 그의 탈출을 도왔다. 물건을 받은 친구는 이를 팔아 수익금을 헨리에게 주었다. 돈을 갖게 되면 상당히 도움이 될 수 있었지만, 모든 과정에서 의존하게 될 일련의 동맹이 없다면 돈도 거의 소용없게 된다.

헨리는 죄인이나 종복이 아닌 "평범하게 사는" 자유인 목조공인 존 너텔이라는 이름의 남자와 일하는 것으로 시작했다. 너텔은 빚에 시달리고 있었고 섬을 떠나고자 했지만, 그렇게 할 방도가 없었다. 헨리는 너텔과 비밀을 보장하는 계약을 맺고 그에게 공동의 탈출을 위한 선박을 구해두도록 요청했다. 그 대가로 돈과 무료 항해를 약속했으며 마침내 목적지에 도착하게 되면 배도 너텔이 갖는 것으로 했다. 헨리는 그에게 12파운드를 주고 항구에 닻을 내리고 있는 "노예선"a Guiney man에서 소형선을 사들이도록 했다. 너텔은 일을 잘 처리했지만, 곧 그가 (법에 따라) 선박을 등록하자 그처럼 가난한 사람이 어디에서 돈이 났으며 소형선을 사용할 의도가 무엇인지에 관한 당국의 의심이 피어났다. 치안관이 배를 빼앗을까 하는 두려움에 헨리는 너텔에게 배를 앞바다에서 가라앉히고 의심이 잦아들 때까지 기다리도록 했다.

헨리는 이제 두 번째 동맹으로 관심을 돌렸다. 그는 정치범으로 이송된 중죄인 두 명 토머스 오스틴과 존 위커를 음모에 가담시켰다. 후자의 인물은 웨이머스에서 바베이도스로 향하던 베티호에서 함께 항해했던 사람이었다. 이 둘은 기꺼이 얼마 되지 않는 가진 돈을 이 계획에 내어놓았다. 소목장이였던 위커는 목선으로 하는 항해에 특히 중요했다. 그동안 헨리는 일하는 데 있어서 오스틴과 위커에 비해 "더 많은 시간과 자유"가 있었기 때문에 탈출을 조직하는 지휘 역할을 계속했다. 그와 너텔은 주로 밤이 되면 "마을에서 멀리 떨어진 안전한 곳" 해안가에서 만났다.

다음 과제는 항해를 위한 보급품을 모으는 것이었다. 헨리는 "잊어버리는 일이 없도록" 필수품에 관한 상세한 목록을 정리했다. "활력을 유지하기 위한 물품으로 100웨이트[112파운드]의 빵, 적당량의 치즈, 물 한 통, 카나리아와 마데이라 제도의 와인과 맥주를, 사용하기 위한 도구로 나침반, 사분의四分儀, 해도海圖, 반 시간 모래시계, 반분 모래시계, 속도측정기[10], 큰 방수포, 손도끼, 망치, 톱과 못, 예비 판자 약간, 등불과 양초." 이러한 물품들은 처음에 물가에 사는 친구의 집에 보관되었다가 나중에 출발점으로 삼으려고 했던 곳 근처에 위커가 세워둔 창고로 옮겨졌다. 헨리의 준비는 철저하고 신중했다.

세 번째 동맹을 준비하면서 헨리는 음모를 더욱 넓혀나가면서 또 다른 채무자들인 토머스 웨커와 네 명의 동지 "죄수 반란자"를 끌어들였다. 예레미야 앳킨스(톤턴 출신 소작농), 피터 배그웰(콜리튼 출신 33세 농부), 존 쿠크(차드 출신) 그리고 윌리엄 우드콕(19세의 솜 타던 직물 노동자, 톤턴에서 수감)이 그들이었다. 배그웰과 쿠크는 헨리와 존 위커와 함께 베티호에 탔던 뱃동지였다. 오래된 연대가 새로운 목적을 떠받쳤다.

헨리는 네비스의 총독이 바베이도스를 방문했을 때가 탈출에 적합한 때라고 생각했다. 그때는 바베이도스의 총독이 "고귀한 여흥"을 준비하고 마을의 의용군이 무장하여 행진하며 "엄청나게 흥청망청 마시는 축제"를 벌일 것이다. 헨리는 동지들에게 말을 전해서 가져올 수 있는 무기는 무엇이든 챙겨서 "졸음으로 방심하고 태평한" 시간에 부둣가에서 만나기로 했다. 그동안 너텔은 "두 명의 건장한 흑인"을 내려다가 배를 다시 띄우고 출항지로 가져왔고 1687년 5월 9일 밤 11시에 만난 그들은 거기에서 "생필품"을 실었다. 그들의 웅대한 계획은 몇몇 경비들이 돌아다니는 모습에 놀라 달아나면서 에기치 않게 방해를 받았지만, 경비들은 소형선을 알아차리지 못하고 순찰을 계속했다. 특히 헨리는 크게 겁을 먹고 "두 번째 시도는 하지 말아야겠다."고 생각을 할 정도였는데 결국은 "나 자신이 이들을 큰 위험에 끌어들였다."는 사실을 상기하고는 생각을 바꿔야 했다. "조난될까 봐" 두려웠던 토머스 오스틴은 결국 항해에 나서지 않았다. 한밤중에 여덟 명의 남자가 요새와 항구에 정박한 전함 곁을 지나며 조용히, 그리고 열심히 노를 저었다. 그들의 작은 배에는 물이 차기 시작했지만, "적이 경계할 만한 소리를 낼까 봐" 두려워 물을 퍼낼 수도 없었다. 그들은 노예선에서 가져온, 선박이라고 할 수도 없을 물 새는 소형선을 타고 자유를 향한 탈출을 감행했다.

바다에서

일단 그들은 적의 눈에서 벗어나면서 배의 물을 퍼내며 돛대를 올리고 올린 후 그레나다를 향해 남서쪽으로 항로를 잡는 일을 시작했다. 아마포와 넝마로 갈라진 틈을 메우려는 그들의 노력에도 배에는 계속해서 물이 새어 들어와서 누군가는 "항해 내내 … 끊임없이 밤낮으로" 물을 퍼내고 있어야 했다. 헨리는 여덟 명 중 유일하게 항해술을 알고 있었기 때문에 "배를 유도하고 통제하기 위해" 키를 잡고 있었다. 그동안 나머지 대부분 승무원은 배의 한쪽 편에 매달려 뱃멀미를 앓았다. 그들은 "다시 바베이도스로 돌아가고 싶다고" 불평하기 시작했다. 헨리는 돌아갈 길은 없다고 설명했다. 말 그대로, 바람으로 인해 돌아가는 것은 불가능했다. 다음 날 아침에 섬이 거의 눈에 보이지 않게 되자, 헨리에 따르면 "우리는 자유를 떠올리며 바라던 항구에 안전하게 도착하리라는 희망에 들뜨기 시작했다."

밤중에 위기가 닥치면서 고조된 분위기는 오래가지 못했다. 거센 강풍이 몰아치며 방향타가 쪼개지며 손상되면서 "바다로부터 배를 지키기 위해" 급하게 돛을 내리고 노를 저어야 했다. 소목장이 존 워커가 급히 손을 써서 키에 판자 두 개를 덧대어 수선했다. 헨리는 "그제야 우리는 다시 기운을 북돋을 수 있었다."라고 기록했다.

다음 며칠 동안 좋은 날씨는 탈출에 도움이 되었지만, "불규칙한 바다의 움직임과 천정天頂에 가까이 붙은 태양으로 인해" 헨리가 사분의를 제대로 관찰할 수 없어서 괴로운 상황이었다. 그래서 헨리는 그레나다에서 로스 테스티고스 그리고 마르가리타로, 섬에서 섬으로 향하는 항로로 방향을 돌렸고 항해 5일째 되던 날 그들은 악취 나는 물에 지쳐서 신선한 보급을 위해 해안으로 가고 싶어 했다. 헨리는 "식인종 야만인"을 만나게 될까 봐 두려워서 이 생각에 반대했다. 그러나 일단 "비인간적인 식인종"으로부터 자유로워 보이는 섬의 북쪽 면에 닿게 되자 헨리도 안심했다. 그들은 소형선을 해안으로 가져가서 물을 얻었고 곧 그들의 항로를 살타투도스, 또는 살트 토르투가[11]로 향했다.

그날 밤(5월 15일), 바람이 강해지고 악천후의 징조인 "하얀 달무리가 비쳤다." 곧 "무서운 폭풍이 몰아치자 우리는 아침 해를 보지 못할 것이라는 절망에 빠졌다. 이제 바다는 거품을 뿜으며 부드러운 수면을 산과 계곡의 형상으로 탈바꿈했다." 소형선은 "튕기듯 올라가 한쪽 면을 타고 다른 면으로 넘어갔고 바람과 바다의 격류로 격렬하게 흔들리며 몰려갔다." 그들은 이러한 "눈앞에 닥쳐오는 파멸"을 마주하느니 바베이도스로 돌아가거나 "식인종 야만인"이 있는 섬으로 돌아가기를 다시 한번 바라기 시작했다. 헨리는 이 시점에서 신의 섭리가 개입했다고 회상했다. 그들은 누군가 저 멀리에서 그들을 부르는 "예기치 못한 목소리"를 들었다. 격렬한 바람과 성난 파도가 잦아들었다. 헨리는 하나님의 도움으로 그들이 살아남았다고 생각했다.

다음 날 아침 마르가리타섬이 그들 앞에 놓여있었다. 그들은 폭풍이 끝난 뒤 재정비와 물 수색 그리고 요동치는 바다에 목재가 헐거워진 소형선의 새는 부분을 수리하기 위해 해안으로 가려고 했다. 그들은 "상륙하기 좋아 보이는 장소라 생각하고 곧바로 해안으로 향했지만," 곧 해변에서 곧장 그들에게 다가오는 카누를 보게 되었다. 그들은 즉시 소화기와 나팔총 그리고 소총을 찾았지만, 탄환이 들어 있는 가방은 바베이도스를 탈출할 때 부두에 두고 왔다는 사실을 알게 되었다. 그래서 그들은 총구에 유리 조각을 채워 넣고 싸울 준비를 했다. 그들은 자신에게 곧장 다가오는 카누의 노를 젓는 이들이 인디언처럼 생겼다는 사실을 알게 되자 서둘러 그들에게서 벗어나기로 했다.

해적

헨리와 그의 동지들이 걱정스럽게 지켜보는 가운데 카누가 점점

다가오자 그들은 발포할 준비를 했다. 곧 다가온 이들은 "모자를 흔들며 우리에게 환호를 보냈고" 모자를 벗은 그들의 태도로 보아 분명 인디언은 아니었다. 그들은 "백인"처럼 보였다. 헨리는 "우리는 그들의 정체를 물었다."라고 기록했다. 그들은 "고통에 빠진 영국인으로 섬을 빠져나갈 기회를 기다리고 있었다."라고 대답했다. 소형선에 타고 있던 이들은 의심을 풀고 안도했지만, 아마도 그렇게 해서는 안 될 일이었다. 카누를 타고 온 이들은 단순히 도망친 영국인이 아니었다. 그들은 해적이었고 도합 26명이 섬에 머무르고 있었다. 이들은 전에 카리브해에서 스페인을 약탈해온 얀케 선장의 휘하에 있던 다인종 무리 소속이었고 (카누를 나포하기 위해) 플로리다의 인디언에 대한 습격을 시작했다가 나머지 사람들과 나뉘면서 다시 영국의 항구로 그들을 데려다줄 선박을 찾을 수 있기를 바라면서 마르가리타섬에 온 자들이었다.

헨리와 그의 무리는 당연하게도 이들이 누구이며 무엇을 하려고 하는지 정확하게 알 수 없었다. 해적들은 이들이 당시 카리브해에서 흔히 볼 수 있었던 돈을 빌린 자들에게서 도망치는 채무자들이라고 생각했다. 실제로 채무자였던 토머스 웨커는 바다의 약탈자들이 그의 뱃동지 대신 자신은 살려줄 수도 있겠다는 생각에 뱃동지들과의 연대를 깨버리고 해적들에게 그들 대부분은 채무자가 아니라 반란자라고 설명하며 비위를 맞추려고 했다. 그의 계산은 심하게 빗나갔다. 헨리에 따르면 해적들은 그의 배신에 분개했을 뿐만 아니라 "그들 역시 반란자라는 사실을 털어놓으며 우리를 더 좋아하게 되었다." 그들은 "만약 몬머스 공작에게 그들과 같은 병력 1천 명이 있었다면 금세 왕의 군대를 패주 시켰을 것"이라고 덧붙였다. 동질감이 드러나자 해적들은 물에 젖은 꼴의 사람들을 해변에 데려와 신선한 물과 식량을 주고 휴식하게 한 후에 다시 고된 항해를 할 기회를 주었다.

후에 이 도망자들이 퀴라소섬으로 항해하고자 하는 의도를 설명했을 때 해적들은 헨리에게 "소형선의 결점과 최근 겪은 위험을 내세우며 항해를 관두도록 설득하려고 노력했다." 해적들은 헨리와 그의 동지들이 남아메리카의 북쪽 기슭Spanish Main에서 그들과 함께 약탈하기를 원했다. 바베이도스에서 온 이들은 대부분 기꺼이 함께하고자 했지만, 헨리는 그렇지 않았다. 그는 분명 자유를 찾기 위해 목을 내놓을 수는 있었지만, 해적질하다가 교수대로 가고 싶은 생각은 없었다. 그는 차례로 다른 이들이 떠나지 않도록 설득했다. 논쟁에 능하지 않았던 해적들은 그 자리에서 소형선에 불을 질렀다. 그들은 그렇게 하면 헨리와 그의 동지들이 스페인의 공격이나 누군가 다시 나타나 데려가기 전에 굶어 죽을 위험이 있는 섬에 남는 대신 "그들과 함께 떠나기를 택하리라고 생각했다." 헨리는 고집을 꺾지 않았지만, 생존을 걱정했다. 그래서 그는 해적들에게 스페인 은화 30개를 주고 플로리다에서 생포한 인디언을 두고 가도록 했다. 그는 인디언의 낚시 능력으로 물고기를 잡아서 남은 여덟 명의 도망자와 함께 남기로 한 해적들을 먹일 계획이었다.[12]

마룬

사략꾼들(해적을 뜻하는, 합법적인 어감을 주는 말)은 "곧 떠났지만, 우리는 필히 식량을 찾아야 할 처지에 놓였다." 이는 이제 공식적으로 마룬[13]이 된 헨리와 다른 이들이 마주칠 새로운 물질적 현실이었다. 헨리가 자기 이야기에서 이 부분을 서술할 때는 갑자기 어조가 바뀐다. 그는 일종의 박물학자처럼 어떻게 그 이름과 지질 그리고 지형을 갖게 되었는지, 더 중요하게는 그 자원, 특히 어떻게 소금이 침전

되고 형성되었는지, 그리고 이곳의 동식물 생태가 어떻게 형성되었는지, 그가 우연히 머물게 된 섬에 관한 상세한 이야기를 묘사했다. 헨리는 당시 여행 문학에서 이러한 묘사가 인기 있는 부분이라는 점을 알고 있었다. 어쨌든 이를 통해 그들은 필요한 것들을 최대한으로 활용했다. 헨리와 그의 동지 마룬들은 이 낯선 땅에서 스스로 먹을 것을 구할 방법을 찾아내야 했다. 여기에는 새로운 종류의 지식과 새로운 형태의 협력이 필요했다. 탈주에는 "기예"art와 역사가 있었다. 헨리와 그의 동료들은 갑자기 말 그대로의 공통인들commoners이 되었다. 그들은 익숙하지 않은 생태계의 섬 공통장에서 생계를 꾸려나가야 했다.[14]

첫 번째 식량 구하기에서 도망자들은 "뒤에 남기로 한 네 명의 사략꾼을 따르기로 했다." 이들은 이미 한동안 섬에 살기도 했지만, 더 중요한 점은 그들이 매우 귀중하게 활용될 수 있는 또 다른 지식을 가지고 있다는 것이다. 해적들은 수렵과 채집으로 살아가는 법을 알고 있었는데, 이는 때로는 다양한 카리브해 권력에서 도망치기 위해 스스로 마룬이 되는 길을 택하기도 했고 때로는 마르가리타섬에 당도한 다른 이들처럼 어쩔 수 없이 마룬이 되기도 했기 때문이다. 선원들은 즉시 "거북이 뒤집기"를 시작했다. 즉, 밤에 이 양서류들을 찾아서 등으로 뒤집어 두면 그들은 사냥꾼들이 다음날 돌아올 때까지 그 자리에 남아있었고 그때 죽여서 먹었다. 요리는 옛날 버케니어 방식으로 했다. 나무 꼬챙이(부칸boucan, 도축한 야생 짐승을 요리하기 위해 사용되며 여기에서 버케니어boucanier[15]라는 명칭이 유래했다) 위에 거북이 고기를 올려서 바비큐로 구웠다. 남은 고기는 해적들이 오래도록 그래왔듯이 길게 잘라내 소금에 절인 후 햇볕에 말려서 "겨울 비축"으로 남겨두었다. 헨리는 거북이 고기가 "매우 맛이 좋고 먹기에 즐거우며 송아지고기와 많이 닮았다."라고 했다. 운 좋게도 거북이가 알을 낳는 시기가 4월, 5월, 6월이었기 때문에 그들은 거북이알도 모았다가 호리병에 노른자를 모아서 소금을 친 후 거북이 지방에 팬케이크 모양으로 프라이 요리를 만들었다.

두 번째 주요 식량 원천은 헨리가 데리고 있던 선주민의 낚시 기술에 있었다. 그는 "솜씨가 꽤 좋아서 먼 거리에서도 활과 화살로 작은 물고기를 맞췄다." 또한, 그는 가재와 조개류(쇠고둥)를 잡기도 했고 이는 식단에 반가운 변화를 가져왔다. 여기에도 해적의 오랜 전통이 반영되었다. 서인도 해적freebooter들은 니카라과 연안의 다인종 미스키토 인디언과 수십 년간 동맹을 맺었다. 해적들은 스페인에 맞선 미스키토족의 투쟁에 군사적 지원을 제공했고 미스키토족은 해적과 함께 항해하며 음식을 제공할 숙련된 낚시꾼을 제공했다. 지역 생태에 관한 지식은 매우 귀중한 가치를 지녔다.16

허리케인이 불어 닥칠 시기가 다가오고 있었기 때문에 다음 주요 과제는 "폭풍우로부터 우리를 보호할 수 있는 집을 짓는 것"이었다. 그들은 단순한 구조물을 짓고 해변에서 자란 거친 풀을 위에 덮었다. 그들의 집안 살림은 해적들이 남기고 간 두세 개의 토기와 호리병 그리고 조개껍질이었다. 마룬들은 많은 시간을 "작은 오두막집에서 보내며 때로는 글을 읽거나 쓰기도 했다." 그들은 천천히 섬을 그들의 것으로 만들고 있었다.

헨리는 의학과 과학에 관한 지식을 섬에서 필요한 방식으로 활용해서 "채소 생산물"을 찾아내고자 했고 이는 "우리에게 큰 도움이" 되었다. 그는 자신이 "칠면조 머리"라고 불렀던 딸기 맛이 나던 작은 견과류와 커라토(용설란)라고 불렀던 용도가 다양한 식물도 발견했다. 이 식물의 즙은 비누로, 섬유는 좋은 실로, 잎은 끓여서 "상처에 쓸 수지〔습포〕"를 생산하는 데 쓸 수 있었다. 이 식물의 몸체에 열을 가한 후 모래에 구멍을 파 묻어두고 5일에서 6일이 지나면 "가장 좋고 독한 술"을 만들어냈다. 그 맛은 "구운 배에서 나온 시럽" 같았다. 또 다른 즐거움은 "야생 세이지"라 불렀던 식물을 "게의 집게발"에 넣어서 피는 담배였다. 그러나 발견에서 보인 헨리의 재능에도 섬 생활은 여전히 "황량하고 쓸쓸했다."

귀향

섬에서 넉 달을 지낸 후 마침내 마룬들은 그들을 향해 다가오는 슬루프급 함선과 전함, 두 척의 선박을 발견했다. 두 함선은 모두 해적으로 가득했다. 전함의 선장은 섬에 있던 네 명의 해적에게 그들 무리 중 의사가 있다는 이야기를 듣고 사람을 보내 그를 데리러 왔다. 헨리는 환영 나팔 소리를 들으며 배에 올랐고 선장과 선의의 인사를 받았다. 그는 가장 큰 선실로 안내받았고 거기에서 포도주와 음식을 먹고 선물도 받았다. 그들의 대화가 몬머스 공작의 패퇴에 이르자 해적들은 "한탄을 내비쳤다." 그들 역시 영국 사회에 맞선 반란자들이었다. 헨리는 대서양의 서쪽에서 처음 자신의 자유를 대가로 내놓게 된 바로 그 전투의 동지를 만났다.

헨리는 자신과 자신의 동료들을, 영국으로 가는 배를 찾을 만한 항구로 데려가 달라고 요청했지만, 해적 선장은 이를 배에 탄 사람들 모두 함께 투표해보아야 하는 문제라고 알렸다. 이들이 모여 논쟁하고 결정한 결과 오직 헨리만이 그들과 함께 갈 수 있었다. 왜냐하면 그들은 전혀 모르는 이들과 그들이 가진 "풍부한 재물"을 나누고 싶지 않았기 때문이었다(이것이 그들의 확립된 관행이었다). 그러나 그들은 섬에 남은 이들을 잘 대접하고 충분한 식량을 주었다. 이틀 뒤인 1687년 5월 25일 그들은 항해를 떠났고 헨리는 "출발하면서 조금의 슬픔도 비치지 않았다."

그들은 푸에르토리코와 히스파니올라섬 사이로 북쪽 항로를 잡았고 거기에서 그들은 뉴욕을 떠나 바하마 프로비던스섬으로 향하던 쌍돛 범선을 붙잡았다. 이곳은 최근 스페인의 공격 후 다시 수복된 지역이었다. 많은 이들이 해적 출신이었던 뱃사람들은 "군주의 보호를 받지 않는" "작은 민주국"을 세웠다. 그들은 작은 요새를 짓고 그들만의 법을 제정했으며 자주적이고 "침착한 자"를 통치자로 선출했다. 해적들은 여기에서 따뜻한 환대를 받고 이곳이 너무나 좋았던 이들은 배를 좌초시켜 불을 지르고는 "섬을 요새화하기 위해 거기에 있던 무기를 주민들에게 내어주기도 했다."17

2주 후에 헨리는 캐롤라이나로 향하는 쌍돛범선의 선원들과 함께 여정을 계속했고 마침내 뉴욕에 닿았다. 거기에서 그는 바베이도스에서 알던 사람("내 정체를 까발리지 않을" 사람)을 만나서 노예 주인들이 어떻게 도망자를 쫓았고 카리브해 전역의 식민지 당국이 탈출을 경계했는지 전해주었다. 또한 어떻게 그들의 모험에 관한 소문이 마구 퍼졌고 마침내 "우리가 바다에서 죽음을 맞이한 것으로 결론 나게 되었는지"에 관해서도 들을 수 있었다. 헨리는 뉴욕에서 출발해 대서양을 다시 건너 암스테르담으로 향했고 거기에서 다시 와이트섬으로, 다시 사우샘프턴으로 향했으며 마침내는 그의 가족을 만나 "죽은 이가 다시 돌아왔구나"라는 인사를 들을 수 있었다. 헨리는 마지막으로 자신을 "모든 위험과 시험의 순간에서" 보호해주신 하나님을 찬양하는 말을 남겼다. 그는 "1689년 6월 10일 런던 바오로 대성당 근방 더 쉽 the Ship의 간판이 달린 내 숙소에서" 이 글을 마무리했다.

결론

결국 헨리 피트먼은 17세기와 18세기 실패한 폭동의 여파로 대서양의 끝자락에 던져진 셀 수 없이 많은 반란자의 전형적인 모습이었다. 당국이 도시의 군중이 일으킨 소요나 노동자들의 파업, 군인과 선원의 반란 또는 노예와 종복의 폭동을 억압할 때 그들은 주로 소수만을 교수형시키고 대다수는 뿔뿔이 국외로 이주하게 했다. 이는 패배의 경험이었다. 헨리의 이야기에서 특이한 점은 그가 영국에 돌아왔을 시기에 그를 추방했던 제임스 2세의 정부가 1688년 "명예혁명"으로 폐위되어 헨리를 "죄수 반란자"에서 갑자기 무서운 교황파의 "방자한 권력"에 맞선 신교의 영웅적 순교자로 탈바꿈했다는 점이다. 이러한 정치권력의 변화가 바로 헨리의 이야기를 출판할 수 있게 한 힘이다.[18]

우리가 보았듯이 그의 탈출에는 기술적, 자연적, 사회적 지식과 같은 많은 종류의 지식이 필요했다. 이러한 지식 중 단연 항해술이 첫째였다. 이 지식이 없었다면 여덟 명은 절대 바다를 통해 600마일 떨어진 곳으로 탈출할 시도를 상상하지 못했을 것이다. 헨리는 항로의 방향과 좌표를 잡기 위해서 나침반, 사분의, 해도, 반 시간 모래시계, 반분 모래시계 그리고 속도측정기를 구했다. 헨리는 어디에서 항해술을 배웠는지 말하지 않았지만, 아마도 분명 그 시절에 젊은 의사들이 일반적으로 선택하는 경력인 왕립 해군 복무 시절이었을 것이다. 그가 몬머스 반란군 중 유일하게 값진 바다의 경험을 가진 사람은 아니었다. 실제로 우리는 몬머스 반란군의 또 다른 탈출 이야기를 통해 항해 기술이 음모를 꾸미는 데 핵심이었다는 사실을 알고 있다. 네비스의 제프리슨이라는 이름의 농장 주인은 그 자신과 다른 농장 소유자들이 "당장에 눈에 띄는 배에 올라타서 솜씨를 발휘한 후 곧 항해를 떠나버릴 수 있는 [능력을 가진]" 신참 채무노예노동자들을 간수하는 데 어려움을 겪었다고 기록했다. 의학과 목공(워커) 지식 역시 요긴했다.[19]

물론 항해술 그 자체도 필요했지만, 기술적 지식과 관련하여 바람, 조류, 위도(경도를 따라 움직이는 정확한 방법은 아직 개발되지 않은 시기였다.) 그리고 지형과 같은 자연에 관한 다방면의 식식도 필수었다. 이 중 일부는 정규 교육에서 다뤄졌지만, 일부는 경험으로 배워야 했다. 헨리는 남부 카리브해의 풍향을 알고 있었고 여러 섬의 위치도 일고 있다. 그는 영국과 네덜란드 그리고 스페인 식민지의 위지와 같은 정치적 지형과 소금 무역을 하는 배의 무늬와 같은 경제적 지형도 알게 되었다. 그와 그의 동료들이 마르가리타섬에 유배되었을 때도 자연에 관한 지식은 여전히 중요했다. 거기에 만약 해적들이 카리브해 생태계 한가운데에서 쓸 수 있는 해적의 지식을 그들과 공유하지 않았거나 아메리카 선주민이 낚시 기술로 그들을 먹이지 않았다면 그들의 생존은 장담할 수 없었다. 어떻게 하급 계층이 고위층의 누군가를 먹여 살리는지 보여준 셰익스피어의 예시를 활용하자면, 이러한 지식은 프로스페로가 된 헨리가 얻은 캘리번[20]이었다.[21]

기술 지식이든 자연 지식이든 이에 상응하는 사회적 지식을 바탕으로 어떻게 협력하고 어떻게 동맹을 만드는지 알지 못한다면, 그 지식은 무용할 것이다. 처음부터 헨리는 그의 탈출이 폭넓고 다양한 사람의 무리에 달려있다는 점을 알고 있었지만, 그조차도 그 무리가 얼마나 큰 잡색 부대가 될지 알 수는 없었다. 이 무리에는 빚에 시달리는 목조공 존 너텔, 정치범으로 이송된 중죄인 동료들, 두 명의 아프리카인 노예, 배 세 척을 타고 온 해적들, 플로리다 인디언, 동료 마룬들,

헨리를 여기저기로 데려다준 수많은 선원의 무리가 포함되었다. 처음 헨리와 지독한 "중간 항로"를 함께 겪으며 (그리고 의심의 여지 없이 이를 통해 강한 유대를 형성하며) 섬에 왔던 "뱃동지"들은 음모에 동참하는 핵심 구성원으로서 특히 중요했지만, 앞서 나열한 모든 이들이 필수적인 역할을 수행했다. 생존과 자주적 조직 결성에 관해 어렵게 얻게 된 지식을 가지고 있던 해적은 특히 도움이 되었다. 프롤레타리아의 단순한 상호 조력은 말할 것도 없이 그들의 지식과 경험의 순환이 아마도 헨리 피트먼의 성공적인 탈출의 요체要諦였을 것이다.

결국 자유를 바라던 헨리의 노력에서 그와 그의 동료들은 어떻게 두 가지 생산 양식이 실제적이고 구체적으로 작동하는지 알아야 했다. 첫 번째는 농장과 배에서의 노동 및 식민지와 제국 대도시의 노동과 같은 카리브해 안쪽과 대서양을 가로질러 운영되는 자본주의 경제였다. 두 번째는 마르가리타섬과 같은 카리브해 무인도 공통의 비자본주의 경제였다. 그는 후자에 있는 자원을 알아야 했고 거기에서 "생필품"을 찾을 수 있어야 했던 반면 전자에서는 상품과 연결 그리고 다양한 노동자에 관해 알아야 했다. 헨리의 사례를 통해 알 수 있는 핵심적인 교훈은 다음과 같다. 그의 탈출을 담은 이 이야기가 어떻게 전해지건 간에 이 이야기는 단순한 개인적 이야기가 아닌 집단적 이야기다. 특히 이 이야기에서는 무리를 이룬 계획과 실행에서의 집단, 지식 공유에서의 집단, 그리고 노동 분업을 통한 협력 의존에서의 집단으로 이러한 집단성이 세 겹으로 겹쳐져 나타난다.[22]

한 세대 후에 나타난 대니얼 디포의 유명한 소설 주인공인 로빈슨 크루소와 헨리를 비교해본다면 이러한 결론은 후대의 해상 소설가들에게 영감을 줄 수 있는 또 다른 의미를 갖는다. 실제 인물과 허구적 인물 간에는 상당한 평행선이 나타난다. 둘 다 결국 유사한 지질학적

입지를 가진 유사한 장소에 유배되었고 둘 다 충실한 하수인으로 헨리는 인디언을 로빈슨은 프라이데이를 두었으며 둘 다 나라의 환영을 받으며 집으로 돌아왔다. 영국의 역사학자 팀 세버린이 최근 설득력 있게 보여주었듯이 이는 우연이라고 할 수 없다. 비록 유배된 스코틀랜드의 선원 알렉산더 셀커크가 로빈슨 크루소에 관한 영감을 주었을지는 모르지만, 헨리 피트먼은 현대의 개성적인 영웅에 대한 명백한 모델 원형을 제시한다. 그러나 디포가 헨리의 이야기를 어떻게 옮겼는지 주목하라. 그는 크루소를 고독하고 독립적인 인물로서 본래의 연을 모두 잃고 사회와 동떨어져 살며 오직 자연에서 사는 사람으로 만들었다.[23]

크루소는 곧 18세기와 그 이후의 부르주아 개인주의의 원류이면서 전형이 된 호모 에코노미쿠스로서 애덤 스미스와 데이비드 리카도 등의 고전 정치 경제학에서 다루어지게 되었다. 물론 이는 칼 맑스가 지적했듯이 자본주의 신화에 필요한 환상이며 속임수였다. 여기서 우리는 기묘한 평행선을 볼 수 있다. 왜냐하면 노예 저항에 관한 역사 문헌들에서는, 과감하게 노예제도를 벗어나 자유를 향했던 탈주 노예를, 반란을 일으키며 봉기하는 집단행동주의자collectivist와 대비되는 개인주의자individualist로 간주해왔기 때문이다. 로빈슨 크루소와 마찬가지로 말이다. 헨리 피트먼의 이야기는 크루소나 도망자에 관한 평가가 근본적으로 틀렸다는 점을 보여준다.[24]

4장   망자 왕의 깃발 아래 : 해적

버지니아의 총독 알렉산더 스퍼츠우드는 1724년 무역국Board of Trade에 글을 작성하여 런던으로 "안전하게 돌아갈 기회를 찾기가" 너무 어렵다고 하소연했다. 그는 오직 잘 무장한 전함이 있어야만 떠나겠다고 주장했다.

각하께서 제가 해적을 진압하기 위해 왕성한 활동을 벌였다는 점을 생각해보신다면 쉽게 제 뜻을 헤아리시리라 생각합니다. 그리고 이 야만적인 비열한들은 자기 선원을 교화하려는 선장의 코와 귀를 자르는 자들인데, 그들 앞에 제가 마주할 비인간적인 처사가 어떤 것일지 모릅니다. 그들의 교활한 수장 해적 테치(티치, 또는 검은 수염으로 알려짐)와 그의 거대한 계획을 무너뜨리고 그들의 형제단을 버지니아의 허공에 흩어버림으로써 그 복수심의 주적이 된 제가 그들의 수중에 떨어져야 마땅하옵니까?[1]

스퍼츠우드는 이 해적들을 잘 알고 있었다. 그는 검은수염의 머리를 전리품으로 자랑하며 버지니아로 돌아왔던 원정대를 승인한 장본인이었다. 그는 해적이 복수에 목마른 자들로서 종종 선원들을 "교화"하려는 선장을 응징하기도 하며 그들 사이에는 일종의 "형제애"가 만연했다는 점을 알고 있었다. 그는 충분히 두려워할 이유가 있었다.

1716년에서 1726년 사이에 대서양 해적들은 상인의 재산과 국제 상거래에 대한 무자비하면서도 성공적인 공격을 통해 제국의 위기를 일으켰다. 그에 따라 이 해적들은 바다 약탈의 오랜 역사에서 중요한 위치를 차지하게 된다. 거의 5천 명에 달했던 그 수는 비범했고 그들의 약탈은 규모와 가치의 측면에서 이례적이었다.[2] 이 장은 해적의 경험과 그들 함선의 조직 그리고 사회관계와 의식에 초점을 두고 해적

행위piracy의 사회문화적 차원을 탐구한다. 이 장은 범죄와 그 문화에 관한 사회경제적 맥락에 관한 의견으로 마무리된다. 해적행위는 엄청 난 규모의 "범죄"를 말한다. 이러한 삶의 방식은 대부분의 경우에는 자신들이 거부하는 사회의 방식들에 직접적으로 도전한 많은 남성들이 자발적으로 선택한 것이었다. 해적행위를 내부에서 바라보면 어떤 모습이었으며 전통적 권위의 범위를 넘어서 해적들은 어떤 종류의 사회 질서를 세웠을까? 졸리 로저라는 "망자 왕의 깃발" 아래에서 해적들은, 한 해적이 표현하였듯이, "그들 자신의 선택으로" 새로운 사회 세계를 형성했다. 18세기 초 해상 노동과 생활의 평범하고 고된 과정에서 축적된 노동, 임금, 문화 그리고 권위에 관한 경험에 따라, 이들의 세계는 심원하게 형성되고 직조되었다.[3]

해적들이 활동한 시기 동안 이들 인구에 관한 추정치는 한 시대에 1,000명에서 2,000명 사이였다. 해적선의 활동을 묘사한 기록과 승무원 규모에 관한 보고서 또는 계획에 따르면 1716년에서 1718년에는 1,800명에서 2,400명 사이, 1719년에서 1722년에는 1,500명에서 2,000명 사이, 1723년에서 1726년에는 1,000명에서 1,500명 사이였다가 점점 감소하여 200명 이하로 떨어진 것으로 나타난다. 우리가 법의 반대편에서 얻을 수 있는 유일한 추정치에서는 1716년 "30개의 무리" 또는 2,400명이라는 숫자의 해적 떼가 세상의 대양을 누볐다고 주장했다. 그들의 말을 빌리자면 약 4,500명에서 5,500명이 "명부에 올랐다." 해적의 주요한 군사적 적군인 영국 왕립 해군은 1716년에서 1726년 사이 내내 평균적으로 13,000명의 인원을 고용했다.[4]

이 바다의 약탈자들은 돈이 되는 무역을 따라다녔고 그들보다 앞섰던 다른 해적들처럼 카리브해와 인도양에서 약탈의 근거지를 찾고자 했다. 왕권의 방비와 통치가 없었던 바하마 제도는 1716년부터 수백 명의 해적을 끌어들이기 시작했다. 1718년에는 빗발치는 상소로 조지 1세가 우즈 로저스에게 제도의 통제권을 되찾아 오도록 하는 원정대를 위임했다. 로저스의 노력은 대체로 성공적이었고 해적들은 인적이 없는 캐롤라이나의 좁은 만이나 아프리카로 흩어졌다. 그들은 이미 1691년부터 아프리카 해안을 종종 방문했으며 1718년에는 마다가스카르가 노획물의 집산지이자 임시 정착지의 역할을 했다. 해적들은 "매춘과 음주"를 위해, 그리고 물건들을 내려놓기 위해 아프리카 서부 해안의 시에라리온강 어귀에 들렀다. 그러나 왕립 해군의 치안 유지 계획에 따라 해적의 작전 지역도 옮겨갔다. 해적들은 추격전에서 전함이 통과하기 어렵게 만드는 카리브해의 작고 확인하기 어려운 암초와 얕은 물을 선호했다. 그러나 한 해적이 기록했듯이, 대체로 이 해적들은 "세계 각지로 퍼져 나갔다." 바다 약탈자들은 보통 주요 무역로 근처에서 최대한 국가의 힘으로부터 멀리 떨어진 장소를 물색해 근거지를 마련했다.[5]

배경

거의 모든 해적은 상선 선원이나 왕립 해군 선원 또는 사략선 선원으로 일한 적이 있었다. 대다수는 "누구도 스스로 감옥에 들어가고자 하는 간계를 꾸미면서까지 선원이 되려 하지는 않을 것이다. 배에 있는 것은 감옥에 있는 것과 같은데 거기다 빠져 죽을 위험까지 있다. 감옥에 갇힌 자가 더 많은 공간과 더 좋은 음식 그리고 보통 더 좋은 동지를 갖는다."라는 새뮤얼 존슨 박사의 의견에서 제시된 이유에 따라 나포된 상선에서 자원하여 해적이 된 자들이었다.[6] 존슨 박사의 말에는 계급에 관한 등한시가 있기는 하지만, 맞는 말이었다. 배에 억류

된다는 것은 본질적으로 감옥에 억류되는 것과 다르지 않았다. 18세기 초 상선 선원들은 몹시 궁곤한 거처를 가졌다. 그들은 가혹한 죽음을 가까이 마주하고 있었다. 그들에게 질병과 사고는 흔한 일이었고 자연재해가 끊임없이 위협했다. 배급량은 빈약했고 규율은 가혹했으며 심지어 때로는 살인적이기도 했다. 평시의 임금은 낮았고 급여 분배에서 사기와 불법이 만연했다. 18세기 해상법의 가장 중요한 목적은 "싸고 다루기 쉬운 노동력의 재빠른 공급을 보장하는 것"이었다. 상선 선원들은 왕립 해군으로의 강제징용이라는 문제와도 맞서야 했다.[7]

일부 해적들은 해군에서 복무하기도 했는데 이곳의 승선 상황 역시 가혹했다. 식량 공급도 종종 부족했고 임금은 낮았으며 사망률은 높았다. 규율은 가혹했고 그 결과로 인한 탈주는 고질병이었다. 한 해군 장교의 보고에서처럼 해군은 해군 함선에서 "그 안에 타고 있는 선원들의 병과 죽음 그리고 탈주로 인해 운항 능력을 크게 잃어버리면서" 해적과의 싸움에 어려움을 겪었다.[8] 1722년에 영국 정부는 웨이머스호와 스왈로우호를 파견해 해적 호위함 한 척을 수색했다. 왕립 해군의 의사인 존 앳킨스는 상선 선원들이 징용되는 경우가 많았다는 사실에 주목하면서 "잉글랜드호에서 240명의 보충 인원〔앳킨스는 찬사 Compliment로 기록했지만 보충Complement의 오자로 보인다〕을 데려왔던 웨이머스호는 결국 항해가 끝났을 때 일지에 280명의 사망자를 기록했다."라는 기록을 통해 선원들이 무엇을 두려워하고 있었는지를 정확히 짚었다. 1720년에서 1721년 사이에 해적으로부터 자메이카를 지켜내기 위해 파견된 전함의 선장도 같은 점을 지적했다. 그는 복무 중에 사망한 서른다섯 명 선원의 이름을 착실하게 기록했다.[9] 전염병과 폐병 그리고 괴혈병이 왕립 해군의 배에 창궐했고 그 배에 타고 있던 사람들은 "일단 이 기계에 속하게 되면 탈주나 완전한 능력 상실 또는 죽음 이외에는 달아날 방법이 없었다."[10] 아니면 다른 길은 해적질이었다.

사략선에서 일했던 해적들은 그런 일자리가 상선이나 해군 함선에서의 일보다 훨씬 더 고달프다는 점을 잘 알고 있었다. 다른 일자리는 식량도 보통은 더 풍족했고 급여도 상당히 높았으며 교대 근무 시간도 일반적으로 더 짧았다.[11] 그러한 상황에서도 가혹한 규율과 다른 불만 사항으로 인해 선상 반란은 드물지 않게 일어났다. 1708년에서 1711년 사이 대단하고 성공적이었던 우즈 로저스의 사략선 원정에서 피터 클라크는 스스로 "해적선에 올라타기"를 바라다가 철창에 갇히면서 "우리를 압도혜 버릴 만한 적군의 배기 우리 배 옆에 니란히 서면 기쁘게 받아들이리라"라고 말했다.[12]

대부분 선원은 자신이 탄 상선이 나포되면 해적이 되었다. 벤저민 베넷 대령은 1718년 '무역 및 식민지 위원회'에 편지를 써서 서인도 제도의 해적에 대한 우려를 표했다. "저는 해적들에게 붙잡혔다가 거기에 기꺼이 가담하는 이들이 너무나 많아 곧 그들의 수가 몇 배로 불어날까 우려됩니다." 상선을 점령한 후에는 곧 극적인 대치의 순간이 뒤따라왔다. 해적 선장이나 조타수는 나포된 상선의 선원들 중 검은 깃발 아래에 복종할 이들이 누구인지 물었고 대개의 경우 여럿이 앞으로 나섰다. 대담하고 집단적인 행동으로 상선을 직접 장악하는 선상 반란을 통해 해적이 된 이들의 수는 훨씬 적었다. 그러나 그 방법이 어찌되었든 간에 해적은 필히 전에 상업이든 해군이든 또는 사략선이든 배를 타는 일에 종사하던 자들이었다. 해적들은 "신출내기 선원을 하찮게 여기고 있었기 때문에" 해적행위는 절대 풋내기 뱃사람에게 주어질 수 있는 선택권이 아니었다.[13] 해적이 된 사람들은 바다 생활의 고초와 남자로만 이루어진 직업 세계에 이골이 난 자들이었다.

1716년에서 1726년 사이에 활동한 169명의 선원은 그 나이가 알려져 있다. 연령대는 14세에서 50세이며 평균은 28.2세이고 중앙값은 27세였다. 20세에서 24세 그리고 25세에서 29세의 연령 범주에 57명과 39명으로 가장 집중적으로 몰려있었다. 거의 해적 다섯 중 셋은 20대였다. 더 넓게 상선 선원과 비교해본다면 18세기 전반기에는 해적 중에 10대가 더 적었고 30대는 더 많았지만, 그 차이가 크지는 않았다. 무법자들의 연령 분포는 더 큰 노동자 공동체와 유사하게 나타났으며 이는 대략적으로는 모든 연령의 선원들이 해적행위에 유사하게 끌리고 있었다는 점을 보여준다.[14] 비록 근거는 뚜렷하지 않지만, 대부분의 해적은 가족적 유대나 의무로 육지사회나 가족에 얽매여있지 않았던 것으로 보인다. 해적의 재판에 관한 기록에서 아내와 아이들이 언급되는 경우는 거의 없었으며 해적선에서는 탈주를 미리 방지하기 위해 보통은 "기혼자를 태우지 않았다."[15] 해적들은 거의 예외 없이 더 큰 무리의 뱃사람들과 마찬가지로 하층 계급 출신이었다. 한 해군 장교가 깔보듯 했던 말에 따르면 그들은 뭍에서는 조금의 희망도 가질 수 없었던 "막 나가는 불량배"였다.[16] 이러한 성질은 바다 사나이들이 더 나은 길을 찾아 해적이 되기로 결심했을 때 결속의 토대가 되었다.

선상 질서를 재구축하다

이런 특징들은 해적의 일과를 구성하는 방식에 핵심적인 영향을 주었다. 해적은 "일정한 지휘체계가 없다."라고 주장했던 당시 사람들은 상선과 해군 그리고 사략선의 질서와는 다른 또 다른 사회적 질서를 무질서로 오해했다.[17] 해적선 조직 내부에 구축된 이 사회질서는 해적들 자신이 세심하게 구상하고 구축한 것이었다. 이렇게 구축된 질서는 조악하고 즉흥적이기는 하지만 효율적인 평등주의였고 선상의 권위를 무리의 집단적 소유로 두고 있었다. 일반 선원 문화의 핵심 가치였던 평등주의가 해적선에서 실현된 것이다.

해적선에 널리 퍼진 규율과 관습에는 인상적인 통일성이 있었는데, 이는 항해가 시작되는 시기나 새로운 선장이 선출되던 때에 무리의 동의를 받고 서면 조항으로 그 맹약을 남겨 효력을 발휘했다. 이 조항에 따라 무리의 권한이 할당되고 노획물을 분배했으며 규율을 강요할 수도 있었다.[18] 이러한 제도는 선장을 무리의 하수인으로 만들었다. 선원들은 대담한 기질에 숙련된 항해술을 가진 이를 골라서 자신의 선장으로 선출했다. 그들은 선출된 선장에게 특권을 기의 주지 않았다. 선장이나 "다른 어떤 고급 선원들이 다른 이들보다 〔음식을〕 더 많이 가져갈 수는 없었으며 뿐만 아니라 선장이 자신만의 선실을 가질 수도 없었다."[19] 어떤 해적들은 "선장과 함께 밥을 먹기도 했지만, 이러한 모습을 호의나 차별의 행위로 보는 사람은 아무도 없었으며 누구든 내키는 대로 함께 먹고 마실 수 있었다." 해적의 손에 사로잡혔던 상선 선장은 배에 타고 있는 무리가 모두 어디든 잠들고 싶은 곳에서 자면서 "선장에게는 침대 하나 내어주지 않았다."라는 점을 불쾌하게 기록했다.[20] 이처럼 선상의 공간과 특권을 의도적으로 재구성한 것은 해상 사회관계의 재구축이라는 면에서 중요했다.

해적선의 무리는 선장에게 "전투와 추적 또는 도망에서는" 의심의 여지가 없는 권한을 부여했으나 "그 외에 다른 모든 문제에서는" 선장이 "다수의 지배를 받았다."[21] 다수가 세운 인물이기 때문에 다수가 물러나게 할 수도 있었다. 선장은 소심하거나 잔인하거나 또는 "영국 선박을 나포하여 약탈하기를" 거부하면 자신의 지위를 박탈당했다.[22] 한 선장은 너무 "신사답다"라는 이유로 자기 선원들로부터 계급의식을 담은 분노를 불러일으키기도 했다.[23] 때로는 독재적인 선장은 즉결 처형되기도 했다. 해적 프랜시스 케네디가 설명했듯이 대부분의 바다 약탈자들은 "전에 고급 선원으로부터 학대를 받은 경험이 있기 때문에" 일단 그들의 지휘관을 정해놓고 난 후 "이러한 악행이 일어나지 않도록 심혈을 기울였다." 고급 선원의 민주적 선출은 상선 업계와 해군의 독재적 지휘 체계와 뚜렷하고 현저한 대조를 이루며 영국 혁명 당시의 '신형군'[24]에서 유사한 요구를 불러일으키기도 했다.[25]

권력의 남용을 막기 위해 해적들은 "무리의 권익"을 대표하고 보호하기 위해 내세운 인물인 조타수에게 견제력을 부여했다.[26] 상선 업계에서 조타수는 고급 선원으로 간주하지 않았으나, 해적선에서는 신뢰와 권위의 가치를 지닌 지위로 격상되었다. 그의 임무는 사소한 분쟁을 판결하고 음식과 돈을 분배하며 때로는 나포한 선박에서 공격을 이끄는 것이었다. 그는 "민사 치안관"의 역할을 수행하고 "모두에게 공평하게". 필수품을 나눠주며 다른 해상 직업군에서 생필품을 분배할 때 꼭 있던 특권과 우선권의 이용에 따른 짜증과 불화를 세심하게 경계했다.[27] 조타수는 종종 배를 나포했을 때 기존 배에 인원이 너무 많거나 의견 불일치로 분열이 생기면 나포한 배의 선장이 되기도 했다. 이와 같은 선상 권위를 둘로 나누어 대리 집행인에게 위임하는 것은 해적 사회조직의 특징이었다.[28]

승무원의 복지에 커다란 영향을 미치는 결정들은 보통 해적선의 최고위 권위인 평의회에 넘겨졌다. 해적들은 선장이 중요한 결정을 내릴 때 전체 무리의 의사를 묻던, 근대 초에 들어서 대부분 사라진 오래된 관습을 따랐다. 또한, 해적들은 함선이나 함대의 최고위 선원들이 모여 전략을 계획하던 '전쟁 평의회'라는 해군 전통도 잘 알고 있었다. 그러나 해적들은 해군 관습을 민주화했다. 그들의 평의회는 선상의 모든 이들에게 최고의 횡재를 얻기 위해 어디로 가며, 분열을 일으키는 문제를 해결하기 위해 어떻게 할지와 같은 문제를 결정하도록 했다. 일부 무리는 평의회에 "모든 대소사를 가져가 다수결로" 결정하고 싶어 하기도 했고 또 다른 이들은 평의회를 법정처럼 내세우기도 했다. 이 합의체가 내린 결정은 불가침한 것으로 아무리 담대한 선장이라도 감히 평의회의 명령에는 이의를 제기할 수 없었다.[29]

노획물의 분배는 기술과 직무에 따라 전리품을 배당하는 함선의 규약을 통해 분명하게 조정되었다. 해적들은 빼앗은 물건을 나눌 때 전前 자본주의적 공유체제를 활용했다. 선장과 조타수는 한 명 반이나 두 사람 몫을 받았고 포수, 갑판장, 항해사, 목수 그리고 의사는 한 명분 더하기 4분의 1이나 한 명 반의 몫을 받았다. 다른 모든 이들은 각자 한 사람의 몫을 받았다.[30] 이러한 지급 체제는 상선 업계나 해군 또는 사략선의 관행에서 크게 벗어난 모습이었다. 이는 세분된 급여 등급의 위계를 평준화했고 상위와 하위 사이의 격차를 분명하게 줄였다. 실제로 이러한 방식은 18세기 전반에 어디에서든 찾아볼 수 있었던 가장 평등한 자원 분배 구도 중 하나였다. 이렇게 구성된 판은 해적들이 서로를 임금노동자가 아닌 위험을 공유하는 동업자로 여기고 있었다는 점을 여실히 드러낸다. 저명한 해적 역사가 필립 고스의 기록에서처럼 "모든 뱃사람의 정수精髓는 해적"이라고 한다면[31] 노획물의 공평한 분배와 동업자 의식은 동지들의 기술의 가치를 알고 존중하던 이들의 작품이었다. 그러나 모든 전리품이 이러한 방식으로 분배되지는 않았다. 한 명의 몫 정도는 영구적인 영향을 끼치는 불구의 상처를 입은 이들을 위한 "공동 기금"으로 들어갔다.[32] 시력이나 사지의 일부를 상실한 경우에는 보상을 받았다. 이러한 복지 체계를 통해 해적들은 사고로 발생할 수 있는 능력 상실에 대비하고 기술을 보호하며 인원을 충원하고 집단 내의 충성심을 증진하고자 했다.

이들의 규약은 선상의 규율도 조정했다. 어쩌면 이 "규율"discipline
은 대부분의 행동을 통제하지 않고 내버려 두는 규칙 체계라고 해야
옳을지도 모른다. 상선 업계만큼 제멋대로는 아니지만, 군함보다는
덜 성문화된 해적 사이의 규율은 언제나 누군가의 과오에 대한 집단
적 인식을 따랐다. 여러 가지 악행에는 "선장과 대다수 동료가 걸맞다
고 여기는 처벌"이 주어졌으나 해적들이 채찍을 자주 사용하지는 않
았다는 점은 주목할 만하다. 그들의 규율은 가혹했던 특정 경우를 제
외하고는 대체로 다른 해양 직업에서 처벌을 불러올 만한 행동도 묵
인했다. 세 가지 주된 규율 처사가 도입되었는데 모든 방법은 해적선
에 많은 사람이 타고 있는 상황을 바탕으로 했다. 당시 250톤 선박의
평균 승무원 수는 80명에 달했다. 바쏠로뮤 로버츠의 함선 규약은 질
서 유지를 위한 한 가지 방책을 보여주었다. "배에서는 서로 때려서는
안 되며 누구든 다툼이 있을 경우 해안에 내려 칼과 권총으로 끝을
봐야 한다." 싸우려는 자들은 권총으로 일대일 대결을 벌이되, 첫 총
격이 서로 빗나가면(당시 권총 제조 상태로 미루어 아마도 그렇게 되
었을 가능성이 크다) 그때 칼을 쥐고 싸웠으며 먼저 피를 흘리게 만
든 사람이 승자가 되었다. 이렇게 갈등을 배 밖으로(그리고 상징적으
로 바다 밖으로) 내보내면서 이러한 관행은 붐비는 하갑판의 거처에
서 화합을 증진했다.[33] 해적들이 무리 중 한 명에게 "섬 두목"을 시켜
줄 때도 이러한 화합의 이념이 담겨있었다. 도리가 없을 정도로 분열
을 일으키거나 중요한 규칙을 어긴 자는 유배되었다. 동료로부터 노획
물을 정당한 몫 이상으로 사취하거나 전투 중에 탈주 또는 꾀병을 부
리는 경우, 또한 무리 사이에 비밀을 감추거나 물건을 훔친 경우에 해
적들은 "고생이 불 보듯 뻔한 장소에" 내버려지는 위험을 감수해야 했

다.[34] 질서를 유지하는 최후의 방법은 처형이었다. 이 형벌의 시행은 배에 "아이나 여자를 태우거나" 빼앗은 배에 "얌전히 있는 여성"에게 추근거린 경우를 명시(그러나 명백하게 강제력을 가지지는 않았다)하고 있었지만, 그보다는 자신의 권한을 남용한 선장을 벌할 때 시행되기도 했다.[35]

일부 무리는 "뜻에 반하는 이를 두지 않음으로써" 규율 문제를 회피하려고 했다.[36] 같은 논리로 그들은 내키지 않아 하는 이들을 붙잡지도 않았다. 1718년 해적 에드워드 데이비스는 신입 구성원의 충성심을 굳히기 위해 명예 선서를 활용했다고 진술했다. "처음에 원래 있던 해적들은 새로 들어온 이들을 다소 조심스럽게 대했다. … 그러나 이내 신입 인원들이 신의의 맹세와 함께 은화 한 냥이라도 동료들을 속이지 않겠다고 서약하면 그들은 모두 하나가 되어 함께 대화하고 행동했으며 원래 있던 이들과 새로 온 이들 사이에 어떤 구별도 두지 않았다."[37] 그러나 권위의 날을 무디게 하고 화합과 결속을 유지하려는 그들의 노력에도 갈등이 항상 억제될 수는 없었다. 이따금 선장을 뽑는 시기에 다른 지도자를 원했던 이들이 새로운 조약을 만들어서 이전의 동료들을 떠나기도 했다.[38] 해적들이 만든 사회조직은 유연하기는 했지만, 심각하고 오래 묵은 갈등까지 조정할 수는 없었다. 상선의 폐쇄적이고 권위적인 세계를 경험했던 이들은 이탈할 수 있는 자유를 중시했다. 해적들이 보여준 평등하고 집단적인 권위의 실천은 부정적인 영향과 긍정적인 영향을 모두 가지고 있었다. 비록 만성적인 불안정성을 유발하기는 했지만, 연속성을 보장하기도 했다. 새로운 무리가 형성되는 이 과정은 해적들 사이에 사회적 동질성을 공고히 했고, 또한 뒤이어 살펴볼 내용에서와같이, 그들 사이에 동류의식을 갖도록 도왔다.[39]

해적 무리 간의 연결을 도표로 살펴보면 이러한 연속성의 중요한 기제를 볼 수 있다. 다음에 살펴볼 대서양 해적 무리의 연결에 관한 도표는 함선 선장에 따라 분파 형성이나 연합 또는 기타 연관을 보여주도록 나열되었는데, 1716년에서 1726년 사이에 활동했던 전체 해적의 70퍼센트에 해당하는 대략 3,600명의 해적이 크게 두 개의 계보로 나뉜다는 점을 보여주었다. 벤저민 호니골드 선장과 바하마 제도에 집결한 해적이 뒤얽힌 하나의 계보 시작점에 있고 이 계보는 1724년 6월 존 필립스 무리의 교수형으로 끝났다. 두 번째 선은 반란 무리인 조지 로더의 무리가 1722년 에드워드 로우와 우연히 만나면서 시작되었으며 1726년 7월 윌리엄 플라이와 그의 부하들이 처형되는 것으로 끝을 맺었다. 근본적으로 해적선의 사회조직은 이러한 연결망 안에서 그리고 그 망을 통해 그 중요성을 띠게 되었고 관습과 상징을 전달하고 보존했으며 해적의 사회 세계를 구조화하고 영속하는 데 기여했다.[40]

정의

해적들은 자신들이 떠나온 세계와 대담한 대비를 이루는 방식으로 그들의 세계를 조성했고, 특히 상선 선장과 해군 장교와 같은 두드러진 권력 유형과 그러한 유형의 권력이 강제하여 휘두르는 권위 체계에 반기를 들었다. 1718년 여덟 명의 해적이 보스턴에서 재판을 받았을 때 상선 선장 토머스 체클리가 말하기를 자신의 배를 "로빈 후드 일당 흉내"를 내던 해적들에게 빼앗겼다고 했다.[41] 에릭 홉스봄은 사회의적단을 "보편적이며 사실상 불변할 현상"이며 "압제와 빈곤에 맞선 농민 고유의 항쟁이고 부자와 압제자에 대한 복수의 외침"이라고 정의했다. 이들의 목표는 "새롭고 완벽한 세상이 아니라 사람이 정당

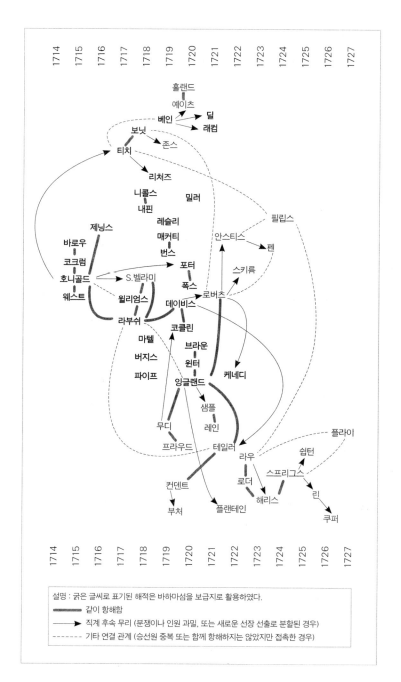

대서양 해적 집단들의 연결, 1714년~1727년

하게 대우받는 관습의 세계였다." 홉스봄은 사회의적단을 옹호하는
사람들을 "혁명적 전통주의자"라고 불렀다.[42] 물론 해적이 농민은 아
니었지만, 그들은 모든 면에서 홉스봄의 공식에 꼭 들어맞았다. 특히
중요한 것은 그들이 내지른 "복수의 외침"이었다.

스퍼츠우드가 해적의 복수에 대한 두려움을 표했을 때 그는 단
순한 진리를 드러냈던 것이다. 이미 해적선의 이름에서부터 같은 위협
이 담겨있었다. 스퍼츠우드의 부하들이 쓰러트린 에드워드 티치는 자
신의 함선을 '퀸 여왕의 복수호'라고 불렀고 다른 악명 높은 선박으로
는 스티드 보닛의 복수호와 존 콜의 '뉴욕 원한의 복수호'도 있었다.[43]
맨 처음 찾는 복수의 대상은 상선 선장이었다. 한 선원이 남긴 말처럼
"멀리 떨어진 곳에서는 무제한의 권력과 잘못된 목적, 고약한 천성에
썩은 원칙을 한데 모아" 배의 선장이 쥐고 있었다. 여기에 "모든 제약
을 넘어서" 휘하 선원들의 삶을 비참하게 만드는 인간이 있었다.[44] 또
한, 스퍼츠우드는 해적들이 자기 선원들을 "교화"했던 선장에게 어떤
식으로 복수했는지도 기록했다. 1722년 상선 선장 이샴 랜돌프와 콘
스탄틴 케인 그리고 윌리엄 할러데이는 스퍼츠우드에게 "자기들과 다
른 선장들을 위해 명령에 따르지 않고 반란을 일으키려는 선원들을
벌하는 묘안"을 마련해주기를 탄원했다. 그들은 "해적과 맞닥뜨리면
우리가 부하 중에 누구든 때렸다는 것을 넌지시 알기만 해도 이 파렴
치한 무리는 필히 우리에게 생각할 수 있는 온갖 고초를 안겨줄 것이
분명하니" 선장들이 큰 위험에 처해있다고 설명했다.[45] 해적들은 나름
대로 뚜렷한 정의감을 가진 해상 군중의 역할을 수행했다.

해적들은 상선을 붙잡으면 종종 "정의를 집행했다." 그들은 "상선
선장의 부하들에게 선장의 행태를 물어보고 불평을 제기한 자들이
있으면, 채찍질을 하고 상처에 식초를 뿌렸다."[46] 바쏠로뮤 로버츠의

무리는 이러한 조사를 매우 중요시해서 일당 중 한 명인 조지 윌슨을 공식적인 "정의 집행자"로 지명했다. 1724년 상선 선장 리처드 호킨스는 또 다른 보복의 형태로 "고역"Sweat이라고 불리던 고문을 묘사했다. "앞뒤 갑판 사이 중간 돛대 주변으로 둥글게 초를 꽂아두고 약 25명의 사람이 뾰족칼, 주머니칼, 컴퍼스, 포크 등을 각자 손에 쥐고 둘러싼다. 죄인이 원 안에 들어가고 흥겨운 바이올린 연주가 이어진다. 그는 손에 도구를 든 이들이 뒤에서 찌르는 내내 10분 정도를 원 안에서 달려야 한다."[47] 붙잡힌 선장 중 많은 수가 "야만적인 대우"를 받았고 일부는 즉결처형 되었다. 해적 필립 라인Philip Lyne은 가장 잔혹한 방식으로 이러한 복수를 시행했던 자였는데, 1726년에 붙잡힌 그는 "자신의 해적 생활 동안 37명의 선장을 죽였다."라고 털어놓았다.[48] 복수를 추구하는 것은 여러모로 상선 선장들이 휘둘렀던 폭력적이고 개인적이며 독단적인 권위에 대한 격한 원한의 반응이었다.

그러나 선장에 대한 처벌은 결코 무차별적이지 않았으며 "어떤 선원도 함부로 대한 적이 없던" 좋은 평판의 친구에게는 종종 해적들이 답례를 하기도 했다.[49] 해적들에게 있어서의 정의라는 개념을 가장 잘 묘사한 대목은 상선 선장 윌리엄 스넬그레이브가 1719년에 해적들에게 붙잡혔던 이야기에 나타난다. 4월 1일 스넬그레이브의 배가 시에라리온강 하구에서 토머스 코클린 무리의 해적선에 붙잡혔다. 코클린은 곧 올리베르 라 부쉬와 호웰 데이비스가 이끄는 무리와 합류했고 스넬그레이브는 이후 30일을 240명의 해적 사이에서 보냈다.[50]

소형선에 탄 12명의 해적이 45명의 선원이 타고 있던 스넬그레이브의 함선에 배를 나란히 대면서 나포가 시작되었다. 스넬그레이브는 승무원들에게 무장을 지시했다. 그들은 거부했으나 해적 조타수가 그 명령을 듣고 격분해서 권총을 꺼내 들었다. 스넬그레이브의 증언에 따르면 곧이어 "(그가) 손잡이 끝으로 두개골을 부술 듯이 내려쳤고 일부 내 부하들이 … 울면서 '세상에나 우리 선장을 죽이지 마시오. 그보다 훌륭한 사람을 만난 적이 없소.'라고 소리치자 때리기를 그쳤다." 스넬그레이브는 조타수가 "나에게 말하기를 '당신의 부하 중 나에게 불만을 말하는 이가 아무도 없다면 목숨을 부지할 수 있을 것'이라고 말했고 나는 '나는 누구도 불만을 품지 않았다고 확신한다'고 대답했다."라고 기록했다.[51]

스넬그레이브는 코클린에게 끌려갔고 그는 스넬그레이브에게 "조타수가 함부로 대한 것은 미안하다. 그러나 이는 전쟁 중에 있을 수 있는 일이다. … 만약 네가 사실을 말했고 너의 부하들이 너에 대한 어떤 불만도 말하지 않는다면 너는 친절한 대접을 받을 것이다."라고 말했다. 가장 큰 해적선을 지휘하던 호웰 데이비스는 코클린의 부하들이 거칠게 대들었던 점을 호되게 꾸짖었다. 스넬그레이브의 기록에 따르면 데이비스는 "내가 그들에게 어떤 대우를 받았는지 듣고 매우 부끄럽게 생각했다. 그리고 그들이 해적질하게 된 계기가 비열한 상인과 잔인한 선장에게 복수하기 위해서라는 점을 알아달라고 말했다. 나의 부하 중 누구도, 심지어 해적에 가담한 이들조차도 나에 관해 조금도 나쁜 말을 하지 않았다 … 그들이 나를 대단히 좋아하고 있음이 분명히 드러났다."[52]

스넬그레이브의 부하들이 그를 대단히 좋아하지 않았을 수는 있지만, 분명 그를 존경하고는 있었다. 실제로 스넬그레이브의 인품이 존경받을 만하다는 점이 드러나자 해적들은 그에게 나포한 배를 화물이 가득 실린 채로 그에게 주고는 그가 물건을 팔아 쓰도록 제안했다. 그 뒤 그들은 포르투갈 노예선을 나포해서 노예를 판 후 이익금을 스넬그레이브에게 주어서 그가 "많은 돈을 가지고 런던으로 돌아가서 상인들에게 당당히 맞설 수 있도록 했다."[53] 해적들은 좋은 선장이 되어야 좋은 일이 있는 법이라는 사실을 상인들에게 알려주고자 했다. 이러한 제안은 해적들 사이에서 "만장일치로 통과"되었지만, 연루되었다는 혐의가 두려웠던 스넬그레이브는 수락하기를 주저했다. 그러자 데이비스가 "누구나 자기 방식대로 살다가 가게 두는 편이" 더 좋다며 스넬그레이브가 "자기 평판"을 염려하는 점을 이해한다는 말로 중재했다. 거절도 정중하게 받아들여졌고 스넬그레이브는 "조류가 변하듯 처음 나에게 모질었던 만큼 더욱 친절하게 대해주었다."고 말했다.[54]

스넬그레이브는 또 다른 의미심장한 일화를 털어놓았다. 그가 해적의 손에 잡혀 있는 동안 '왕립 아프리카 회사' 소유의 낡은 스구너 한 척이 시에라리온으로 항해하다가 코클린 휘하의 나포선에 나포되었다. 코클린의 무리 중 한 명이었던 사이먼 존스는 이 회사에 고용되었을 때에 형편없는 대우를 받았기 때문에 이 배를 불태우자고 주장했다. 해적들이 막 불을 지르려는 찰나에 또 다른 해적 제임스 스텁스가 나서서 이 배는 가치가 워낙 없기 때문에 그런 행동이 단지 "회사에 득이 될 뿐"이라고 주장했다. 또한, 그는 "이 배에 소속되어 꽤 오랜 기간 항해했던 불쌍한 자들은 이제 임금을 잃게 될 것인데 이는 함선 가치의 세 배는 될 것이 분명하다."라는 점을 지적했다. 해적들은 이 말에 동의했고 배를 승무원들에게 돌려주어 그들이 "무사히 영국으로 귀향할 수 있도록" 했다. 스넬그레이브 선장 역시 이 사건 직후 영국으로 돌아왔으나 그의 선원 중 열한 명은 남아서 해적이 되었다.[55] 스넬그레이브의 경험은 해적들이 당시 상선 해운 업계에서 특징적으로 나타난 사회관계인 광범위한 야만적 행위를 어떤 식으로 개입하고 바꾸려고 했는지를 잘 보여주었다. 그러나 그들 역시 때로는 나름의 야만적 행위를 하기도 했다는 점은 그들이 떠나온 체제로부터 완전히 벗어나지는 못했음을 보여주고 있다.

스넬그레이브는 예외적으로 친절한 선장에 속했던 것으로 보인다. 호웰 데이비스와 같은 해적들은 상선 선장들의 학대로 인한 열악한 처우가 바로 그들이 바다 약탈자가 되고자 하는 마음에 크게 작용했다고 주장했다. 1718년부터 에드워드 티치와 함께 항해하며 이례적으로 오랫동안 해적의 삶을 살았던 존 아처는 1724년 처형되기에 앞서 최후의 항변을 남겼다. "나는 수많은 선장이 그러하듯 그들이 부하들을 너무나 가혹하게 대함으로써 선원들이 우리가 겪은 커다란 유혹을 다시 맛보지 않기를 바랄 뿐이다."⁵⁶ 1726년 살인과 해적행위로 교수대 앞에 서게 된 윌리엄 플라이는 분노하며 "나는 죄가 없다. 나는 살인죄를 받아들이지 않겠다. 우리 선장과 항해사는 우리를 야만적으로 대했다. 가엾은 우리를 위한 정의는 없다. 우리를 학대하고 개처럼 부렸던 선장을 제지하는 그 어떤 말도 나오고 있지 않다."⁵⁷ 해적들에게는 복수가 정의였으며 야만적인 선장들에게는 선장의 범법에 걸맞은 처벌이 내려졌다.

테러

국가의 손아귀에 붙들린 바다 약탈자들은 재산범죄에 관한 법정 최고형을 받았다. 해적행위를 범죄로 보는 공식적인 입장은 1718년 부해사법원의 판사 니콜라스 트로트가 사우스캐롤라이나 찰스턴에서 열렸던 스티드 보닛과 서른세 명의 무리에 대한 재판에서 배심원에게 제출한 소장에 개략적으로 나타났다. 트로트는 "바다는 하나님이 인간에게 쓰라고 주셨으며 땅과 마찬가지로 지배와 소유의 대상이다."라고 천명하며 피고인들은 "국제법은 그들이 소유권을 변경할 권리를 절대 용인하고 있지 않다."라고 밝혔다. 재판받은 해적들은 교회의 의식을 받을 권리도 박탈당했고 "신앙과 서약도 지키지 않는 '호스티스 휴마니 제네리스'[인류의 적]로 불리며 **짐승이자 맹수**"로 간주되었다. 트로트는 배심원들로부터 돌아서서 피고인들을 바라보며 "그대들의 죽음이 본보기가 되는 것 외에는 그대들에게 그 어떤 선善이나 유익도 기대할 수 없다."라고 빈틈없이 마무리 지었다.58

최후의 순간에 베푸는 자비마저 거둬들이려는 이 주장으로 왕실 관리들과 해적들은 상호 테러의 체제에 갇혀버렸다. 왕권 당국이 해적을 사로잡으면 포상금을 주겠다고 하자 해적들도 특정 관리를 잡아 오면 "부르는 대로 값을 쳐주겠다."라고 했다.59 1720년 버지니아에서는 교수대 앞에 선 여섯 명의 해적들 가운데 한 명은 "포도주 한 병을 청하고는 한 잔 마시며 총독에게 저주가, 그리고 제국령에는 혼란이 있기를 기원했고 나머지 해적들도 함께 축배를 들었다." 여기에 질세라 총독 스퍼츠우드는 "그들 중 네 명을 쇠사슬에 묶어 매달아 두면 더 큰 공포를 불러일으킬 수 있다."라고 생각했다.60 1717년과 1718년에 조지 1세가 해적행위에 관한 일반 사면을 베풀었을 때도 해적들은 국가의 권위를 폐기해야 한다는 뜻을 담은 경멸을 내비쳤다. 일부 해적들은 사면을 받아들였지만, 감화되기를 거부했고 또 다른 이들은 사면을 무시해 버렸으며 가장 대담한 이들은 "왕의 칙령을 대놓고 조롱하고는 갈가리 찢어버렸다."61 한 해적 선원은 주먹을 내리치며 "왕과 모든 고관대작에게 저주가 있기를"이라고 선언하기도 했다.62 해적행위의 사회관계는 전통적 권위에 대한 강렬하면서도 종종 폭력적이기도 한 반감의 특징을 보였다. 일반 선원의 문화에 만연한 반권위주의는 졸리 로저 아래에 나타난 수많은 표현에서 찾을 수 있었다.

공동체

트로트가 주관했던 찰스턴 재판에서 사우스캐롤라이나의 법무상 리처드 앨런은 배심원들에게 "해적들은 국적과 종교를 불문하고 자기 동족과 동포를 포함한 모든 인간을 약탈한다."라고 말했다.[63] 해적들이 약탈당하는 이들의 국적을 고려하지 않는다는 앨런의 주장은 옳았지만, 그들이 자신의 "동포"를 존중하지 않는다는 것은 틀린 말이었다. 해적들은 서로 약탈하지는 않았다. 오히려 그들은 다양하고 미묘한 방식으로 일관되게 나타나는 고도로 발달한 동류의식을 갖고 있었다. 이제 우리는 해적행위의 외적 사회관계에서 내적인 것으로 눈을 돌려 일종의 생존 전략으로서의 이러한 동류의식을 탐구하고 여기에 나타나는 집단정신을 알아보도록 하자.

해적들은 바다나 항구에서 자발적으로 무리를 합치는 모습을 자주 보였다. 1719년 4월 호웰 데이비스와 그 무리가 시에라리온강으로 항해하여 들어갔을 때 토머스 코클린이 지휘하던 해적들은 다가오는 배에 걸린 "검은 깃발"을 보기 전까지는 경계를 늦추지 않았다. 서로를 확인한 후에 "그들은 즉시 마음을 놓았고 잠시 뒤에" 무리는 "대포를 쏘며 인사를 나눴다." 반대편 무리도 비슷한 인사를 전했고 여기에는 데이비스와 코클린처럼 전력을 합쳤던 이들이 자발적인 동맹 관계를 형성하도록 하는 불문율과 같은 환영의 뜻이 담겨있었다.[64]

이러한 공동체주의적 욕구는 아마도 마다가스카르와 시에라리온의 해적 요새에서 가장 분명하게 드러났다. 바다 약탈자들은 종종 사람들이 거의 살지 않는 여러 섬에서 정착할 수 있는 삶을 선택하기도 했고 멕시코만의 캠페체 해협 어귀의 로그우드 벌목인 공동체에 상당수의 인원을 대어주기도 했다. 1718년 한 왕실 관리는 바하마의 "해적

소굴"에는 "이미 자기들을 하나의 공동체로 여기며 하나의 공동체 이익을 지키려는 자들이 생겨났다."라고 한탄했다.[65]

이와 같은 공동체를 지속하기 위해서는 단지 하나의 배에서만이 아니라 서로 다른 해적 무리 사이에 있을 수 있는 갈등을 최소화할 필요가 있었다. 실제로 동류의식의 가장 강력한 지표 중 하나는 서로 다른 해적 무리 간에 불화가 존재하지 않았다는 뚜렷한 사실이다. 이는 어느 정도 국제적인 현상이기도 했다. 프랑스, 네덜란드, 스페인 그리고 영미계의 해적들은 대체로 평화적으로 협력하며 아주 가끔 서로 포화를 겨누는 일만 있었다. 해적 무리는 시종일관 서로를 공격하지 않고자 했다.[66]

스퍼츠우드와 다른 이들의 기록을 따르자면 해적들이 자행한 복수의 위협과 실천만큼 그들의 형제애를 설득력 있게 표현할 방법은 없을 것이다. 그들의 형제애는 실로 모두 같이 죽이느냐 따로 떨어져 죽임을 당하느냐의 문제였다. 1717년 4월 해적선 위다호가 보스턴 근처에서 난파당했다. 무리 중 대부분이 죽었고 살아남은 이들은 감옥에 보내졌다. 7월에 보스턴의 함선 선장 토머스 폭스가 해적의 손에 붙잡혀 "보스턴 감옥에 갇힌 해적들에게 있었던 일을 모조리 불어라."고 심문을 받았고 "만약 갇힌 이들이 고통을 받았다면 뉴잉글랜드에 속한 모든 이들을 죽여버리겠다."라고 단언했다.[67] 이 사건이 있고 난 직후 티치의 수하들이 "보스턴 소속이라는 이유로" 상선을 한 척 나포했고 "〔티치는〕 보스턴 인간들이 해적 중 몇몇을 교수형 시킨 것이 분명하니 이 배를 불태워버리겠다며 우기고 나섰다." 티치는 보스턴의 모든 배들이 같은 운명에 처할 것이라고 선언했다.[68] 가장 무시무시한 해적으로 소문난 찰스 베인은 해적행위를 했다는 혐의로 버뮤다의 섬에 (얼마간) 억류되었던 토머스 브라운이라는 사람의 이야기를 들며

"버뮤다를 지나는 이들에게 자비를 주지 않고" 그들을 벌할 것이라고 했다. 브라운은 분명 베인의 요선傭船으로서 함께 항해할 계획이었으나 잡히는 바람에 뜻을 이루지 못했다.[69]

1720년 9월 바쏠로뮤 로버츠가 이끄는 해적들은 "네비스에서 있었던 동료의 처형"에 복수하기 위해 "〔세인트키츠〕바스테르 정박지에 있는 함선을 공개적으로 대낮에 불 지르고 파괴하며 영국군함 요새를 대담하게 유린했다." 로버츠는 이후 총독에게 "해적을 목매달았던 바로 그곳에 덮쳐 들어가 마을〔샌디포인트〕을 불 질러버리겠다."라는 전갈을 보냈다.[70] 1721년 스퍼츠우드는 '무역 및 식민지 위원회'에 로버츠가 "다른 배와 합류하여 버지니아로 와서 여기에서 처형된 해적의 복수를 하겠다는 말을 했다고" 제보했다.[71] '버지니아 행정 위원회'가 "해역에 즉각적인 방어 태세를 취할 것"을 만장일치로 결정한 것으로 미루어 보아 이 위협은 신빙성이 있었다. 망루와 봉화가 즉시 설치되었고 이웃 식민지와의 연락이 이루어졌다. 스퍼츠우드의 이후 보고에 따르면 "거의 60문에 달하는 대포가 가지각색의 튼튼한 포열에 배치되었다."[72]

1723년 해적 선장 프랜시스 스프리그스는 무어 선장을 찾아 "〔해적〕로더를 죽음에 이르게 했던 책임을 물어 죽이기로" 맹세했고 이내 마찬가지로 "찰스 해리스가 이끌던 해적선을 제압한 솔가드 선장도 찾아내기로 서약했다."[73] 1724년 1월 버뮤다의 부총독 찰스 호프는 '무역국'에 편지를 보냈다. 편지에서 그는 거주자들이 "해적이 처형되면, 훗날 해적들에게 붙잡혔을 때 그들 운명이 좋지 않게 흘러갈 수 있다는 점을 두려워해서" 해적에 대한 재판 증거를 확보하는 것에 어려움을 겪고 있다고 전했다.[74] 복수의 위협은 때로는 효과적이었다.

해적들은 그들만의 상징으로도 굳은 결속을 다졌다. 바다 약탈자들이 독립적이면서도 일부 배타적인 언어 공동체 소속감을 가지고 있었다는 점이 일부 증거에서 드러난다. 1722년부터 1723년 사이에 해적들 사이에서 16개월을 보냈던 필립 애쉬턴은 "해적들의 통상 관례에 따라서, 또한 그들 고유의 말투로 그들은 나에게 자기네 규율에 서명할지 물어보았다."라고 기록했다.[75] 여러 출처에서는 해적들의 언어 양식의 뚜렷한 특징은 저주와 욕설 그리고 불경한 말이었으며 아마도 모든 뱃사람들을 통틀어서도 정도가 더 심했다고 밝히고 있다. 예를 들어 시에라리온강 근처의 플렁켓이라는 영국 관리는 바쏠로뮤 로버츠 휘하의 해적들에게 협력하는 체하다가 갑자기 공격했다. 플렁켓은 붙잡혔고 로버츠는

플렁켓이 눈에 들어오자마자 건방진 아일랜드 놈이 감히 대들어보겠다는 것이냐며 악귀가 들린 듯 욕을 퍼부었다. 늙은 플렁켓은 자신이 못된 무리 속에 들어와 있음을 알고는 로버츠만큼이나, 아니면 더 할 정도로 욕과 저주를 퍼부었고 이에 나머지 해적들이 마음을 열고 웃어댔다. 이에 로버츠는 마음을 누그러뜨리고 앉으며 헛소리 지껄이는 데는 플렁켓과 상대가 안 된다고 말했다. 그렇게 한낱 저주와 욕설 덕에 늙은 플렁켓은… 목숨을 건졌다.[76]

상징적 연대나 동류의식은 언어 영역까지 확장되어있었다.

검은 깃발

가장 잘 알려진 해적의 상징은 물론 졸리 로저이다. 그러나 이 깃발이 그토록 널리 사용되었다는 사실은 그다지 잘 알려지지 않았고

제이컵 비번 선장은 항해 일지에 이 두개골과 대퇴골을 그려 넣어서 자기 선원 두 명의 죽음을 표시했다. 1686년 2월 22일 비번은 폭풍우를 만나 "부하 두 명이 그 자리에서 숨졌고 삼등 항해사의 팔과 몇몇 선원의 다리에 골절이 생겼으며 다섯 명은 타박상을 입었다."라고 기록했다. 망자의 머릿수라는 상징을 해적들이 전유하여 악명 높은 해적 깃발 '졸리 로저'를 장식하게 되었다. (영국 도서관)

잘 파악되어 있지도 않다. 적어도 2,500명, 어쩌면 그보다 훨씬 많은 수가 이 깃발 아래에서 항해했다.[77] 이토록 이 깃발이 널리 채택되었다는 점은 진보한 형태의 집단 정체성을 보여준다. 졸리 로저는 "가운데 커다랗고 하얀 해골이 한 손에는 심장을 찌른 창살을, 다른 한 손에는 모래시계를 들고 있는 모습이 그려진 검은 깃발"로 묘사되었다.[78] 비록 여러 깃발 사이에는 무시할 수 없는 특유의 변형이 있기는 했지만, 채택된 모양에는 일반적인 통일성도 있었다. 깃발의 바탕은 검은색이었고 상징적인 흰색 그림으로 장식되어 있었다. 가장 흔하게 나타나는 상징은 두개골 또는 "망자의 머리"[해골]death's head였으며 때로는 두개골만 따로 떼어져 있기도 했지만, 전신 해골에 두개골을 두드러지게 표현한 형태가 가장 많았다. 이 밖에 자주 등장하는 요소로는 커틀러스[79]와 칼 또는 창살과 같은 무기와 모래시계가 있었다.[80]

이 깃발은 해적들의 희생양들을 겁주기 위한 의도로 만들어졌지만, 죽음과 폭력 그리고 제한된 시간이라는 세 가지 상징의 맞물림은 선원의 경험 가운데 의미 있는 어떤 부분을 가리키는 동시에 스스로 약탈 대상이 될 차례가 온다는 사실에 관한 해적들의 자의식을 생생하게 드러냈다. 해적들은 선장들이 "일지를 쓰면서 죽음을 기록하기 위해 여백 부분에 그려 넣었던" 해골 "표식"을 자신들의 것으로 가져온 것이다.[81] 해적이 된 선원들이 하나의 닫힌 체제에서 도망쳐서 찾게 된 것은 또 다른 체제 속에 갇힌 자신의 모습이었다. 그러나 이들은 해적으로서 권위의 깃발을 흔드는 선장과 상인 그리고 관리들에게 맞서 싸웠고, 또한 일부 사람들의 믿음처럼 오직 해적만이 "망자왕"의 음울한 깃발 아래에서 싸울 수 있다고 생각했다.[82] 또한, 해적들은 생존을 위한 투쟁 가운데 형성된 집단정신을 통해 자신들이 처한 상황과 상대 권력자들에 대한 잔학한 행위를 스스로 정당화하여 인식했다.

해적들의 자기 정당화는 홉스봄이 묘사한 "인간이 정당하게 대우받는" 세상 ─ 전통적이든 신화적이든 또는 유토피아적이든 ─ 과 깊이 연관되어 있었다.[83] 이는 그들의 사회 규칙과 평등주의적 사회 조직 그리고 복수와 정의에 관한 그들의 관념에 잘 나타났다. "눈물 한 방울 흘리지 않고 교수대를 향해" 걸어가고, 스스로 "떳떳한 자" 그리고 "고결한 자"라고 부르며, 자화자찬이면서도 자랑스럽게 그들의 "양심"과 "명예"를 이야기함으로써 해적들은 스스로 가진 확신을 과시했다.[84] 1720년 지배 집단이 "무력 외에 그들을 진압할 수단이 없다."고 결론 내렸을 때도 많은 해적이 더욱 결속을 다지며 응수했다.[85] 1724년 에드워드 로우의 무리는 "싸우다가 힘이 달리면 개처럼 목매달리는 고초를 당하느니 즉시 배를 폭파해 버릴 것이며, 그렇지 않을 시에는 가장 끔찍한 저주도 달게 받겠다."라고 맹세했다. 바다 약탈자들은 "졸리 로저에 패배의 불명예"를 씌우지 않았다.[86]

해적들 사이의 동류의식은 정교한 사회 규범에도 그 모습을 드러 냈다. 이 규범은 규칙과 관습 그리고 상징을 통해 특정한 행동 기준을 설정함으로써 해적들이 그들에게 맞게 창의적으로 건설한 사회 세계를 보존하고자 했다. 복수라는 사례에서 드러났듯이 왕실 관리들은 해적들의 대안 질서라는 위협을 인식하고 있었다. 어느 당국에서는 해적들이 "이들을 저지할 힘이 전혀 없는 세상의 끝에" 아무도 살지 않는 지역에서 "일종의 공화국commonwealth을 형성"[87]할까 봐 두려워했다. 여기서 공화共和라는 말은 꼭 걸맞은 단어였다.[88] 그러나 이러한 동류의식은 결코 국가의 형태를 띠지 않았고 해적행위는 곧 진압되었다.

해적행위의 끝

오늘날 평론가들은 보통 해적의 봉기가 스페인 왕위 계승 전쟁의 종전 시점의 왕립 해군 해체를 계기로 삼고 있다고 보았다. 예를 들어 한 버지니아 상인 집단은 1713년 해사법원에 "해적들이 평시에 해상무역을 방해하고 있어 염려된다는 점"을 내세워 편지를 썼다.[89] 해군의 수는 종전 무렵에 49,860명에서 단 2년 만에 13,475명으로 곤두박질 쳤고 1740년이 되어서야 다시 30,000명 정도로 수가 증가했다.[90] 동시에 사략 행위의 면허증인 사략 허가증이 만료되어 수많은 선원이 배에서 내린 후 제국의 항구 도시들에서 일자리를 찾게 되었다. 이러한 미고용 사태는 해적의 봉기에 큰 영향을 미쳤지만,[91] 이미 언급한 바와 같이 해적이 된 자들 대다수가 상선에서 일하다가 해적에 합류하였기 때문에 이 설명만으로는 충분하지 않다.

종전 후의 잉여 노동력은 파급력 있으면서도 때로는 마찰을 일으키는 사회경제적 효과를 불러왔다. 즉각적으로 임금이 하락했다.

1719년 사우스캐롤라이나 찰스턴의 해적 선장 스티드 보닛의 교수형. 선원들이 찰스턴 항만에 정박 중인 배의 망루에서 이 장면을 지켜보고 있다. (런던, 1724)

1707년에 매월 45에서 55실링을 받던 상선 선원들은 1713년에는 그 절반밖에 받지 못했다. 이로 인해 뱃일을 구하는 데 경쟁이 더욱 심해졌고 더 나이 많고 경험 있는 자들을 선호하게 되었다. 또한, 시간이 흐르면서 이는 선원의 물질적 이득 감소와 규율 강화와 같은 방식으로 바다 생활의 사회적 환경과 관계에도 영향을 미쳤다.[92] 전쟁 시기에는 비록 목숨이 위험하기는 했지만, 선원들은 당장 이익을 손에 쥘 수 있었다. 1713년 대서양 선원들은 지난 25년 기간 안에 20년이나 전시 노동을 수행했으며 연속적으로 이어진 전쟁 기간만 11년이나 되었다.

전쟁 이후 상황이 즉시 나빠지지는 않았다. 랠프 데이비스가 설명했듯이 "18세기 내내 전쟁 직후의 상황은 늘 그러했듯이, 1713년에서 1715년의 기간에는 축적된 식민지 상품의 과잉 이동과 함께 많은 양의 영국 상품들이 식민지나 기타 시장으로 이동했으며, 되는대로 소비하던 수입품의 재고도 다시 채워졌다."[93] 이 작은 규모의 호황은 해군 명부에서 이름이 지워진 선원들에게도 고용의 기회를 주었다. 그러나 1715년에 무역 불황이 시작되어 1730년대까지 지속했다. 이 모든 고난은 18세기 내내 있었던 과격한 해양 규율로 인해 더욱 악화했다.[94] 많은 선원이 상황이 달라졌다는 점을 알고 있었고 대다수는 이전이 확실히 더 좋다고 생각했다.

1726년이 되어서야 해적 위협은 정부의 영향으로 사실상 제압되었다. 왕립 해군의 재동원과 같은 상황적 요소만으로 해적의 붕괴를 충분히 설명할 수는 없다. 해군 장병의 수는 1725년 6,298명에서 1726년 16,872명으로 늘어났고 1727년에는 다시 20,697명이 되었다. 이는 바다 약탈꾼의 감소와도 어느 정도 관련은 있다. 그러나 해적의 수가 여전히 넘쳐나던 1719년과 1720년에도 해군에는 20,000명의 선원이 있었다.[95] 게다가 선원의 임금은 1713년에서 1730년대 중반 사이에 겨우 이따금씩 한 달에 30실링 정도만 올랐을 뿐이었다.[96] 바다의 생활 상황은 1739년에 다시 전쟁이 발발하기 전까지 크게 달라지지는 않았다.

1717년과 1718년 해적들에게 내려진 사면령도 바다 약탈자들을 몰아내지는 못했다. 특정 시기에 특정 지역에서 저지른 범죄에만 용서하는 사면에 많은 해적은 관리가 농간을 부릴 틈이 많다는 점을 알게 되었고 항복을 거부했다. 더욱이 대부분 해적들에게 사면 규정을 받아들이고 따른다는 것은 그들이 도망쳐왔던 암울한 상황으로 돌아간다는 깃을 의미했다. 이런 계략이 실패하자 왕실 관리들은 무섭고도 큰 효과를 가진 방법으로 해적 소탕 작전을 강화했다. "보는 이들에게 주는 경고를 담은 구경거리"로 전 세계의 영국 항구에는 사슬에 묶인 시체가 매달렸다.[97] 1716년에서 1726년 사이에 적어도 418명, 아마도 500에서 600명의 대서양 해적이 처형되었다([위의 그림] 〈스티드 보닛의 교수형〉을 참조하라). 또한, 나라에서도 모든 해적과의 접촉을 범죄로 보는 엄중한 법안을 통과시켰다. 1721년 이후 "해적과 교류, 교역, 거래"하거나 그들에게 물품을 제공하거나 또는 심지어 그들과 말을 섞기만 하는 그 누구라도 죽음의 형벌을 받을 수 있었다.[98]

바다를 정화하려는 운동은 성직자와 왕실 관리 그리고 선전가들의 지지를 받았다. 이들은 설교, 포고문, 논평지 그리고 신문 발간을 통해 몰살되어 마땅한 해적의 상을 만들어내고자 했다. 해적행위는 항상 소문과 이야기에 그들의 성공을 맡기고 있었고 이 이야기는 선원과 장물아비들 사이에서 더 잘 알려졌다. 1722년 블랙 바트 로버츠[바쏠로뮤 로버츠]의 무리가 붙잡혀 대거 교수형당하고 1723년에서 1724년에 잇따른 처형과 선전 운동의 폭발이 있고 난 후 해적의 수는 감소하기 시작했다. 1726년에는 극소수의 무리만 남게 되었다.

해적들은 스스로 알지 못하는 사이에 자기파멸의 길을 걸었다. 애초에 그들은 쉽게 깨지는 사회 세계에 살고 있었다. 그들이 생산하는 것이 없었기 때문에 그들의 경제 질서는 안정을 찾지 못했다. 그들은 국가도 가정도 없었으며 넓은 곳에 흩어져 살고 있었고 그들 공동체에는 사실상 지리적 경계도 없었다. 시도한 적이 없었던 것은 아니지만, 그들은 위계를 유지하거나 집단적 힘을 동원하도록 하는 안정된 기제를 만들어내지 못했다. 이러한 사회 조직화에서의 결여로 인해 그들은 장기적으로 제국 국가의 공격에 취약할 수밖에 없었다.

결론

해적은 다른 어떤 이보다도 평범한 자들이었지만, 혹독하면서도 때로는 죽음에 이를 만한 상황에 놓인 자들이었다. 그들이 부를 원하기도 했지만, 그들을 움직이는 힘과 행동에는 강력한 사회적 논리가 자리 잡고 있었다. 프롤레타리아 배경 출신으로 해양 직업에 종사하며 가족과의 유대조차 잃게 된 해적들은 공동의 상징과 행동 기준을 개발했다. 그들은 자발적인 동맹을 형성했고 서로 간의 싸움을 거부했으며 동류에게 가해진 위해를 복수하기로 맹세했다. 또한, 심지어 해적 공동체를 만들어 은퇴해 살기도 했다. 그들은 자기만의 이상적 정의를 세웠고, 비록 불안정하기는 했지만, 평등한 형태의 사회 조직을 내세웠으며 자신의 무리를 다른 사회 집단이나 형태와 구분하여 정의하고자 했다. 마찬가지로 그들은 그들이 저지른 수많은 행위가 윤리적이며 정당하다고 생각했는데, 이는 E.P. 톰슨이 묘사한 18세기의 대중과 다르지 않았다.[99] 그러나 협력적 해양 노동자로서의 경험을 가지고 있으면서 법의 간섭도 받지 않는 해적들은 국제 시장 경제를 잘 알고 있으면서도 경제적 변화의 불확실성에는 거의 영향을 받지 않았다. 그들이 가진 자유 임금노동자로서의 경험과 통제받지 않고 자유로운 하위문화 구성원으로서의 경험은 해적들이 잔인하고 불공정한 권위에 맞서 싸울 만한 조망과 계기를 제시했고 망자 왕이 군림하지 않는 새로운 사회 질서를 건설하도록 했다. 어쩌면 이러한 길은 상호모순적인 일이었을 수도 있다. 생존전략으로서 해적행위를 택한 많은 이들은 좋지 못한 운명을 맞이했다.

결국 우리는 해적행위를 통해 특별한 기회를 맞이한다. 여기에서 우리는 돛을 살라 입은 상의에 타르 묻은 바지를 입은 가난한 자들이 이룬 상당수의 무리가 어떻게 "자기 결정권"이 있는 사회 세계를 건설했는지 볼 수 있다.[100] 이러한 결정권은 상선이나 전함에서는 존재하지 않았다. 해적들이 세운 사회 질서와 관행은 고대와 중세 해양세계의 핵심적인 특징을 재현했다. 그들은 돈과 물품을 개별 몫으로 나누었고 중요한 문제에 관해서는 집단적이고 민주적으로 협의했으며 조타수를 선출하여 마치 중세의 "집정관"처럼 선장과 승무원들 사이의 불화를 중재하도록 했다.[101]

해적들은 주인 없는 자들의 문화를 이룩했다. 그들은 18세기의 그 어떤 자들보다도 전통 권위에서 멀리 떨어져 있었다. 교회와 가족 그리고 엄한 노동을 뒤로하고 바다를 이용해 자신과 국가 권력 사이에 거리를 둔 채 그들은 낯선 실험을 수행했다. 해적이라는 사회적 배치constellation, 특히 [그들을 옭아매던] 족쇄가 풀리면서 발달하기 시작한 복잡한 의식과 평등주의적 충동은, 특히 선원들의 그리고 가난한 노동자들의 일반적인 사회문화적 양식들을 명료하게 이해하는 데 큰 도움을 준다. 여기서 우리는 많은 경우 보통 상황에서는 일상의 권력

관계로 인해 잘 보이지 않거나 억눌릴 수밖에 없는 어떤 열망과 성취들이 존재한다는 것을 확인할 수 있다.

해적에 대한 글의 마무리로서 바너비 슬러시의 말을 인용하고자 한다. 그는 18세기 전반의 일반 선원의 여러 측면을 이해하고 이를 시로 표현했다.

> 해적과 버케니어는 누구도 일상의 노고와 위험을 멀리하지 않았기에 [선원들의] 군주와도 같다. 만약 두목이 동지들보다 더 우위의 것을 차지한다면 이는 그가 항상 모든 위험한 모험에 앞장서기 때문이리라. 그러나 아무리 항상 담대한 자라고 하나, 감히 평등이라는 관습법을 어기지는 못하니. 모든 패거리는 각자의 몫을 챙기리라 ⋯ 그러므로 이 위대한 적의 무리가 다른 모든 이에는 큰 도적일지언정, 서로에게는 매우 공정하리라. 이조차 없다면 그들은 기반 없이 쌓아 올린 구조물처럼 쉽사리 무너져 버리리라.[102]

이처럼 해적들은 삶의 기회를 동지들과 평등하게 나누고 커다란 특권을 거부하며 위험을 외면하지 않았다. 그들은 몫을 공정하게 할당함으로써 바다에서의 삶에서 집단정신을 표현했다. 그들 사이에서, 그리고 그들이 계급의 적수를 상대할 때, 그들 모험심의 진정한 토대는 정의라는 개념이었다. 마찬가지로 해적행위 그 자체도 18세기 대서양 심해 항해 선원들의 문화와 사회의 "토대" 위에 세워진 하나의 "구조물"이었다.

5장 아메리카 혁명의 잡색 부대

선원들
노예들
군중들
반혁명
혁명의 벡터들

1765년 10월 곤봉과 커틀러스로 무장한 채 검게 칠한 얼굴에 가면을 쓴 선원 군중이 찰스턴의 부유한 상인 헨리 로런스의 처소를 찾았다. 80명에 달하는 강건한 무리가 술기운과 분노로 달아오른 채 최근 아메리카 식민지에서 조세 수입을 올리기 위해 의회에서 통과된 〈인지조례〉Stamp Act에 항의하기 위해 몰려들었다. 누구나 일상적인 거래를 하기 위해서는 어쩔 수 없이 살 수밖에 없는 인지가 붙은 종이를 로런스가 자기 집에 쌓아두고 있다는 소문을 접한 이들은 "자유, 자유 그리고 인지 증서!"를 외치면서 로런스에게 조례에 대한 항의로서 이 종이들을 파기할 수 있도록 모두 내놓으라고 요구했다. 로런스는, 나중에 설명하기를, 그들이 "큰 소리로 위협만 한 것이 아니라 이따금 꽤 무례한 행동을 하기도 했다."라며 놀란 심정을 늘어놓기도 했다. 결국 로런스에게 종이가 없다는 말을 납득한 사람들은 변장을 벗고 부둣가를 가로질러 연기 나는 선술집, 낡은 숙소, 축축한 선창 그리고 삐걱거리는 배로 흩어졌다.

그들의 항의는 효과를 발휘했다. 의회는 식민지의 저항에 놀라 곧 〈인지조례〉를 철회했다. 또한, 찰스턴에서는 1766년 1월에 또 다른 군중이 모여 자유를 외쳤다고, 그로부터 여러 일이 이어졌다. 이번 시위자들은 아프리카인 노예들이었고 그들의 행동은 더 큰 두려움과 "지역 전반에 커다란 문제"를 일으켰다. 무장한 순찰대가 거의 2주나 도시의 거리를 누볐지만, 소요는 계속되었다. 찰스턴의 항구는 배로 가득 차 있었기 때문에 선원들은 곧 "동요하고 더 흥분한 상태"가 되었고 로런스는 이를 두고 냉소적으로 "자유의 수호자들"이라고 불렀다. 사우스캐롤라이나의 총독 윌리엄 불은 1765년 말과 1766년 초의 사건을 회고하며 찰스턴의 혼란은 "무질서한 니그로들과 더 무질서한 선원"의 탓이라며 비난했다.[1]

로런스와 불은 당시 사람들이 "잡색 부대"라고 불렀던 혁명적 주체를 알아보았다. 잡색 부대의 역사는 아메리카 혁명에서 거의 논의되고 있지 않지만, 1710년대와 1720년대 해적행위에서부터 1730년대와 1740년대의 노예 반란 및 도시 폭동까지 뻗쳐 있다. 이러한 운동의 패배로 노예제와 해상 무역이 더욱 성장했다. 노예들이 농장의 면적을 확장했으며 선원들은 전에 없이 증가하는 함대와 상선의 인력을 메웠다. 영 제국은 1763년 7년 전쟁에서 프랑스를 물리치며 세계 최강의 자본주의 열강으로서의 위치를 확인했고 돈벌이가 될 식민 제국을 보호하고 확장하면서 북아메리카와 카리브해에서 나무를 베고 물을 끌어다 쓸 광대한 지역을 개척했다. 그러나 제국이 승리감에 젖어 있던 바로 그 순간에 노예와 선원 들은 새로운 반란의 순환을 시작하고 있었다.[2]

　　반란에서 폭동에 이르기까지 잡색 부대가 바다와 육지에서 보여준 작전행동은 1760년대와 1770년대 혁명의 중대 국면의 원동력이었다. 그들은 제국의 시민사회를 불안정하게 하고 아메리카가 세계 최초로 자유를 위한 근대적 식민지 독립전쟁으로 향하게 내몰았다. 아래로부터의 움직임에 활기를 돋고 이끌면서 잡색 부대는 당대의 사회적, 조직적, 지적 역사를 형성했다. 잡색 부대의 이야기가 보여주는 것은 아메리카 혁명의 발생, 과정, 결과, 영향이 모두 대서양 주변의 프롤레타리아 경험의 순환에 의존하고 있었기 때문에 아메리카 혁명은 엘리트적인 사건도 아니고 국가적national인 사건도 아니라는 점이다. 아메리카에서 혁명적 움직임을 겪어본 경험자들이 그들의 지식과 경험을 대서양 동쪽으로 옮겨감으로써 이러한 순환은 1780년대까지 계속되었다. 이들은 범아프리카주의를 창시하고 노예제 폐지론을 촉진했으며 영국과 광범위한 유럽 전역에 잠자고 있던 혁명적 사고와 행동의 전통을 부활하도록 도왔다. 이 잡색 부대는 최초의 영 제국을 분쇄하고 대서양 혁명 시대를 열도록 도왔다.

이 장에서 "잡색 부대"는 두 가지 의미로 나타난다. 첫 번째 의미는 조직된 노동자 무리로, 유사한 업무를 수행하거나, 하나의 목표에 기여하는 서로 다른 업무를 수행하는 사람들의 집합체를 나타낸다. 담배와 설탕 농장의 무리는 초기 아메리카에서 부의 축적에 필수적이었다. 마찬가지로 함선 회사에서 나온 무리나 배에 속한 사람들, 특히 범선 운용이나 상륙 공격 또는 나무와 물 채집과 같은 일시적 목적으로 모인 사람들도 필수적이었다. 이 무리는, 특히 채찍질 아래에서 함께 노동했기 때문에 어떻게 모이며 어떻게 단결하여 행동할지 아는 자들이었다. 이때 첫 번째 의미는 농장과 항해 노동에 대한 전문성을 의미한다. 18세기 대서양의 경제는 이와 같은 인간 협력의 단위체에 의존했다.

두 번째 의미는 18세기 항구 도시의 사회정치적 구조를 묘사한다. 이러한 의미에서 "잡색 부대"는 도시 군중이나 혁명적 민중과 밀접한 연관을 갖는다. 곧 우리가 보게 될 내용처럼 이들은 주로 여러 무리와 패거리들이 무장하여 응집한 집단으로 고유한 운동성을 가지고 있으면서 대개 위로부터의 통솔에는 독립성을 가진 자들이었다. 그들은 〈인지조례〉의 난국에서부터 "윌크스와 자유" 폭동 그리고 일련의 아메리카 혁명 봉기에서 원동력을 제공했다. 18세기 대서양의 반란은 이와 같은 더욱 광범위한 사회적 협력체에 의존했다.

이 무리를 잡색이라 말하는 이유는 이들이 다인종으로 구성되었기 때문이다. 이는 콜럼버스와 마젤란에서 시작된 대양 횡단 항해 이후 함선 승무원 영입에서 나타난 특징이었다. 노예선에서 노예를 가둘 때 언어와 민족을 의도적으로 뒤섞는 것에서, 이러한 다양성은 굴복에 관한 표현이 되지만, 다양한 민족과 문화가 범아프리카 정체성을 형성하고, 이후에는 아프리카계 아메리카의 정체성을 형성하게 되면서 굴복은 곧 능동적 작용을 통해 힘으로 변한다. 아프리카인 선원 올라우다 에퀴아노의 사례가 보여주듯이 "자유인으로 태어난 영국인"이라는 표현과 같은 "민족적" 지칭은 다른 민족에게도 일반화될 수 있는 말이었다.

이 장에서는 첫 번째(전문적technical) 의미로부터 어떻게 두 번째(정치적) 의미가 나타남으로써, 어떻게 협력이 확장되고, 활동 범위가 확대되며, 명령권이 감독자 또는 하급 관리로부터 집단으로 이전되었는지를 살펴볼 것이다. 우리는 항구 도시의 거리에서 보이는 잡색 부대의 행동을 통해 이러한 이행이 일어나는 모습을 볼 것이다. 선원들은 배에서 해변으로 자리를 옮긴 후 다양한 해안 공동체에 합류했다. 이들은 부두 일꾼과 짐꾼 그리고 일반 노동자들과 함께하거나, 자유를 찾는 노예와 정처 없는 시골뜨기 젊은이 그리고 여러 종류의 도망자들에 합류하기도 했다. 혁명적 가능성이 정점에 서면, 잡색 부대는 항구 도시의 "인민 봉기"와 아프리카계 아메리카인 노예의 저항 그리고 개척자에 맞선 인디언의 투쟁이 동시에 일어나거나 실제적인 협력 관계를 이루도록 할 수도 있다. 톰 페인은 바로 이런 조합을 두려워했으나 이러한 조합이 실현된 적은 없다. 반대로 혁명적 역동이 반전되어 테르미도르3로 치달으며 잡색 부대의 도망자, 표류 난민, 피난민 그리고 죄수들이 패배자의 인간적 형상을 나타내게 되면서 잡색 부대를 둘러싼 환경은 달라지게 되었다.

선원들

선원들은 반란 순환의 주동자였으며, 특히 북아메리카에서는 1765년과 1776년 사이 대영 제국에 맞선 운동에서 수많은 승리를 굳건히 할 수 있도록 도왔다. 그들은 1740년대에 시작된 강제징용에 대항하는 일련의 폭동을 이끌며 톰 페인(『상식』에서)과 토머스 제퍼슨(「독립선언문」에서)이 강제징용을 주된 불만 사항으로 기재하도록 했다. 항구에서 보여준 그들의 전투성은 대담한 주도성과 하나의 목적을 위한 협력을 결합하도록 하는 바다에서의 일상 노동 경험에서 나왔다. 선원들은 식량, 급여, 노동, 규율에서 집단적 투쟁을 이어갔고 독단적이고 과도한 권위에 맞서는 전투적 태도와 다른 이들의 불만에 관한 공감 그리고 자기방어를 위해 기꺼이 협력하는 태도를 항구로 들여왔다. 헨리 로런스가 발견했듯이 그들은 목적을 달성하기 위해 직접적인 행동을 취하는 데 두려움이 없었다. 선원들은 이처럼 우리가 "히드라국"hydrarchy이라고 부르는 전통으로 무장한 채 1760년대에 들어섰다. 그들은 혁명의 시대에 새로운 전술을 배우게 되지만, 또한 이미 알고 있는 방대한 지식으로 이 시대의 새로운 전술에 기여하기도 한다.[4]

선원들이 아는 지식에는 강제징용에 저항하는 방법도 있었다. 이 전통은 13세기 영국에서 생겨나 푸트니 논쟁과 영국 혁명을 거쳐 영국 해군이 확대되는 17세기 후반과 전에 없이 큰 전쟁 동원이 있었던 18세기까지 이어졌다. 약 25년의 평화가 지속된 후 영국은 1739년 스페인과의 전쟁을 선포했고 선원들은 모든 영국 항구에서 징용단에 맞서 싸우며 승리를 거두기도 했다. 안티과, 세인트키츠, 바베이도스, 자메이카, 뉴욕 그리고 뉴잉글랜드와 같은 아메리카의 항구에서도 주먹과 곤봉이 휘날렸다.[5] 피터 워렌 제독은 1745년 뉴잉글랜드의 선원들이 혁명적 유산으로 용기를 얻고 있다고 경고했다. 그는 선원들이 "영국 사람의 권리와 자유에 관한 고견을 가지고 있으며 실로 수평파와 다름없다."라고 기록하며 영국 혁명에서 가장 급진적인 집단 중 하나를 언급하기도 했다.[6]

1740년대에 선원들은, 징용단으로 선원들을 낚아채 가기 위해 해안으로 온 소형선에 불을 지르기 시작했다. 이렇게 전함과의 연락을 끊는 것으로 "모집"을 완전히 막을 수는 없지만, 어느 정도 어렵게 만들 수는 있었다. 1743년 찰스 노울스 함장은 카리브해에서 징용 중인 해군 선박에서 "소형선이 거리로 끌려와 불태워지고 선장들은 한 번에 50명이나 되는 무장한 사람들로부터 모욕을 당하여 우호적인 사람 집에 몸을 숨길 수밖에 없게 되었다."라고 기록했다. '펨브로크 프라이즈호'의 에이블 스미스 선장이 세인트키츠 근방에서 몇 사람을 징용한 후 선원 군중이 "거리로 나와 해군의 소형선을 탈취하고 끌어올렸으며 … 만약 선장이 징용해간 사람들을 돌려놓지 않으면 배를 불태우겠다고 위협했고 결국 그는 왕의 권위가 (특히, 국외에서) 크게 실추되더라도 어쩔 수 없이 소형선과 사람들의 목숨을 살리기 위해 그 말을 따를 수밖에 없었다." 영 제국의 재산과 권력에 대한 이러한 공격은 충분히 위협적이었고 1746년 영국군함 셜리호는 "징용을 했다는 이유로 시위대에 끌려가거나 … 목숨을 잃을까 봐 두려워 4개월 동안이나 감히 육지에 발을 딛지 못했다."[7]

강제징용에 맞서는 투쟁은 1747년에 창의적 전환을 맞이했다. 토머스 허친슨에 따르면 이 시기에는 "보스턴의 시내에서 전에 없던 규모로 소요"가 일어났다. 일부 뉴잉글랜드 출신이 섞여 있는 50명의 선원이 노울스 함장과 영국군함 라크호로부터 탈주하면서 처음 소동이 일어났다. 이에 대한 대응으로 노울스는 징용단을 보내 보스턴 부두를 휩쓸어버렸다. 300명의 선원 군중은 "수천 명으로" 불어났으며 라크호의 장교들을 인질로 잡았다. 또한, 부행정관을 구타하고 마을 비품 창고에 가둬 모욕을 주었고 지방 의회 회의소를 둘러싸 공격하기도 했으며 모든 항구에 정찰조를 세워두고 해군 장교들이 자신의 배로 도망치지 못하게 했다. 군중은 곧 매사추세츠 총독 윌리엄 셜리와 대면하며 1745년 징용단이 선원들에게 가했던 잔학한 폭력을 상기시키고 에든버러 도시 근위대의 지도자로 혐오의 대상이었으며 1736년 시위대의 일원을 살해한 후 붙잡혀서 "푯말 기둥에 목이 매달렸던" 존 프로테우스 선장의 본보기를 들어 그를 협박했다. 셜리 총독은 캐슬 윌리엄으로 서둘러 퇴각하고 거기서 폭동 기간 내내 머물렀다. 그동안 무장한 선원과 노동자들은 어느 지역 조선소에서 영국군함으로 건조 중이던 20문의 대포가 실린 함선을 불태우려고 하다가 다시 해군 바지선으로 보이는 배를 골라 시내로 끌고 와서 보스턴 커먼 공원에서 불을 질렀다. 노울스 제독은 그들의 불만을 다음과 같이 설명했다.

> 슈가 제도에서 징용에 맞서는 〔1746년의〕 법령은 모든 북부 식민지의 선원뿐만 아니라 해안에 사는 모든 이들의 마음에 왕의 군대에 대한 증오뿐만 아니라, 식민지에서도 남들과 다름없는 특권을 누릴 권리를 갖고 스스로 삶을 유지하며 살아가기를 주장하는 반란 정신까지 채워 넣었다.

선원들이 권리라는 이름으로 자유를 옹호하면서 새뮤얼 애덤스 주니어라는 이름의 젊은이도 이들에게 관심을 두게 되었다. "하류 인생의 본성"에 관해 잘 이해하고 있던 애덤스는 자신을 적대하는 자들이 "뱀과 같은 교활함"이라고 부르는 재능을 잘 활용했다. 그는 잡색 부대가 자신의 무리를 지키는 모습을 지켜보았고 곧 이들의 "반란 정신"을 정치적 담론으로 옮겼다. 애덤스는 "인간의 자연권이 지역에서 처음으로 군중의 행위를 정당화하는 데 활용되는" 새로운 "저항의 이데올로기"를 형성하는 데 노울스 봉기Knowles Riot을 활용했다. 애덤스는 군중이 "정부 자체를 대상으로 심판할 수 있는 인간의 기본권을 구현하는 모습"을 보았고 억압에 맞선 직접적인 폭력 행동을 정당화했다. 노예와 같은 굴종에 대한 잡색 부대의 저항은 혁명적 사고에서 하나의 돌파구를 마련했다.8

1747년 애덤스는 이처럼 "영국 사람의 권리"에서 더 넓고 보편적인 자연권과 인권이라는 고유어로 옮겨갔고 이러한 이동에 관한 그럴듯한 이유 중 하나는 군중의 구성이 그에게 준 가르침에서 찾을 수 있을 것이다. 애덤스는 딜레마를 마주하고 있었다. 아프리카인, 스코틀랜드인, 네덜란드인, 아일랜드인 그리고 영국인이 징용단과 싸우는 모습을 보고 어떻게 그들이 단순히 "영국 사람의 권리"를 위해 투쟁한다고 묘사할 수 있었겠는가? 어떻게 그가 1743년에 쓴 자신의 하버드 석사 학위 논문에 분명하게 나타난 로크의 전통적 사상을 1747년에 봉기를 이끌던 "외국인 선원, 노예, 흑인 그리고 다른 하잘것없고 천한 상황에 놓인 사람들"의 활동과 일치시킬 수 있었겠는가?9 반란 주체의 다양성이 그의 사고를 더 넓은 정당화로 향하게 했다. 18세기 동안 배에 탄 선원들은 뭍에 올라 "자유"를 찾는 "민중"으로 알려져 있었기 때문에, 애덤스는 봉기를 말 그대로 사람들이 자유를 위해 싸운 것으로 이해했을 것이다.10

1747년의 대대적인 움직임에 애덤스는 『자주적 선전자』라는 이름의 주간지를 펴냈다. 이 잡지는 짧지만 왕성한 활동으로 2년도 되지 않은 기간 동안 주목할 만하면서도 예언적이라고도 할 수 있을 다양한 급진 사상을 게시했다. 반란, 그리고 징용단에 맞선 저항에 관한 보고가 지면을 채웠다. 또한 이 잡지는 자기방어를 위한 자연권을 지지하며 평등의 사상과 실천을 강력하게 옹호했다. 또한, 뉴잉글랜드의 가난한 노동자를 지원하기 위해, 예를 들자면, 부의 축적에 대한 사람들의 감시를 요구하며 "〈토지법〉이나 그와 유사한 무엇"(개간파의 방식과 같은 토지 재분배)을 요구하기도 했다. 이 잡지는 "민중이 노예가 되는 이유는⋯ 스스로 가진 힘에 무지하기 때문"이라고 공표했다. 『자주적 선전자』에 등장한 내용 중 아마도 가장 중요한 사상 하나가 1748년에 나타났다. "모든 사람은 동등하게 태어났다. 동일한 자유의 몫을 가지고 거의 같은 능력을 부여받아 태어났다." 이러한 말은 거의 한 세기를 거슬러 올라간 영국 혁명과 수평파의 「국민협정」과도 닿아 있으며 동시에 1776년 「독립선언문」의 서두를 미리 구현하고 있다.[11]

1747년과 1776년 사이의 또 다른 연결점은 조녀선 메이휴가 1750년 초 보스턴에서 연설하고 출판한 설교문 『고위권력에 대한 무제한적 복종과 비저항에 관한 강론』에 나타났다. 이 저명한 성직자가 설교했던 시기는 폭동과 그 영향이 여전히 도시인들의 마음에 남아있었으며, 특히 그가 머물던 서교회[12]에 필요한 것을 조달해주던 무역업자와 뱃사람들의 뇌리에 더 강하게 남아있던 때였다. 1748년에 메이휴의 설교는 꽤 이단적이라는 인상이 있어서 이러한 설교를 들으러 다니던 폴 리비어라는 젊은이는 제멋대로 군다는 이유로 아버지에게 채찍을 맞을 정도였다. 1749년 초 메이휴는 징용을 합법화하는 것과 같은 악법을 어기는 것은 죄악이 되지 않는다고 말했고 일부 사람들은 그가 선동하는 말을 하기 시작했다고 보았다. 메이휴는 찰스 1세의 처형 기일인 1월 30일 설교에서 시해 재판관[13]을 옹호했는데, 그에게 이날은 애도의 날이 아닌 더는 노예가 되지 않으려는 영국인을 기억하는 날이었다. 이전에 살았던 애덤스처럼 그는 시민 불복종과 무력을 사용한 저항권을 모두 주장했다. 실제로 메이휴는 수동적인 비저항은 노예 상태와 마찬가지라고 주장했다. 혁명의 권리에 대한 메이휴의 영향력 있는 옹호는 봉기의 움직임과 함께 샘 애덤스와 『자주적 선전자』의 독자 간에 있었던 논의가 없었다면 이루어질 수 없었다.[14]

1747년의 사상과 실천은 선원Jack Tar들이 항구 도시의 거의 모든 폭동에 참여하던 1760년대에서 1770년대 동안 더욱 다듬어지고 확대되었고 특히 해군의 해산으로 수천 명이 일자리를 잃었던 7년 전쟁의 종식(1763) 이후에 이러한 경향은 더욱 강해졌다. 바다에 아직 남아있던 자들의 경우 해상 생활의 물질적 상황(식량, 임금, 규율)이 열악해지면서 다수의 탈영 사례가 발생했다. 해사법원은 테러로 대응했다. 1764년 존 에번스, 니콜라스 모리스, 존 터핀은 등에 70대의 채찍질을 당했고 브라이언트 디저스와 윌리엄 모리스는 교수형을 당했다. 알렉산더 콜빌 제독은 이러한 처벌이 탈주자들에게 "지금껏 부과된 형벌 중 내가 아는 한 가장 혹독한 경우"였다는 점을 인정했다. 이러한 바다의 끔찍한 규율로 다시 징용단이 활동을 재개했을 때 뭍에서의 필사적인 저항은 강렬했다.[15]

선원들은 다시 왕립 해군의 재산에 대한 공격을 재개했다. 그들은 징용된 사람을 재탈환하고 해군 선장이 공개적으로 사과하도록 했으며 시위에 가담한 자는 누구든 범죄자로 내몰려는 법원의 노력에 성공적으로 저항했다. 곧이어 메인Maine에 있는 카스코 베이의 또 다른 해양 노동자 군중이 징용선을 탈취해 "시내 한가운데로 끌고 가" 징용된 사람들을 풀어주지 않으면 불태워버리겠다고 협박했다.[16] 1765년 뉴포트에서는 한 선원과 젊은이 그리고 아프리카계 아메리카인으로 구성된 군중이 영국군함 메이드스톤호의 징용부속선을 탈취해 시내

중심지로 가져간 후 불을 질렀다. 1760년대에 세관에 대한 적대감이 불어나자 선원들은 세관 선박도 공격하기 시작했다. 토머스 허친슨은 1768년 보스턴에서 "세관원 소속의 소형선 한 척이 의기양양하게 시내 거리로 끌려 와 커먼 공원에서 불태워졌다."라고 기록했다. 선원들은 1765년 월밍턴과 노스캐롤라이나 그리고 네비스에서, 다시 1769년과 1772년에는 뉴포트에서, 1775년 뉴욕에서는 두 번이나 왕의 선박을 불태우겠다고 협박하거나 실제로 불을 질렀다. 이렇게 선원들은 국가 권력 중 가장 오래되고 강력한 부분을 뒤틀면서 지역 지도자들에게 징용 영장에 서명하지 말도록 경고했다.[17]

1760년대 후반 선원들은 임금과 노동시간에 관한 노동자의 봉기와 선거 정치에 대한 항의를 결합한 반란(왕과 의회에 맞선 전투를 벌인 저널리스트이자 지배계급 배반자인 존 윌크스를 지지한 런던의 군중이 일으킨 "윌크스와 자유" 봉기)에 참여함으로써 영국과 아메리카의 여러 운동들을 연결했다. 세계 최대의 항구인 런던의 선원들은 양측의 운동에서 주도적인 역할을 수행했으며 1768년에는 그들의 선박에서 돛을 내려struck 제국 주요 도시의 상업을 마비시키면서 저항의 무기고에 파업이라는 방법을 추가했다. 선원들의 파업은 이후 해상 임금투쟁의 빈도가 잦아졌듯이 대서양 양측에서 모두 상당한 빈도로 나타나게 된다. 특히, 1764년 영국 세관이 재조직된 이후 관리들이, 운송료 없이 각 함선의 숙소에 두고 들여와 개인적으로 이득을 챙기던 "투기물"이나 상품과 같은 선원들의 비화폐 임금을 빼앗기 시작하면서 이러한 증가는 더욱 두드러졌다.[18] 1768년 총파업을 주도하던 선원들은 히드라국의 전통에 따라 프롤레타리아의 자유사상을 진전시켰다. 한 작가는 봉기를 되돌아보며 다음과 같이 설명했다. "그들의 자유사상은 〔일부〕 불법적인 조합을 갖추기 시작했다." 이러한 조합은 "누구나 적대하는 머리 여럿 달린 괴물의 모습인데 이는 이 괴물로 인해 모든 사람의 재산이 위험에 처하기 때문이다. 아니 그보다는 이 악마를 그대로 둔다면 이 나라의 부강과 영광이 모두 위험에 처하게 될 것이 틀림없다."[19]

또한, 선원들은 1770년(스페인과의 전쟁 동안)과 1776년(아메리카 식민지와의 전쟁 동안이었는데, 이 전쟁의 취지에 공감하는 선원은 많지 않았다)에 런던의 거리에서 징용단과 전투를 벌이며 징용에 맞서는 투쟁을 계속했다. "노티커스"는 1770년대 초에 런던에서 선원과 해군의 충돌을 지켜봤고 『선원 권리 옹호』를 썼으며, 여기에서 그는 선원의 삶을 노예의 것과 비교하며 자기방어의 권리를 옹호했다. 그는 한 선원이 판사에게 "당신과 마찬가지로 자유롭게 태어난 내가 당신과 같은 비열한 자가 자신의 재산을 안전하게 누리도록 하는 사소한 이유로 나의 삶과 자유를 바쳐야만 하는가?"라고 묻는 장면을 상상하며 한 세기도 이전에 제기된 푸트니 논쟁을 반영했다. 샘 애덤스와 마찬가지로 노티커스도 영국 사람의 권리를 넘어섰으며 사유재산의 권리를 공동의 권리와 "죄 없는 백성의 자연권"에 맞붙였다. 1772년부터는 존 윌크스 역시 징용에 저항할 권리를 주장하기 시작했다.[20]

잡색 부대는 1760년대 중반 열정적인 괴짜 그랜빌 샤프를 움직이게 함으로써 런던의 노예제 폐지 움직임을 촉발했다. 그는 노예제가 맞이한 가장 비타협적인 적대자 중 한 명이 되었다. 결정적인 계기는 1765년 무명의 완고한 서기이자 음악가인 샤프가 런던의 한 병원 대기 줄에서 조너선 스트롱이라는 이름의 십 대를 만나면서 마련되었다. 그는 전에 바베이도스에서 노예로 지내다가 주인에게 얻어맞아 불구의 몸에 온몸이 부어오른 채 눈도 거의 보이지 않게 되었다. 샤프와 의사였던 그의 형제는 그의 건강을 회복시켰으나, 2년 후 그의 전 주인이 다시 그를 가두었다가 팔아버렸다. 이러한 비인간적인 처사를 막기 위해 아프리카인 선원 올라우다 에퀴아노는 샤프가 "자유롭게 태어난 영국사람"의 가장 강력한 유산인 헤비어스 코퍼스 영장[21]과 이에 관한 법을 공부하도록 했다. 이 법은 적법한 절차나 배심원단에 의한 재판이 없는 감금과 구속을 금지했으므로 징용과 노예제에 공히 도입될 수 있었기 때문이다. 샤프는 법이 사람을 가려서는 안 된다고 믿었고 1769년에는 "영국의 관습법과 관례는… 항상 인간의 자유와 해방을 순리로 따르고 있다."라는 결론을 내렸다. 그는 특히 부둣가 흑인 선원들의 투쟁에 감명받았고 헤비어스를 활용해 주로 징용단에 의해 다시 노예의 상태로 돌아가지 않도록 저항하며 투쟁했던 여러 사람을 옹호했다. 샤프는 1772년 노예소유주가 영국에서 인간 재산을 소유하고 착취하는 능력을 제한하고자 했던 제임스 서머싯의 법적 변호에서 오래도록 남은 승리를 거두었다.[22] 그러나 헤비어스 코퍼스는, 어느 정도 반대가 없었던 것은 아니지만, 1777년에 결국 정지되었다. 그동안 경찰 치안판사 존 필딩은 대도시에서 남부 농장의 악명 높은 노예 "순찰단"과 유사한 역할을 하는 "보우 스트리트 러너즈"를 창립했다. 그는 런던의 잡색 부대를 면밀히 주시하며 이들이 서쪽의 카리브해 반란들의 순환을 거쳐 돌아오는 과정을 관찰했다.[23]

1775년 선원과 부두 프롤레타리아들은 3천 명의 남녀와 어린이들이 임금 삭감에 항의하기 위해 리버풀에 모여 파업에 돌입하는 과정에서 다른 각도로 노예제를 공격했다. 당국이 군중을 향해 발포하여 몇 명을 사살하면서 파업은 대담한 폭동으로 폭발했다. 선원들은 "붉은 깃발을 내걸고" 배에서 대포를 가져와 도시 한가운데 두고 상업거래소를 포격해서 "근처에 온전한 유리창 하나 없도록" 했다. 또한, 그들은 몇몇 부유한 노예무역상의 재산을 때려 부수기도 했다. 리버풀

"해먹을 든 선원" (국립 해양박물관)

의 분쟁을 바라본 한 목격자는 "나는 보스턴의 일이 여기서 다시 벌어지고 있다고 생각할 수밖에 없었고 이것이 단지 우리 슬픔의 시작에 불과하다는 사실에 두려웠다."라고 기록했다.[24]

아메리카 혁명의 전야에 영국 항구에서 "선동의 중심지" 보스턴이 등장한 사실에는 말 그대로의 진실이 들어 있다. 익명의 목격자는 다인종의 아메리카 선원들이 1768년 런던에서 일어난 "최근 소요에서 가장 능동적으로 활동한 자들이었다."라고 언급했다. 그들은 "천박한 잡종"에 "아시아 혼혈이 섞인 자메이카의 직계 자손 또는 아프리카 흑인"이었다. 이러한 선원들이 1768년 강 위에서의 파업 동안 "윌크스가 없으면 왕도 없다!"를 외쳤을 때 그들은 자신의 행동을 대양 전체에 알리는 자주 혁명의 정신을 내비쳤다. "화가 잭"으로 더 잘 알려진 제임스 애잇큰이라는 이름의 탈주 계약하인은 보스턴 차 사건에 가담했다가 영국으로 돌아와 1775년 해군 함선과 조선소를 대상으로 혁명적 방화를 일으켰고 이로 인해 붙잡혀 교수형에 처해졌다. 선원과 다른 노련한 뱃사람들의 이동성은 대립의 경험과 사상을 빠르게 전파할 수 있도록 했다. 아메리카의 〈자유의 아들들〉의 장인匠人과 신사들은 그들의 투쟁을 단지 "자유와 폭정 사이에 일어나는 세계적 투쟁의 한 일화"로만 보았지만, 폭정이든 세계든 모두에 관해 훨씬 폭넓은 경험을 가진 선원들은 자신의 투쟁을 노예제와 자유 사이에 있었던 기나긴 투쟁의 일환으로 보았다.[25]

노예들

노예제에 맞서는 새로운 투쟁의 물결은 1760년 자메이카에서 택키Tacky의 반란으로부터 시작되었다. 설탕 농장주이며 역사가인 에드워드 롱에 따르면 이 반란은 "서인도에서 지금껏 알려진 것 중 가장 무서운 기세"였다. 반란은 의미심장하게도 부활절에 세인트메리 교구에서 시작되어 사탕수수에 붙은 불처럼 번져 섬 전체에서 수천 명이 참여했다. 반란자들은 기독교 영성에 따라 움직인 것이 아니라(자메이카 침례교와 감리교는 후에 생겨나고 1754년에 설립된 모라비아 선교회의 규모는 아직 작았다) 신비스러운 아칸족 종교에 따라 움직였다. 이 종교는 1696년 이후 금지되었지만, 여전히 영혼 홀림과 초자연적 힘으로의 접근 그리고 죽은 자의 생환을 역설하고 있었다. 의식을 거행하는 자 또는 오비아맨26은 연대를 나타내기 위해 머리를 밀었던 사유 투사들에게 불멸의 힘을 부여했다.27 그들은 요새와 무기를 탈취하고 공장을 파괴할 생각을 갖고 있었다. 지도자 중 한 명인 아퐁가(일명 웨이저)는 영국군함 웨이저호에 선원으로 탔던 적이 있었고 1745년 보스턴에서 있었던 징용단과 선원 군중의 전투를 목격했을지도 모른다. 킹스턴에서는 여성 노예인 쿠바Cubah가 여왕이라는 칭호를 얻었다. 주동자였던 "택키"(이는 아칸어로 "추장"을 의미한다)는 손으로 총알을 낚아채 다시 농장주들에게 던져버렸다고 전해진다. 반란은 스카츠홀의 마룬28을 포함한 육지와 해상의 병력이 그들과 맞설 때까지 몇 달 동안 격렬하게 계속되었다. 택키는 붙잡혀 참수되었으며 그의 머리는 스패니시타운의 한 기둥에 걸렸다. 그의 머리는 한밤중에 다시 누군가에 의해 탈환되었고 이를 두고 에드워드 롱은 "겁을 주기 위한 이런 조처는 그 효과가 의심스럽다는 점이 드러났다."라고 인정했다. 게릴라전은 1년 동안 지속했다. 노예 반란에서 전에 보지 못한 엄청난 살육이 있었다. 전투 중에 백인 60명이 살해되었고 500명의 노예는 살해되거나 목적을 이룰 수 없게 되었다고 느껴 자살했고, 그도 아니라면 처형되었다. 이러한 테러와 함께 집회에 대한 더 엄격한 통제를 위한 법안과 치안, 자유인 흑인의 등록, 모든 행정 교구의 영속적인 요새화 그리고 주술행위를 하는 이에게 사형집행이 따라왔다.[29]

자메이카에 다시 질서가 수립되었지만, 반란이 일어났을 때 자메이카에 있다가 진압을 돕기 위해 급히 지역 시민군에 무리 지어 들어가게 되었던 상선 선원들은 분명히 이 과정에 거의 도움을 주지 않았다. 토머스 티슬우드는 선원들이 한 농장에서 다른 농장으로 이동하면 공포에 질린 설탕 농장주의 그로그주와 은제 식기가 함께 사라졌다고 설명했다. 에드워드 롱은 반란이 한창인 시기에 붙잡힌 노예 반란 지도자가 유대인 시민방위군에게 다음과 같이 말했다고 주장했다. "선원들에 관해 말해보자면 당신도 그들이 우리에게 적대적이지 않다는 점을 알 것이다. 그들은 누가 나라를 장악하든 괘념치 않는다. 흑인이든 백인이든 그들에게는 별반 차이가 없다." 반란 지도자는 혁명이 끝나면 선원들이 "바다의 저 반대편에서 물건들을 가져올 것이며 그 대가로 우리 물건을 받아 가며 기뻐할 것"이라고 확신했다.[30]

1747년 노울스의 폭동에서처럼 택키의 반란도 제라드 윈스탠리와 영국 혁명에서부터 뻗어 나온 혁명적 사상의 전통을 되살렸고 동시에 여기에 기여했다. 1760년 반란이 일어나고 아직 진압되지 않았던 시기에 J. 필모어J. Philmore [31]라고만 알려진 작가는 「인간 상거래에 관한 두 가지 대화」라는 제목의 소책자를 썼다. 자신을 영국 시민 이상의 "세계 시민"으로 보는 필모어는 "모든 인간은 본래부터 평등"하며 결코 한 사람이 다른 이의 재산이 될 수는 없다고 주장했다. 그는 기독교 영성의 세속적 우월성을 부정했으며 노예무역을 조직적 살인으로 보았다. 필모어가 부두에 자주 나가며 일했던 것으로 보아 아마도 그는 상선 선원들을 통해 택키의 반란에 관해 알게 되었을 것이다. 그가 노예무역에 관해 아는 내용 대부분이 "몇몇 선원의 입에서 나온" 지식이

었다.[32]

필모어는 "그들이 처한 비참한 노예의 삶으로부터 그들 자신을 구원하려는" 택키와 그의 반란 동지들의 노력을 지지했다. 그의 주된 결론은 명확했고 솔직했으며 혁명적이었다.

이제 부당한 힘으로 자유를 박탈당하고 노예의 삶을 살게 된 우리 농장의 모든 흑인은 이 땅에서 아무 호소할 곳이 없기에 힘으로 힘을 쫓아버리고 자유를 수복하며 압제자를 물리치는 것이 합당하다. 그뿐 아니라 흑인만이 아닌 백인들까지 포함한 다른 이들 역시 가능하다면 그들 스스로 노예의 삶에서 해방하고자 하는 시도에서 이 비참한 존재를 돕고 잔인한 폭군의 손에서 그들을 구하는 것이 본분이라고 할 수 있다.

필모어는 이처럼 자유를 안고 태어난 사람들이 혁명적인 자기방어에 참여하는 것을 지지하였으며 만약 필요하다면 무력을 써서라도 즉각적인 해방을 이루어야 하며 모든 선한 자들이 공히 행동해야 한다고 요구했다. 비록 필모어의 사상이 평화주의자 퀘이커교도가 몸서리칠 만한 내용이기는 했으나(앤서니 베네젯은 필모어를 따랐으나, 힘으로 힘을 쫓아버린다는 그의 주장은 조심스럽게 삭제했다), 그런데도 그의 사상은 광범위한 영향을 미쳤다. 그는 "모든 시민 사회에서 지고의 힘을 갖는 이 땅의 법조차도 사물의 천성을 바꾸지 못하며 세상의 지고한 입법자이며 통치자인 하나님의 법을 거스르는 것을 적법하게 만들지는 못한다."라고 기록했다. 그의 "상위법" 이론은 다음 세기를 거치며 노예제에 맞선 대서양 횡단 투쟁의 중심이 되었다. "인류 전체"에 관한 포괄적이고 평등주의적인 그의 사상은 반란 노예의 대규모 움직

임을 반영하고 있었다.[33]

택키의 반란은 노예제 폐지론자의 사상이 이전에 샘 애덤스가 징용에 반대하는 방법을 배웠던 바로 그 항구에서 또 다른 돌파구를 찾도록 도왔다. 1761년 제임스 오티스 주니어는 영국 당국이 뉴잉글랜드와 프랑스령 서인도 제도 사이에 이루어지는 무역을 침범하도록 허용한 수색 조력 영장[34]에 반대하는 연설을 하면서 공식적으로 다루는 주제를 넘어서 "흑인의 권리를 주장"하기에 이르렀다. 오티스는 택키의 반란 직후 좌중을 흥분시킬 만한 연설을 전했고 보스턴의 신문들은 이에 관한 일련의 기사로 뒤덮였다. 후에 존 애덤스는 오티스는 그날에 "불꽃"이었으며 이사야와 에스겔의 권위를 가진 선지자였다고 회상했다. 그는 "자연 상태에서 인권에 관한 논문"을 제시했고 여기에는 인간을 "그 어떤 법에도 종속되지 않으며 오직 마음에 새겨진 법" 또는 양심에 맡겨진 법만을 따르는 "독립적인 주권자"로 보는 율법폐기론의 내용이 담겨있었다. 필라델피아의 그 어떤 퀘이커 교도도 "흑인의 권리를 이보다 더 강한 어조로 주장"한 적은 없었다. 오티스는 즉각적인 해방을 요구했고 이를 성취하기 위한 무력의 사용을 옹호해서 신중을 기하고 있던 애덤스를 전율하게 했다. 오티스가 『영국 식민지의 권리 주장과 증명』(1764)을 출판했을 때 그는 모든 사람은 "백인이든 흑인이든 자연의 법칙에 따라 자유롭게 태어났다."라고 주장하면서 "자유롭게 태어난 영국사람"이라는 말의 의미를 더 넓히고 탈인종화했다.[35] 오티스가 실제로 필모어의 소책자를 읽었든지, 아니면 단순히 택키의 반란에서 유사한 결론을 끌어냈든지 간에 폐지론자의 사상은 이제 결코 이전과 같지 않을 것이었다. 오티스는 1640년대의 마사니엘로[36]와 일부 비견되면서 "정부의 벽을 허물고 반란의 히드라를 들여온 최초의 인물"이 되었다.[37]

택키의 반란은 노예 저항에서 새로운 국면을 열었다. 주요한 모반과 반란이 버뮤다와 네비스(1761), 수리남(1762, 1763, 1768~1772), 자메이카(1776), 영국령 온두라스(1765, 1768, 1773), 그레나다(1765), 몬세라트(1768), 세인트빈센트(1769~1773), 토바고(1770, 1771, 1774), 세인트크로이와 세인트토머스(1770과 그 이후), 세인트키츠(1778)에서 일어났다. 택키의 반란에 참여한 경험자들은 1765년과 1766년 자메이카에서 있었던 세 번의 또 다른 반란뿐만 아니라 영국령 온두라스의 봉기(여기에서 500명의 반란자가 추방되었다)에도 참여했다.[38]

북아메리카 대륙에서는 제국과 식민지의 지배계급 사이의 분열로 노예들이 새로운 기회를 잡게 되면서 1765년 이후 반란의 반향은 더욱 거세졌다. 도망치는 이들의 비율이 늘어나면서 도처의 노예소유자들이 경계하게 되었고 1770년대 중반 즈음에는 노예의 모반과 반란이 빈발하며 백인들의 두려움이 급격히 높아졌다. 노예들은 1767년 버지니아 알렉산드리아, 1772년 뉴저지 퍼스 앰보이, 1774년 사우스캐롤라이나 세인트앤드류스 교구와 보스턴에서 봉기를 조직했다. 이후 1775년에는 뉴욕 얼스터 카운티, 메릴랜드 도체스터 카운티, 버지니아 노퍽, 사우스캐롤라이나 찰스턴 그리고 노스캐롤라이나의 타르강 일대에서 반란을 일으키기도 했다. 이 중 마지막에 언급된 반란에서는 메릭이라는 이름의 노예가 한 백인 뱃사람과 함께 음모를 꾸몄고 무기를 조달하여 소기의 반란을 달성하기도 했다.[39]

노예 저항은 아프리카 기독교 영성의 발달과 밀접하게 연관되어 있다. 1776년 봄에 사우스캐롤라이나의 세인트바쏠로뮤 교구에서는 한 반란 모의로 백인 주민들이 겁에 질리기도 했다. 이 모의의 지도자는 흑인 전도사들이었으며 두 여성 선지자도 여기에 포함되었다. 조지라는 이름의 목사는 영국의 "젊은 왕이 … 이제 막 세상을 바꾸고 흑인을 해방하려고 한다."라고 주장했다. 더 남쪽으로 내려간 조지아의 서배너에서는 전도사 데이비드가 출애굽기를 바탕으로 "하나님께서 이집트의 속박에서 이스라엘의 자식을 해방했듯이 노예주인의 권력에서 흑인을 해방하실 것이다."라는 연설을 했다가 거의 교수형에 처해질 뻔하기도 했다. 한편 1760년대에는 모시스 윌킨슨과 보스턴 킹(감리교)뿐만 아니라 조지 리엘리과 데이비드 조지(침례교)를 포함한 새로운 세대의 복음주의 지도자들이 출현했다. 버지니아 출신 노예로 조지아에서 최초의 침례교 교회를 설립했던 리엘리는 영국에 의해 자메이카 킹스턴으로 추방당했고 거기에서 또 다른 교회를 세웠다.[40]

혁명적 사상은 급속하게 항구 도시들에서 퍼져갔다. 탈주 노예와 유색 자유인들은 피난처와 화폐 임금을 찾아 항구로 떼 지어 모였고 노동자와 선원으로 할 일을 구했다. 또한, 노예들은 바다 지역에서 일하기도 했는데, 일부는 선장을 주인으로 두기도 했고 또 다른 이들은 항해 때마다 세를 내고 배를 빌리는 형태를 취하기도 했다. 18세기 중반 찰스턴의 바다와 강의 왕래에서 노예의 역할은 큰 부분을 차지했으며 도시의 성인 남성 노예 중 20퍼센트가 여기에서 일하고 있었다. 찰스턴에서 "뱃일하는 흑인들"의 자립성은 도시 지배자들의 오랜 걱정거리였고 특히 1775년 수로 안내인인 토머스 예레미야에게 씌운 혐의에서처럼 그들이 전복적 행위를 하려고 할 때 이러한 걱정은 더욱 커졌다. 예레미야는 "불쌍한 흑인을 도울" 제국 전쟁을 기다리며 총기를 비축했다는 이유로 체포되었다. 아마도 선원이었을 "두세 명의 백인들" 역시 체포되었다가 증거불충분으로 석방되었으며 결국은 그 지방에서 추방되었다. 흑인 안내인들은 "백인의 통제에 특히 저항적인 반란의 무리였다."[41]

노예 저항의 정치적 효과는 모순적이었다. 한편에서는 공포와 억압(경찰과 순찰대)에 기름을 부었지만, 또 다른 한편에서는 노예제에 대한 새로운 대항을 낳았다. 이는 특히 폐지론 운동의 발달에서 새로운 단계를 이루었던 아메리카 혁명으로 이어지는 시기에 두드러졌다. 미국의 뛰어난 퀘이커 폐지론자인 베네젯은 전 세계의 노예 봉기를 연대기로 정리했고 지치지 않고 그들의 소식을 서신과 소책자 그리고 책을 통해 전파했다. 아래로부터의 저항과 함께한 그의 업적은 1767년 매사추세츠와 1774년 로드아일랜드, 델라웨어, 코네티컷, 펜실베이니아 그리고 대륙회의에서 노예무역에 대한 새로운 공격을 이끌었다. 아메리카 최초의 공식적 반노예제 조직은 1775년 필라델피아에서 창립했다.[42]

혁명에서 가장 인기 있는 소책자의 저자 두 명이 1770년대 노예의 투쟁 정신에 감명받고 그들이 가지고 있던 인간의 자유라는 더 큰 논의를 바탕으로 노예제를 공격했다. 런던의 스피탈필즈 비단 직조공의 봉기, 재판, 교수형 그리고 이산離散을 목격한 침례교 목사 존 앨런은 1773년 선원의 손에 밀수감시정 가스피호가 불탄 후 「자유의 아름다움에 관한 연설」을 작성했다(또한 이후 출판하기도 했다). 앨런은 "만인이 이룬 커다란 무리"에게 자신의 소책자 네 번째 판형을 낭독하면서 노예제를 비난했으며, 특히 최근 노예의 잦은 반란에서 "너무나 여러 차례 피의 물결을 쏟아지고 있다."고 강조했다. 공정한 글과 자유에 대한 열망을 가졌던 또 다른 사람 토머스 페인은 1774년 아메리카에 도착한 직후 노예제에 반하는 글을 썼다. 그는 자기 해방에 관한 필모어의 주장을 감쇄된 방식으로 반복했다. "진정한 소유자라면 누군가 훔쳐 가 팔아버린 자신의 물건을 되찾을 권리가 있듯이 자기 자유의 마땅한 소유자인 노예 역시 마찬가지로 이 권리가 이미 팔렸다고 한들 되찾을 권리가 있다." 페인은 아프리카계 아메리카인의 저항에 약진이 있음을 인식하고 있다는 점을 표현하면서 노예들을 "현재로서 위험한" 이들로 표현했다. 1765년부터 1776년 사이 아프리카계 아메리카인 노예의 투쟁은 혁명으로 이어지기까지의 시간에 모든 영국 식민지에서 위기감과 동요를 고조시켰다. 그들은 침례교도인 앨런과 반쯤 퀘이커교도인 페인에게, 이전의 혁명적 시기의 유산인 반율법주의적 노예제 폐지론을 일깨워주었다.[43]

군중들

선원과 노예들의 반란 궤도는 북아메리카 식민지에서 혁명적 위기를 낳은 수천 남녀의 시끌벅적한 무리가 이룬 항구의 군중 사이에서 교차했다. 선원과 노예들은 당국이 이들의 회합을 범죄로 규정하고 방지하려고 노력했음에도 필라델피아 헬타운과 여러 지역의 술집과 지하무도장 그리고 "무질서한 업소"에서 우애를 다졌다.[44] 그들은 1740년대 이후 보스턴 북부와 남부의 시위대로 모이곤 했다. 실제로 혁명이 약동하던 아메리카에서 군중을 이르는 말로 가장 많이 쓰인 단 하나의 말은 "어중이떠중이 선원과 흑인들"이었을 것이다. 더욱이 온건한 애국 운동 지도자의 계획된 목적을 다수가 뛰어넘고자 할 때 가장 앞을 이끄는 자들은 대부분 선원이거나, 때로는 노예였다. 잡색 부대는 〈인지조례〉(1765), 〈병영법〉[45](1765, 1774), 〈타운센드 세입법〉(1767), 영국 세관의 권력 증가(1764~1774), 〈차법〉[46](1773) 그리고 〈불관용법〉[47](1774)에 맞선 항의의 중심에 있었고 따라서 혁명적 불협 그 자체였다고 할 수 있다.[48]

다인종 군중은 혁명 운동의 여러 승리를 도왔다. 1765년 "500명 이상의 선원과 풋내기 그리고 흑인들"이 로드아일랜드 뉴포트에서 징용에 대항하여 폭동을 일으켰고 1767년에는 "무장한 백인과 흑인"이 노퍽의 징용 폭동에서 예레미야 모건 선장을 공격했다. 1768년 보스턴에서는 "건장한 풋내기와 흑인"으로 이루어진 선원 군중이 리버티호 폭동을 일으켰다. 제시 레미쉬는 1763년 이후 "백인과 흑인의 무장 시위가 반복해서 선장, 장교 그리고 군인들을 거칠게 다루며 그들의 생명을 위협했고 징용된 사람들과 맞바꿀 인질로 삼기도 했다."라고 기록했다. 뉴욕의 캐드워더 콜든과 같은 당국자들은 왕립 시설은 "흑인이나 폭도를 막아내기 충분한" 요새가 되어야 한다는 점을 알고 있었다.[49]

왜 아프리카계 아메리카인들은 징용단과 싸웠을까? 일부는 아마도 징용을 사망 선고라고 생각했고 해군 소속 사람들을 황폐하게 하던 질병과 처벌을 피하고자 했을 것이다. 또 다른 이들은 가족의 유대 또는 스스로 쟁취한 자유를 일정 부분 지켜내기 위해 반징용 군중에 합류했을 것이다. 많은 이들은 어쩌면 대서양 전역의 모든 부두와 항구에서 선원들이 징용이 명백하고 단순한 노예제일 뿐이라고 비난하던 말과 투쟁의 원리에 이끌려 싸우게 되었을 것이다. 마이클 코벳과 몇몇 그의 동료 선원들은 1769년 보스턴의 항구에서 전함에 강제로 승선되는 과정에서 맞서 싸우며 "노예처럼 사는 삶을 사느니 죽음을 택하겠다."라고 외쳤다. 존 앨런은 수많은 선원이 행동으로 표현하고 샘 애덤스가 수년 전에 글로 쓰기도 했던 바를 다시 되풀이해서 말했다. 민중은 "하나님의 법과 자연의 법 그리고 나라의 법으로 저항할 권리를 가지며, 그 대상이 어떤 군사 또는 해상의 세력이라고 할지라도 저항할 수 있다." 앨런은 이후 여러 노예화 유형을 하나씩 비교했다. 그는 징용단에 관해 "우리가 아프리카 해안의 노예사냥꾼을 경멸하듯이 앞으로는 이들을 가장 가증스러운 경멸의 대상으로 삼아야 한

다."라고 주장했다. 바다의 소금이 반노예제 움직임의 조미료였다.[50]

잡색 부대는 폭넓은 구성의 민중을 〈인지조례〉에 맞선 저항으로 이끌었다. 이 법은 여러 상품의 판매와 사용에서 인지를 붙이도록 요구함으로써 식민지에 세금을 부과했다. 이 조례는 모든 계급의 사람에게 영향을 미쳤기 때문에 모두가 이 저항에 참여했으나 선원들의 경우 그 지도력과 기백으로 인해 이 시기를 관찰했던 여러 사람의 눈에 두드러졌다. 인지증서의 사용(과 세금 납부) 거부로 상거래가 둔화하였고 이는 임금도 받지 못하고 뭍에 쫓겨나와 빈둥거리는 선원들이 모든 항구에서 폭력 세력이 된다는 의미였다. 모든 왕실 관리라면 누구나 "생계 자체를 무역에 의존하기에 이 시국에 가장 위험한 사람이 될 수 있었던 선원이 들어올 때마다 힘을 키우며 모이던 … 군중들"의 힘을 본 뉴욕 세관의 말에 공감하였을 것이다. 피터 올리버는 〈인지조례〉 반란 이후 "히드라가 깨어났다. 모든 갈래의 아가리에서 대영 제국과 징용을 향한 저주를 뿜어냈으며, 언론은 노예제에 대항하는 변화의 소리를 내고 있다."라는 점에 주목했다.[51]

보스턴의 군중은 분노에 찬 행동으로 1765년 8월 14일 인지 배급업자 앤드루 올리버의 재산을 공격했고 12일 후에는 더욱더 맹렬한 격노를 토머스 허친슨의 집과 정성 들여 꾸며놓은 소유물로 돌려 퍼부었다. 허친슨은 군중을 향해 "왜 마사니엘로가 이렇게 많으냐!"고 소리쳤다. 이렇게 모인 무리를 싫어했던 다른 이들은 후에 그들의 지도자인 에버네저 매킨토시를 따로 골라 나폴리의 신발 없는 어부의 화신[52]이라고 말하기도 했다. 선원들은 곧 보스턴 소요에서의 소식과 경험을 뉴포트로 전했고 거기서 독립반대론자 토머스 모팻과 마틴 하워드 주니어는 8월 28일에 허친슨과 똑같은 운명을 겪었다. 상업경제가 선원과 부두 노동자들의 노동에 의존하던 뉴포트에서는 아마도 선원이었으며 한 소문에 따르면 "도망친 범죄자"라고도 알려진 존 웨버가 〈인지조례〉에 대한 저항을 이끌었다. "〈넵튠의 아들들〉"로 알려진 선원 무리는 뉴욕의 왕립 요새인 포트 조지에 대한 공격에서 3천 명의 폭도를 이끌었다. 그들은 1741년 반란의 본보기를 따라 요새를 불태워 없애버리려고 했다. 노스캐롤라이나 윌밍턴에서는 "선원 등으로 이루어진 성난 군중"이 인지 배포업자들에게 일을 포기하도록 강요했다. 또한, 선원들은 안티과와 세인트키츠 그리고 네비스에서 "젊은 사자처럼 행동하며" 〈인지조례〉에 맞서는 대규모 움직임을 이끌었다. 군중의 움직임은 1760년대 후반과 1770년대 초반의 타운센드 세입법과 영국 세관의 권력 수복에 대한 저항으로 이어졌다. 선원들이 정의를 보여주는 방식의 하나로, 해상 풍습에 따라 영국 관리를 붙잡아 타르 칠을 하고 새털을 붙여 놓고 겁을 주는 방식이 생겨났다. "왕의 관리들은 나날이 겁을 먹고 일상에서 본분을 다하는 데에서도 더 두려워하게 되었다."는 토머스 게이지의 발언 뒤에는 타르 통에서 솔이 덜그럭거리는 소리가 메아리치고 있었다.53

1772년 뉴포트에서 세관의 스쿠너급 함선 가스피호를 불태운 일은 혁명 운동의 또 다른 결정적 순간이었다. "무법자 선원들"은 뉴포트와 여러 장소에서 세관원에 대한 직접적인 행동을 취해왔다. 가스피호가 좌초되자 60명에서 70명에 달하는 사람들이 세 척의 긴 소형선을 타고 떼 지어 이동해 배에 올라탔고 경멸의 대상인 부관 윌리엄 더딩스턴을 사로잡았으며 그와 그의 승무원들을 육지로 끌고 간 뒤 배에 불을 질렀다. 이들은 "왕에게 전쟁을 행하는 대역죄"의 혐의를 받았다. 오래전부터 선원이 왕의 배를 태우는 행위는 이 같은 의미를 담고 있었다. 가스피호 사건에는 상인과 농부 그리고 장인들도 연루되어 있었지만, 선원들이 단연 주동자 역할을 했다. 1741년 뉴욕 반란자의 재판을 주재했고 당시 가스피호 사건 조사를 위한 왕립위원회의 위원장을 맡은 대니얼 호스맨던 역시 같은 결론을 내렸다. 그는 이번 사건 행위가 "몇몇 대담하고 뻔뻔하며 성급하고 모험적인 선원에 의한 행동"이라고 기록했다. 호스맨던은 다른 누군가 이들을 조직했는지 아니면 단지 이 바다 사나이들이 "단합해서" 저지른 일인지 알지 못했다.[54]

선원들은 뉴욕시의 골든힐과 나쏘스트리트 폭동 그리고 보스턴 대학살로 기억되는 킹스트리트 폭동도 이끌었다. 두 항구 모두에서 선원과 다른 해상 노동자들은 보통 부둣가에서 통용되던 통상 임금보다 적은 임금으로 일하던 영국 군인을 원망했다. 또한, 그들은 뉴욕에서 군인들이 (한 배의 돛대인) 58피트 길이에 달하는 자유의 기둥을 공격한 데에도 불만을 가졌다. 폭동과 거리 투쟁이 계속되었다. 토머스 허친슨과 존 애덤스는 뉴욕과 보스턴의 사건들이 연결되었다고 믿었으며 어쩌면 양측 모두에 참여한 자들에 의해 그 연결이 생겼다고 생각했다. 재판에서 토머스 프레스턴 선장과 그의 병사들을 변호했던 애덤스는 "섬뜩했던 3월 5일"에 킹스트리트에 모였던 군중은 단지 "잡색 어중이떠중이 건달, 흑인, 잡종, 아일랜드놈 그리고 뭍에 속하지 않은 선원들"일 뿐이라고 했다. 그들의 주동자는 아프리카계 아메리카인과 아메리카 선주민 사이에서 태어나 바하마 제도 프로비던스의 작고 자유로운 흑인 공동체에 살던 탈주 노예 크리스퍼스 애턱스였다. 선원들은 토머스 램이 뉴욕에서 "우리는 완벽한 희년禧年을 맞고 있다!"고 공언한 후 몇 차례 차 사건에 직접 행동으로 참여하기도 했다.[55]

1775년 여름 즈음에 선원과 노예들은 피터 티머시가 묘사했던 열광이 형성되도록 도왔다. "전쟁과 평화에 관해서 내가 당신에게 말할 수 있는 유일한 사실은 평민들은 여전히 전쟁을 원하고 있으나, 귀족들은 완전히 평화를 바라고 있다는 점이다." 10년 동안의 반란이라는 직접 행동은 식민지를 혁명의 벼랑 끝으로 몰고 갔다. 이미 1765년 〈인지조례〉 저항에서 토머스 게이지 장군은 군중 행위의 위협을 인지했다. "이 반란은 사략선 선장을 필두로 한 상당한 인원의 선원으로 구성되었고" 그 주변 영역에서 온 이들까지 전체로 본다면 "족히 수천은 되었다." 1776년 후반 영국 육군의 베링턴 경은 북아메리카 식민지 정부가 "충분한 방어력이 없기 때문에 지난여름의 반란으로 전복된 것"이라고 주장했다. 선원, 인부, 노예 그리고 다른 가난한 노동자들은 1765년 이후 영국 정책을 공격하기 위한 불꽃, 폭발성, 운동성 그리고 지속하는 전투성의 많은 부분을 제공했다. 혁명전쟁 동안 그들은 영국파를 애먹이고 그들의 정치적 영향력을 둔화시킨 군중에 섞여들었다.[56]

이처럼 잡색 부대는 아래로부터의 혁명이라는 초상을 제공했고 영국파와 온건한 애국자 모두를 두렵게 했다. 폴 리비어는 보스턴 대학살을 주제로 한 유명하면서도 왜곡된 판화 작품에서 군중들 사이에 검은 얼굴을 빼버리고 신사들을 너무 많이 집어넣음으로써 "잡색 어중이떠중이"를 더 그럴싸한 모양새로 그리려고 노력했다. 사우스캐롤라이나 '안전 위원회'는 1775년 12월에 "무장한 백인과 흑인"으로 구성된 선원들의 공격에 씁쓸한 불평을 토로했다.[57] 엘리트 식민지인들은 이들 군중을 "여러 머리를 가진 괴물"에 "파충류"이며 "여러 머리의 권력"을 지닌 "히드라"로 불렀다. 여러 머리는 조셉 찰머스가 다음과 같이 설명했던 민주주의를 암시한다. 지나치게 민주적인 정부는 "여러 머리의 괴물이 되어 다수의 폭정이 된다." 존 애덤스는 뱀의 깃발과 "나를 짓밟지 말지어다."라는 표어 아래에서 싸웠던 혁명적 병사와 선

원들에 맞서는 새로운 국가의 상징으로 헤라클레스를 제안했다.[58]

　해양 노동자들이 이끄는 다인종 군중은 이처럼 1770년대 제국의 위기 창출을 돕는 동시에 그 위기에 관한 혁명적 해법을 형성하도록 도왔다. 보스턴, 뉴포트, 뉴욕, 찰스턴에서 다인종 노동자의 전투성은 초기 식민지를 중심으로 반제국주의 저항을 추구하는 〈자유의 아들들〉이라는 조직의 결성을 이끌었다. 리처드 B. 모리스는 뉴욕의 선원들이 "분명 〈자유의 아들들〉보다 먼저 〈넵튠의 아들들〉을 조직했는데 아마도 전자의 조직이 후자에 알맞은 조직 유형을 제공했을 것이다."라고 기록했다. 1772년 가스피호 사건을 둘러싼 소동은 그 대담한 행동이 낳은 여파로 또 다른 혁명적 조직인 〈교신위원회〉가 식민지 전역에 형성되면서 새로운 조직화의 순환을 발동했다.[59] 또한, 잡색 부대는 아메리카 혁명의 조직화 역사를 형성하기도 했지만, 또한 우리가 보았듯이 새뮤얼 애덤스, J. 필모어, 제임스 오티스 주니어, 앤서니 베네젯, 토머스 페인 그리고 존 앨런의 사상에 영향을 줌으로써 지성사에는 그보다 더 큰 영향을 미쳤다고 할 수 있다. 보스턴, 세인트메리 교구, 자메이카 그리고 런던에서 있었던 아래로부터의 행동은 옛 사상을 영구히 지키면서도 다가올 수십 년에 대서양 전역을 순환할 새로운 사상도 생성했다.

　다인종 항구 무리에 의해 살아난 주된 사상 중 하나는 도덕적 양심이 국내법보다 상위에 있으므로 압제, 부패한 제국의 하수인, 폭압적인 노예소유주 또는 폭력적인 선장에 대한 저항을 정당화한다는 율법폐기론적 개념이다. 데이비드 S. 러브조이는 사회평등 정신과 법과 정부에 대한 율법폐기론적 멸시가 혁명의 시대에 높아지던 "정치적 열광" 안에서 이루어졌다는 점을 설득력 있게 보여주었다. 폭발성을 보여준 군중은 끊임없이 이러한 열광을 표현했고 이에 벤저민 러시는 새로운 유형의 광기로서 "자유에 대한 과한 사랑"을 뜻하는 아나키아를 명명했다. 결국 율법폐기론과 역사적으로 연관된 상위법에 관한 주장은 당시 "시민의 반율법주의"의 예시로 비난받았던 「독립선언문」에서 세속적 형태로 나타났다.[60]

　1760년대와 1770년대 징용에 맞선 투쟁에서 잡색 부대는 영국 혁명에서 부각된 사상을 가져오기도 했는데, 1640년대의 혁명 운동에서는 토머스 레인보로를 비롯한 사람들이 노예제도를 비판했다. 수평파는 제2차 〈영국 자유민 협정〉(1649년 5월)에서 징용에 반대하는 그들의 입장에 율법폐기론적 토대가 있다고 설명했다. "우리 영국의 자유민"은 모든 이에게 전쟁의 정의에 관한 양심을 지킬 권리가 있기에 의회가 그 누구라도 징용하여 전쟁으로 보낼 권한이 없다는 점을 세상에 선포했다. 이처럼 그들은 (시민이 아닌) 인간과 그의 양심을 선언의 주체로 내세웠고 (국가가 아닌) 삶을 선언의 객체로 삼았다. 피터 워렌이 뉴잉글랜드의 선원을 "수평파와 다름없다."라고 했던 것은 맞는 말이었다. 그러한 위치에서 그들은 더 광범위하게 강제징용과 노예제에 반대를 표하며 제퍼슨과 페인 그리고 전 세대의 사상가들에게 영향을 주었고 1688년[유혈사태가 없었던 명예혁명]이 아닌 1640년대[시민이 중심이 된 청교도 혁명]가 1776년에 일어난 사건[미국의 독립선언]의 선례라는 점을 보여주었다.[61]

반혁명

　잡색 부대의 대담한 행동이 다계급 운동에 동력을 부여하기는 했지만, 또한 그들이 그 안에서 두려움과 양가兩加감정 그리고 대립을 통해 동요를 일으키기도 했다고 할 수 있다. 예를 들어 뉴욕에서 〈자유의 아들들〉은 1764년과 1765년 징용과 〈인지조례〉에 맞서는 자율적인 봉기에서의 "아나키 위협"에 대한 반작용으로 태어났다. 이 아들들은 모든 곳에서 스스로 선한 질서의 보증인이라고 알리며 그들의 탄생을 있게 한 대격변의 필연적 대척점을 자처했다. 1766년 즈음에는 영국 정책에 반대하는 유산계급 사람들이 스스로 "질서정연한 저항"을 선언하기도 했다. 1770년 보스턴 대학살 직후에 존 애덤스가 영국 군인을 옹호하며 아프리카계 인디언 선원 크리스퍼스 애턱스의 외모는 "누구나 겁먹기 충분한 모습"이라고 주장하며 법정에서 명백한 인종주의적 호소를 하기도 했다. 그러나 1773년 그는 토머스 허친슨에게 보낸 자유에 관한 한 통의 편지에서 "크리스퍼스 애턱스"라는 이름을 적어 넣기도 했다. 애덤스는 잡색 부대를 두려워했지만, 그들이 혁명적 운동을 이뤘다는 점을 알고 있었다.[62]

유사한 모순이 토머스 제퍼슨에게도 있었다. 그는 잡색 부대를 인정했지만, 그들이 자신이 가진 아메리카 미래에 관한 선견에 도전할까봐 두려웠다. 제퍼슨은 「독립선언문」에 조지 3세가 "우리의 동료 시민들이 먼 바다로 나가 포로를 잡고 그들의 손에 무기를 들려 자기네 조국에 맞서게 하고 친구와 형제를 처형하게 했으며, 또는 스스로 목숨을 끊게 강요했다."라는 불만 사항을 포함했다. 그는 (또한, 의회는) 혁명의 연합에 선원을 포함시켰지만, 계급 전쟁을 누락하고 국가 전쟁만을 강조함으로써 의도적으로 그들의 역사와 운동 내에서의 역할을 단순화했다. 또한, 이 대목에서 선언문의 다른 데에서 볼 수 있던 우아한 문구와 고결한 어조는 찾아볼 수 없었다. 문장은 어색하고 혼란스러워 보였으며, 특히 선원을 분류(시민, 친구, 형제?)하는 데 주저하는 모습에서 더욱 그러했다. 칼 베커가 아프리카인 노예제에 관한 초안 문구에 관해 말했듯이 제퍼슨은 "가장 위대한 말"을 썼지만, "이 대목은 뭔가 우리의 마음을 식게 했다." 여기에는 "의도적으로 드러나지 않게 하는 효과를 바라며 공들인 노력이 엿보였다." 공교롭게도 제퍼슨은 강제징용에 관한 말을 선언문의 개략적인 초안에 무리하게 끼워 넣으며 뒤늦게 추가해 넣었다. 그는 중상주의 시대에 노동 시장은 심각한 문제였으며 아메리카가 영 제국의 영역에 남아있든지 말든지 간에 상거래는 선원에게 달려있다는 점을 알고 있었다.[63]

톰 페인도 이 점을 알고 있었다. 그 또한 강제징용을 비난했지만, 『상식』에서는 혁명 이후 해양 노동력의 공급에 관해 아메리카 상인을 안심시키는 데 더 관심을 보였다. "함대에 인력을 대는 시점에 사람들은 보통 큰 오류를 저지른다. 4분의 1은 꼭 선원으로 채울 필요가 없다⋯ 소수 유능하고 대인관계가 원만한 선원들이 금세 배의 일상 작업을 수행할 충분한 수의 의욕적인 풋내기 선원들을 가르칠 것이다." 7년 전쟁 동안 사략선 테러블호를 탔던 경험으로 그는 선원과 조선사 그리고 모든 해양 부문이 새로운 아메리카 국가를 위한 생명력 있는 경제적 토대를 구성한다고 주장하게 되었다. (그는 선박에 탄 이들이 잡색의 반란 무리라는 점은 언급하지 못했다.) 남은 유일한 질문은 어떻게 독립을 얻느냐는 것이었다. 위로부터 의회의 법적 발언으로 이루어야 하는가, 아니면 아래로부터 군중에 의해 이루어져야 하는가? 여기서 페인은 그와 같은 신분에 있는 다른 이들과 같은 태도를 취했다. 그는 (비록 1790년대에는 다르게 생각하게 되었지만,) 잡색 군중을 두려워했다. 그는 1776년의 다중은 합리적이었지만, "덕행"이 이어지지는 않았다고 설명했다. "어떤 마사넬로가 이후에 봉기하고 대중의 동요를 이끌어 절박하고 불만스러운 이들을 모으고 스스로 정부 권력을 쥔 듯 행동함으로써 홍수처럼 대륙의 자유를 쓸어버리지 않도록" 하는 안전장치가 필요했다. 그의 가장 큰 두려움은 도시 노동자와 아프리

카인 노예 그리고 아메리카 선주민의 투쟁이 결합하는 것이었다.[64]

잡색 부대는 혁명이 이루어지도록 도왔지만, 1770년대와 1780년대에 혁명의 선봉에 있던 이들이 선원과 노예 그리고 군중에게 반격하면서 아메리카의 테르미도르라고 불러야 할 만한 움직임이 나타났다. 군중이 가진 더 전투적인 요소를 제거함으로써 군중을 개량하려는 노력은 1766년 시작되었고 항상 성공적이지는 않았으나, 혁명의 과정과 그 이후까지 계속되었다. 애국자 토지소유자와 상인 그리고 장인들은 점점 혁명의 무리를 비난하기 시작했고 "바깥에서" 이루어지는 정치를 입법 의회 안으로 옮기고자 했다. 이 안에서 무산자들은 투표권도 발언권도 없었다. 페인은 1779년 필라델피아의 포트 윌슨 봉기 이후 군중에게서 등을 돌렸다. 새뮤얼 애덤스가 셰이즈의 반란에 연루된 폭도를 해산하고 통제하기 위한 목적의 1786년 〈매사추세츠 소요법〉 작성을 도왔을 때 그는 이제 군중이 "정부조차 심판할 수 있는 인간의 근본적 권리를 구현한다."고 믿지 않았으며 몇 해 전만 해도 그에게 일생에 최고의 사상을 주었던 창의적인 민주 세력에서 자신을 떼어냈다.[65]

1765년 운동이 시작된 이후 온건한 애국자들은 노예를 혁명의 연합에서 제거함으로써 자유를 위한 투쟁을 제한하려고 했다. 이 운동에서 노예의 자리는 버지니아의 총독 던모어 경이 식민지의 질서를 재수립하기 위해 종복과 노예들이 왕의 군대에 자진해서 가담할 자유를 주면서 애국파 담배 농장주를 공격했던 1774년까지 모호하게 남아있었다. 자유를 준다는 소식은 노예 공동체에 들불처럼 번졌으며 수천 명이 농장을 탈주해서 대규모의 이동성을 띤 새로운 노예 반란을 시작했다. 이 노예들 중 일부는 던모어 경의 에티오피아 연대Ethiopian Regiment로 조직되었고 무기를 소지할 수 없었던 노예들은 영국 군대의 보호를 요청했다. 이러한 움직임에 분노한 아메리카 지도자들은 1775년 징집관이 탈주자와 "무숙자나 흑인 또는 유랑자"를 받아서는 안 된다고 공표하고 이듬해 자유인 흑인이나 노예 모두 군 복무에 적합하지 않다는 점을 재확인하며 노예제를 보존하려고 노력했다. 이 사안은 인력의 부족으로 재고할 수밖에 없는 상황이 되었고 특히 전쟁 후반부에는 더욱 중요해졌다. 5천 명의 아프리카계 아메리카인이 자유를 위해 싸우는 동안 아메리카의 정치적, 군사적 지도부는 노예제도를 지키기 위해 영국과 자기 휘하의 일부 병사들과 싸움을 벌이고 있었다.[66]

선원들은 대륙해군에서 복무하도록 장려되었지만, 제임스 매디슨에 따르면 선원은 공화국의 훌륭한 시민이 아니었다. 그들이 행해온 얼마 없는 덕행마저 바다에서 묵묵한 노고를 해야 하는 인생에서 사그라졌다. "세상을 가로지르고 일주했음에도 그는 자연에서 똑같이 모호한 사물과 항구와 부두에서 하는 똑같이 단조로운 일 외에 다른 것을 보지 못한다. 그리고 배를 집으로 삼아서 밧줄과 사다리를 곧이곧대로 쓰는 자로부터, 또는 그와 마찬가지로 무지한 동료 집단 안에서 무슨 새로운 사상이 뻗어 나올 수 있겠는가." 매디슨 자신의 무지와 거만 또는 부정否定은 그가 진실을 오도하게 했지만, 일면 옳은 부분도 있었다. 그가 제시했듯이 공화국에 선원이 더해질수록 정부의 안전이 덜해졌다. 매디슨은 〈코네티컷 재사들〉[67](데이비드 험프리즈, 조엘 발로우, 존 트럼불, 레무엘 홉킨스 박사)을 비롯한 다수와 함께 이러한 태도를 취했다. 〈코네티컷 재사들〉은 1787년 셰이의 반란에 대한 반응으로, 또한 1760년대와 1770년대에 휘돌았던 반란의 순환을 기억하며 「아나키아드」라는 제목의 시를 썼다. 시인들은 군중과 그들의 사상에 대한 증오를 표현했다. 그들은 "민주주의의 꿈"과 "인권" 그리고 모두를 "단지 하나의 수준으로" 환원하는 것을 조롱하였다. 그들이 "지옥에서 온 젊은 민주주의"라고 불렀던 것은 그들에게 있어 가장 어두운 악몽 중 하나였다. 그들은 혁명에서 선원이 한 역할을 잊지 않았다. 그들이 상상한 무정부 상태에서는 "강대한 선원이 타륜을 쥐고 있었다." 그는 "파도가 먹이고 거센 폭풍우가 키웠으니/그의 심장은 대리석이고 그의 머리는 납이리라." 제 일을 하듯이 "회오리 속"에서 항해했고 이 무딘 심장에 우둔한 자는 자연스레 혁명의 "폭풍을 즐겼다." 시인들은 "들끓는 타르의 바다"를 언급하며 선원들의 혁명적 행위를 암시했다.[68]

1780년대 동안 새로 출현한 정부 국가를 만들었던 상인, 전문직, 소매상인, 장인, 노예소유주 그리고 자작농들 사이에는 이와 같은 사고가 널리 퍼졌다. 한때 혁명의 연합에서 필수적인 부분을 차지했던 선원과 노예들은 이렇게 혁명의 최종단계가 정착되는 과정에서 그 자리를 잃게 되었다. 1770년 보스턴 대학살에서 살해된 다섯 명의 노동자에 관해 존 애덤스는 다음과 같이 썼다. "옳았든 틀렸든 간에 순교자들의 피는 회합의 씨앗이 된 것으로 나타났다." 그러나 노예이자 선원이며 군중 지도자였던 크리스퍼스 애턱스가 영국이 쏜 소총에서 살아남았다 하더라도 그가 생성의 과정을 도왔던 회합이나 새로운 국가에 합류하도록 허용받지는 못했을 것이다. 애턱스와 같은 사람에 대한 배제는 1760년대와 1770년대의 열기 속에 주조되어 「독립선언문」에서 영원히 남을 문장으로 남겨진 보편적 혁명의 언어로부터의 갑작스럽고 반동적인 후퇴를 집약적으로 보여준다. 이러한 반동은 미합중국 헌법에 규정되어 새 연방정부가 국내의 반란을 진압할 권력을 부여했다. 제임스 매디슨은 1787년 "평등 정신"과 〈토지법〉에 관해 우려했다.[69] 또한, 헌법은 노예무역 확대와 탈주 노예의 반환을 위한 규정 그리고 농장소유주 계급에 국가의 정치권력을 부여함으로써 노예제도를 강화했다.[70] 그동안 "흑인"의 본성과 능력에 관한 열띤 논쟁이 1787년과 1790년 사이에 사납게 휘몰아쳤다. 많은 침례교인과 감리교인들은 반노예제 방침에서 돌아섰고 대신 "농장에 안전을 바라는 복음"을 추구했다.[71] 새로운 아메리카의 지배계급은 1780년대와 1790년대 초 백인 우월성에 근거하여 노예제에 관한 통합된 법을 입법함으로써 "인종"과 "시민권"을 재정의하고 잡색 부대를 분열시키고 사회 주변으로 내몰았다. 잡색 부대의 행동action과 이들에 대한 반동reaction을 살펴봄으로써 아메리카 혁명에서의 전투성의 기원과 급진적 동력 그리고 보수적인 징치적 결론이 가진 모순적이고 모호한 성격에 대해서 분명히 알 수 있다.[72]

혁명의 벡터들

그러나 여전히 1760년대와 1770년대의 투쟁에 담긴 함의점이 〈자유의 아들들〉, 제퍼슨, 페인, 애덤스 또는 새로운 아메리카 정부에 의해 저지될 수는 없었다. 전쟁에서 싸운 병사들이 혁명의 소식과 경험 그리고 사상을 부지런히 유통했다. 앙리 크리스토프와 앙드레 리고드를 포함해 북아메리카에 배치된 프랑스 연대에서 근무했던 몇몇 퇴역자들은 후에 아이티에서 1791년 시작된 대서양 서부의 차기 주요 혁명을 이끌었다. 또 다른 퇴역자들은 프랑스로 돌아와 1790년대 동안 유럽에서 혁명을 가속하며 봉건적 토지 소유에 맞서는 일련의 반란을 이끌기도 했다. 헤세인 병사[73]가 고향에 돌아가며 전한 소식은 결국 새로운 세대의 이주민을 아메리카로 향하게 몰아갔다. 그러나 새로운 저항을 창출하고 전 세계에 더 넓은 혁명의 시대를 개시하는 데 가장 크게 기여한 사람은 아메리카에서 패배를 맞이하고 이후 흩어져버린 잡색 부대, 선원과 노예들이었다.[74]

　선원은 북아메리카에서 바다로 나가고 카리브해를 향해 남쪽으로 움직인 혁명의 벡터였다. 영국 해군의 선원들은 1776년 이후 반란성을 띠었는데 이러한 특성은 부분적으로 아메리카에서 징용단과 왕의 권위에 맞선 전투로 고무되었다. 대략 42,000명의 선원이 1776년과 1783년 사이에 해군 함선을 탈주했다. 바다로 향하게 된 다수의 사람이 혁명적 교육을 받았다. 자메이카에서 노예 여성과 스코틀랜드인 농장주 사이에 태어난 로버트 웨더번은 1778년 반란의 기운이 가득 찬 해군에 입대했고 이후 해상 시위와 노예 반란 그리고 도시 폭동에 참여하며 선원, 재단사, 작가 그리고 희년 설교자로 일했다. 줄리어스 스콧은 흑인과 백인 그리고 황인 선원들이 모두 카리브해의 영국, 프랑스, 스페인, 네덜란드 항구 도시의 노예들과 접촉하고 있으며 노예 반란과 폐지론 그리고 혁명에 관한 정보를 주고받으면서 그들이 가진 권리에 관한 물질적 힘을 가진 소문을 생성해내고 있다는 점을 보여주었다. 선원들이 아메리카 혁명의 소식을 전하면서 1776년 자메이카 하노버 교구의 노예 반란을 고취하도록 도왔는지는 확실하지 않다. 확실한 점은 "비범한 체구의 아일랜드인"을 포함한 "여러 피부색의 50 혹은 60명"으로 이루어진 잡색 부대가 1793년에 카리브해에서 아이티의 새로운 혁명 정부와 명백한 동맹을 맺고 영국과 아메리카의 함선을 공격했다는 점이다.[75]

　혁명 동안에 영국 군대에 모여들었다가 1783년 이후 대서양 전역으로 흩어진 노예와 자유인 흑인들은 두 번째 다중지향성 벡터를 구성했다. 1만 2천 명의 아프리카계 아메리카인들이 1782년과 1783년에 군대를 따라 서배너, 찰스턴 그리고 뉴욕을 빠져나왔고 또 다른 8천

명에서 1만 명이 영국파 주인과 함께 떠났다. 그들은 시에라리온, 런던, 더블린, 노바스코샤, 버뮤다, 플로리다 동부, 바하마 제도, 자메이카, 모스키토 해변 그리고 벨리즈로 향했다. 북아메리카에서 온 유색 자유인들은 1780년대 후반 카리브해 전역에서 문제를 일으켰고, 특히 그들이 새로운 정치적 시작과 단결을 이뤄내고 아이티 혁명으로 가는 길을 제시하도록 도왔던 자메이카와 윈드워드 제도에서는 더 큰 문젯거리였다. 1800년 즈음에 자메이카 총독 발카리스 경은 서인도 제도에서 열린 "판도라의 상자"에 관해 다음과 같이 썼다. "모든 나라의 난폭한 이들이 부정한 거래에 뛰어들었다. 모든 해악을 끼칠 수 있고 철저하게 수평화 징신에 사로잡힌 가장 파렴치한 계급인 흑인들이 킹스턴 하류 계급의 특징이다." 그는 여기가 혁명가들의 피난처이며 미래 반란의 장이며 "곧 잿더미가 될" 수 있는 장소라고 설명했다.[76]

세 번째 강력한 혁명의 벡터는 동쪽의 영국 노예제 폐지운동을 향해 내달렸다. 선원과 노예들, 그리고 그중 일부는 노예였던 적이 있는 선원들이 포함된 이 집단은 그랜빌 샤프와 토머스 클락슨과 같은 가장 중요한 노예제 폐지론 운동 지도자들과 전략적으로 연결되어 있었던 것으로 드러났다. 1780년대 동안 아프리카인 선원 올라우다 에퀴아노는 루크 콜링우드 선장이 보험금을 타내기 위해 애쓰던 결과로 132명 아프리카인을 산 채로 바다에 던져버렸던 종Zong호^號의 사건을 샤프에게 제보했다. 그로부터 얼마 후 존 딘과 같은 반체제 선원과 리버풀 및 브리스틀의 여러 선원들은 클락슨에게 노예무역의 본성을 알려주었다.[77]

네 번째이자 마지막 벡터는 아프리카로 향한다. 1783년 이후 흩어진 아프리카계 아메리카인은 에퀴아노와 샤프의 도움으로 시에라리온에 정착함으로써 근대적 범아프리카주의를 창시하게 된다. 아메리카 혁명 이후 대서양을 건너 동쪽으로 향해 퍼지던 그들의 분산은 한 세기 반 전 영국 혁명 이후 급진주의자들이 대서양을 건너 서쪽으로 향했던 분산과 유사하다. 두 움직임은 모두 노예제에 도전했지만, 패배했다. 전자의 패배는 농장과 노예무역을 공고히 했고 후자의 패배는 노예제가 확산하고 새로운 힘을 얻을 수 있도록 했다. 그러나 두 번째 패배의 장기적인 결말은 궁극적으로 노예무역과 농장 체제의 파국을 통한 승리로 이어질 예정이었다. 17세기의 이산 속에 대서양 전역에서 보편화한 율법폐기론적 민주주의의 이론과 실제는 18세기에 되살아나고 더욱더 깊어질 예정이었다. 흰 얼굴로 나갔던 것이 검은 얼굴로 들어와서 영국 민주 사상에 관한 논의의 단락을 종결하고 전 세계의 혁명 운동에 새로운 생명을 부여했다. 떠났던 것이 대서양을 순환하는 바람과 조류를 타고 되돌아왔다.

잡색 부대는 새로운 아메리카라는 국가에서 자리를 잡지 못하면서 더 넓고 창의적인 형태의 정체성을 형성할 수밖에 없었다. 혁명 시대의 통일성을 담으며 자주 사용된 문구 중 하나는 "세계 시민"citizens of the world이었다. 토머스 페인을 비롯한 다른 이들과 마찬가지로 J. 필모어도 자신을 이런 식으로 불렀다. 물론 필모어, 페인, 제퍼슨 그리고 다른 중상류층 혁명가들을 가르쳤던 선원과 노예들이야말로 진정한 세계 시민이었다. 이 다인종 프롤레타리아는 단어 기원의 의미를 담은 "세계주의자"였다. 고대의 노예 철학자 디오게네스는 추방 선고를 받은 후 자신의 판결을 내린 판사에게 칩거를 선고한다고 응대했다. "어디 출신인지 묻는 말에 그는 '나는 세계 시민이다'라고 말했다." 바로 세계주의자이다. 대서양을 건너는 노동자들이 혁명 시대의 개념을 창출했고, 또한 실현했다.

6장   아프리카인의 반란 : 노예에서 뱃동지로

한 남자가 음식을 거부했다. 그는 병을 앓고 있었고 "뼈만 앙상하게" 남았다. 그는 분명 죽음을 결심한 것으로 보였다. 1727년 로열조지호를 타고 바베이도스를 향해 대서양을 건너던 티머시 터커 선장은 이 남자의 행동에 격분했고 동시에 그의 행동이 본보기가 되어 배에 타고 있던 200명 이상의 노예에게 퍼지지 않을까 두려웠다. 선장은 흑인 사환 로빈에게 일러서 자신의 채찍을 가져오도록 했다. 그의 채찍은 구교묘 채찍 같은 것이 아니라 말채찍으로 쓰일 법한 훨씬 더 큰 채찍이었다. 후에 이 이야기를 전했던 실라스 톨드는 당시 견습 선원이었는데 "선장이 남자를 묶어두고 채찍질했고 남자는 목에서부터 발끝까지 온통 피범벅이 되었다."라고 전했다. 그동안 남자는 아무런 저항도, 아무런 말도 하지 않았다. 남자의 이러한 태도는 선장을 더 화나게 했다. 결국, 선장은 이 남자가 쓰는 말로 "이놈을 티커라부tickeravoo 해라(죽여 버려라)" 위협했고 남자는 "아돔마adomma(그렇게 하라)"라고 대답했다.[1]

그러자 선장은 "초주검이 된" 남자를 남겨두고 선미 갑판으로 저녁을 먹으러 갔다. "돼지처럼" 식사를 마친 터커 선장은 다시 처벌을 재개할 준비를 했다. 이번에는 또 다른 사환 존 래드에게 일러서 선실에 있는 장전된 권총 두 자루를 가져오도록 했다. 그 후 터커 선장과 존 래드는 주갑판으로 가서 함선 좌현의 뱃전에 기대어 앉아 있는 무명의 단식 투쟁가에게 다가갔다. 터커는 "악의에 찬 썩은 웃음"을 지으며 권총을 남자에게 겨누고 먹지 않으며 죽여 버리겠다는 말을 반복했다. 남자는 단지 이전처럼 '아돔마'라는 말만 되뇌었다. 선장은 권총의 총열을 남자의 이마에 대고 방아쇠를 당겼다. 남자는 "순간 한 손으로는 이마를, 다른 손으로는 뒤통수를 꽉 쥐고는" 선장의 얼굴을 노려보았다. "뚜껑을 딴 통에서 물이 흘러나오듯" 남자의 머리에서 피가 세차게 분출했지만, 그는 죽지 않았다. 선장은 노발대발하며 욕설을 퍼부었다. 선장은 "이걸로는 죽일 수 없겠어"라고 소리치고 사환을 다시 불러서 다른 총을 가져오게 했다. 이번에는 남자의 귀에 권총을 대고 다시 쏘았다. 톨드와 함께 그 장면을 보고 있던 모든 사람은 "그러고도 죽지 않은 그의 모습"에 놀랄 수밖에 없었다. 결국, 선장은 존래드에게 남자의 심장을 쏘도록 명령했고 그제야 "그는 죽음을 맞이했다."

이러한 살인의 결과로 나머지 남자 노예들은 "배에 탄 놈들이 결국 우리를 모두 죽이려고 하는구나"라며 복수심에 불타는 분노와 함께 봉기를 일으켰다. 선원들은 혼란 속에 방책 뒤로 후퇴했다. 일난 뒤로 물러선 선원들은 거기서 회전 포가에 자리를 잡았다. 선원들은 사방에서 달려드는 반란자들에게 포화를 퍼부으며 주갑판을 쓸어버렸다. 어떤 이들은 숨을 곳을 찾아 하갑판으로 뛰어들었고 어떤 이들은 바다로 뛰어들기도 했다. 선원들은 주갑판을 장악하자마자 소형선을 내려 바다에 뛰어든 노예를 건지려 했지만, "사나운 바다"에서 노예들이 하나같이 빠져 죽으려고만 했기에 단지 한두 명만을 구할 수 있었다. 상당히 많은 수라고만 알려진 노예들이 죽었다. 이렇게 개인의 저항 행위가 집단적 반란의 불씨를 댕길 수도 있었고 하나의 저항 형태가 또 다른 것을 불러오기도 했다. 음식 거부는 일종의 순교로 이어졌고 이는 다시 폭동을 끌어냈으며 이 시도가 실패한 후에는 다시 집단 자살을 불러왔다.[2]

대양을 건너는 함선이 맹렬한 저항의 장소였다는 점을 보여주는 이런 장면은 여러 노예선에서 볼 수 있는 모습이었다. 이 장면은 징벌과 저항의 변증법을 잘 요약했다. 한편에서 선장은 극단적인 폭력을 동원하여 발생하는 공포를 통해 개별 노예를 지배하는 데 도움을 얻고자 한다. 그에 반해 노예들은 폭력과 테러에 대해 각자 그리고 결국은 집단으로 극단적인 대항을 펼친다. 그러나 이러한 반응의 저변을 생각해보면 의문이 생길 수 있다. 어떻게 노예선에 던져진 수백 명의 다인종 아프리카인 무리가 집단으로 행동하는 방법을 배웠을까? 그들은 처음 배로 끌려왔을 때부터 새로운 질서 아래 사회화되었다. 이 질서는 오직 폭력, 의학적 조사, 숫자 부여, 사슬 엮기, 하갑판 "적재" 그리고 음식 섭취와 "춤추기"[3]에서 작업에 이르는 사회적 일과를 통해 한 개인을 노동력 객체로 구체화하고 훈련하며 특수화하려는 계획이었다. 그러면 노예들은 서로 의사소통하면서 개인적으로 그리고 집단으로 대항했다. 이 말은 모든 노예선에서는 위로부터 문화를 빼앗으려는 과정과 아래로부터 문화를 만들어내려는 반대의 과정이 모두 존재한다는 의미였다. 죽음의 그림자 안에서 노예선을 타고 대서양 횡단 항해를 마친 수백만 명의 사람들이 새로운 삶, 새로운 언어, 새로운 표현 수단, 새로운 저항 그리고 새로운 공동체 의식을 형성했다. 이것이 바로 한때 '아프리카계 아메리카'나 '범아프리카'라고 불렸던 창의적이며 파괴 불가능한 문화의 해상 기원이라고 할 수 있다. 중요한 사회적 과정들은 바다에서 일어났다.[4]

저항 : 음식 거부

노예선의 폭력과 밀집된 공동체 생활에서의 착취 그리고 노예화의 경험은 갇혀 있는 아프리카인 사이에 공동체를 위한 잠재력을 형성했고, 노동과 노래와 같은 사회적 관행은 그러한 잠재력을 깨닫도록 했다. 이와 같이 집단 정체성을 형성하는 집단적 과제에 있어서 저항만큼 중요한 것은 없을 것이다. 저항 그 자체가 새로운 언어였고 이러한 행위 언어는 그들이 음식을 거부하고 배에서 바다로 뛰어내리며 폭동을 일으키는 모든 순간에 나타났다. 이 보편적인 언어는 문화적 배경에 상관없이 누구나 이해할 수 있었고 적극적으로 표현하지 않으려고 할 때조차 그 뜻을 전달해 주었다. 노예들은 크고 작은 모든 저항의 행동을 통해 창의성과 함께 새로운 미래를 그리면서 노예화와 사회적 죽음을 거부했다. 거부 행동은 공통된 투쟁 안에서 전에 없이 깊은 방식으로 사람들을 한데로 결속했다.[5]

대서양 노예무역은 여러 의미에서 400년간의 단식 투쟁이라고 할 수 있다. 15세기 초반에 시작되어 18세기 후반까지 계속된 해양 인간 상거래에서 아프리카인 노예들은 끊임없이 그들에게 주어진 음식을 거부하는 모습을 보였다. 어떤 노예들은 배에 오른 후에 "고착된 무기력"의 우울에 빠져들었고 음식을 먹으라는 지시를 포함해서 자신을 붙잡아온 자들이 하는 말이나 요구에 전혀 응하지 않았다. 병이 들어서 먹고 싶어도 음식을 먹을 수 없는 사람도 있었다. 그러나 우울에 빠진 사람이나 병에 걸린 사람들 사이에서, 그리고 어느 쪽에도 속하지 않는 더 많은 수의 건강한 사람들 사이에서 음식 거부는 의식적 선택인 경우가 많았다. 노예들이 이러한 행동을 한 이유는 몇 가지 중요한 목적이 있었기 때문이다. 선장이 상인에게 부여받은 주요 임무는 최대한 많은 아프리카인을 건강하게 살아 있는 상태로 신세계의 항구에 데려가는 것이었고 어떤 이유에서건 음식을 거부하는 것은 이익을 위협하고 권위를 뒤흔드는 행동이었다. 따라서 음식 거부는 첫째로 무엇보다 분명한 저항의 행동이라고 볼 수 있으며 이 행동은 또 다른 저항의 행동에 영감을 주기도 했다. 둘째로 음식 거부는 협상의 전략이었다. 학대는 단식 투쟁을 촉발하기도 했다. 셋째로 음식 거부는 "그들"에게 대항하는 "우리"의 선상 저항 문화를 형성하도록 도왔다. 단식 투쟁을 통해 전달하고자 하는 의미는 다음과 같다. 우리는 사유물이 되지 않을 것이다. 우리는 노동력이 되지 않을 것이다. 우리는 당신들이 우리를 산 채로 잡아먹게 두지 않을 것이다.

1801년 존 라일랜드가 타고 있던 리버티호에서 몇몇 노예들이 음식을 거부했다. 처음 이 모습을 발견한 고급 선원은 그들에게 음식을 먹지 않으면 맹세코 배 밖으로 던져버리겠다고 선언했고 그 뒤에는 구교묘 채찍으로 위협했다. 이 방법은 효과가 있는 것처럼 보였으나 어쩌면 그의 생각에서만 그랬을 수도 있다. "노예들은 그 뒤 쌀을 조금씩 입에 집어넣으며 음식을 먹는 모습을 보였지만, 고급 선원이 등만 보이면 즉시 음식을 바다로 던져버렸다." 선원 제임스 몰리 또한 노예들이 "입이 한가득 터지기 직전까지" 음식을 입에 머금고 있으면서 먹는 척하는 모습을 보았다. 고급 선원은 아마도 "무력하게 늘어져 있는" 그들에게 욕을 퍼부었을 것이다. 고급 선원은 노예들에게 강제로 음식을 먹이기 위해 구교묘 채찍과 엄지손가락 나비나사도 사용해보고 "넓적한 칼"이나 막대기(입을 벌리게 하기 위한 것) 또는 스페큘럼 오리스6나 "깔때기"를 사용해 강제로 음식을 목구멍에 부어버리기도 했을 것이다.7

누구든 음식을 거부하는 행동은 선장의 권력에 직접적으로 도전하는 행위가 되어 본보기를 보이기 위한 비극적 결과를 낳을 수 있었다. 선원 아이작 파커는 1791년 노예무역을 조사하던 하원위원회에서 이 냉혹한 현실을 증언했다. 1765년 블랙조크호에 승선한 한 어린아이는 "무기력한 모습을 보이며 음식을 거부했다." 제 어미와 함께 배를 타고 있던 아이는 어미의 젖뿐만 아니라 팜유를 섞은 쌀 요리도 먹지 않았다. 토머스 마셜 선장은 구교묘 채찍으로 아이를 매질했고 남자 노예들은 방책의 갈라진 틈으로 이 모습을 지켜봤다. 그들은 "큰 불만을 표시하며" 항의했다. 아이는 여전히 음식을 거부했고 며칠 뒤에 선장은 다시 채찍을 휘둘렀을 뿐만 아니라 이번에는 아이의 목에 18에서 20인치 길이에 12에서 13파운드 정도의 무게는 되어 보이는 망고나무 둥치를 줄로 묶어두었다. 파커는 "선장이 마지막으로 아이를 들어 올려서 매질하고는 갑판 바닥에 던져버렸다."라고 설명했다. 선장은 그 뒤에 "망할 것…내가 널 먹게 하지 못하면 널 죽게 할 것이다."라고 말했다. 한 시간도 되지 않아 아이는 숨을 거두었다. 이 잔인한 행동의 끝은 선장이 어미에게 숨을 거둔 아이의 작은 몸을 직접 바다로 던져버리게 하는 것이었다. 그녀가 거부하자 선장은 그녀를 때렸다. 결국, 그녀는 선장의 말을 따랐고 그렇게 아이를 보낸 "그녀는 매우 슬픈 모습으로 몇 시간을 울었다." 블랙조크호에서는 갓 9개월 된 아이의 가장 작은 반항조차 허용되지 않았다.[8]

마셜과 같은 선장들이 두려워한 저항의 전염은 1730년의 해군 고등법원에 제기된 사건에서 잘 설명되었다. 시티 오브 런던호(남해회사 소유)의 선장 제임스 케틀은 선원 에드워드 펜티먼이 노예들을 지나치게 폭력적으로 대한다는 이유로 그를 고발했다. 그는 무명의 여자 노예를 폭행했고 그 후 배에 타고 있던 377명의 노예 모두가 음식 먹기를 거부했다. 이로 인해 케틀 선장은 펜티먼을 구타했고 선장은 법정에서 이러한 일이 더 큰 문제의 일부일 뿐이라고 설명했다. "흑인들의 본성과 기질상 노예선에서 누구든 매를 맞거나 학대를 당하면 전체 노예 무리가 모두 함께 분개하거나 함께 무기력에 빠져들었고 다 같이 음식을 거부함에 따라서 많은 이들이 건강을 잃거나 죽어 나갔다."[9]

의사인 T. 어브리는 케틀 선장의 주장을 보강해서 이러한 사실을 일반화 수준까지 끌어올렸다. 그는 노예선의 의사로 일하며 항시 지참하던 일지에서 노예에 대한 폭력적인 학대는 자주 음식 거부로 이어진다고 설명했다. 일단 그들이 음식 먹기를 중지하면 "곧 그들은 식욕을 잃었고 영양의 부족과 학대의 슬픔으로 병에 걸렸다." 말할 것도 없이 일단 그들이 저항의 마음을 품으면 "어떤 의사의 처방이나 기술로도 그들의 목숨을 부지할 수 없었다. 그들은 어떤 좋거나 나쁜 수단을 동원해도 먹지 않을 것이며 학대당하느니 차라리 죽음을 택했다." 물론 그는 노예들에게 음식을 먹이는 데 사용된 여러 폭력적 도구에 관해서도 언급했다. 그의 관점에서 노예들은 이러한 폭력적인 시도에 모두 저항했고 음식을 거부하려는 의지를 꺾지 못하면 어떠한 노력도 소용없었다. 케틀과 마찬가지로 어브리는 단식 투쟁이 모든 노예선의 격한 투쟁에 활용된 전략이었다는 점을 분명히 했다.[10]

실라스 톨드가 회상했던 바와 같이 로열조지호의 단식 투쟁은 직접적인 폭동으로 이어졌고 이러한 폭동이 실패하자 다시 집단 자살로 이어졌다. 저항의 과정은 그 반대로도 작용해서 폭동의 실패 뒤에 단식 투쟁이 뒤따르기도 했다. 1721년 갤리선 페레즈호에서 노예들이 폭동을 일으킨 후에 "80명에 가까운" 노예가 죽거나 익사했다. 윌리엄 스넬그레이브 선장의 기록에 따르면 살아남은 이들 대부분이 "무기력에 빠져들었고" 그들 중 몇몇은 완고하게 음식을 거부하며 굶어 죽었다. 1781년 보니강에 정박했던 무명의 함선에서 폭동이 일어난 후 상처를 입은 세 명의 주동자들은 "스스로 굶어 죽겠다는 굳은 결심을 했다." 위협과 폭력이 있었지만, "어떤 음식도 먹지 않겠다는 굳은 결심 앞에 어떠한 테러도 소용이 없었다." 1783년 두 번의 폭동이 있었던 와스프호에서도 마찬가지였다. 여자 노예들이 선장을 붙잡아 바다에 던져버리려고 시도했던 첫 번째 폭동 후에 12명이 부상이나 음식 거부로 죽었다. 더 큰 반향을 일으킨 두 번째 폭동 후에는 55명의 아프리카인이

"타박상, 익사, 실패의 분함 그리고 금식"으로 죽었다.[11]

배 밖으로 뛰어내리기

아마도 음식 거부보다 더 극적인 형태의 저항은 배 밖으로 뛰어내리는 행동일 것이다. 일부 노예들은 아프리카 항구에 정박 중일 때 탈출의 희망을 품고 배 밖으로 뛰어내렸지만, 반면 또 다른 이들은 긴 단식 끝에 신세계의 농장에 노예로 팔려 갈 인생을 끝내기 위한 수단으로 물에 빠지는 것을 선택했다. 이러한 종류의 저항은 광범위하게 행해지고 있어서 무역을 계획한 사람들이 긴장하지 않을 수 없을 정도였다. 상인들은 선장에게 공식적 또는 비공식적 지시 사항을 전달하면서 이에 관해 경고했다. 그러면 선장은 배 주변에 그물이 확실히 설치되었는지 확인했다. 또한, 그들은 남자 노예들이 주갑판에 나오면 언제나 고리에 사슬을 엮어두는 동시에 경계를 늦추지 않고 계속 감시했다. 노예가 바다로 뛰어들면 선장은 급히 비상 구조대를 소형선으로 내려보내서 그들을 다시 잡아들이도록 했다.

배에서 여자 노예들은 남자보다 더 자유롭게 움직일 수 있었고 그래서 그들은 이러한 종류의 저항에서 중요한 역할을 맡았다. 1714년에 플로리다호가 옛 칼라바르에 도착했을 때 "배가 부른" 여자 노예 한 명을 포함한 네 명의 여자들이 바다에 뛰어들었다. 배에 있었던 사람의 기록에 따르면 "그들은 미끄러지듯 움직이며 빠르게 헤엄쳐갔다." 선원들이 즉시 그들을 쫓아갔지만, "나머지 여자들처럼 잘 움직일 수 없었던" 임신한 여자만을 붙잡을 수 있었다. 1732년 골드코스트의 애노마보에서 제임스 호그 선장은 한밤중에 여섯 명의 여자 노예들이 배 밖으로 뛰어내리는 모습을 발견했지만, 선원들은 단지 뒤따라 뛰어내리려는 사람들을 막으려는 노력밖에 하지 못했다. 아무리 수영에 익숙한 사람이라도 이러한 탈출은 위험했고 해안 지역 출신의 많은 노예가 목숨을 잃었다. 배에서 뛰어내렸다가 바다에서 다시 붙잡혀 온 사람들(뛰어내렸던 이들 중 대부분이 다시 잡혀 왔다)은 심한 처벌을 받아야 했고 때로는 배로 끌려와서 (다른 이들에게 보여주기 위한 본보기로) 죽임을 당하기도 했다. 만약 도망친 자들이 해안에 닿는다고 하더라도 아프리카의 노예 포획자에게 다시 붙잡혀서 노예선으로 반환되는 경우가 많았다. 또한, 사람들이 배에서 뛰어내려 해안으로 가는 물길 주변에는 대부분 상어가 득실대고 있었다. 휴 크로우 선장은 그의 함선에서 물에 뛰어들었다가 그 즉시 상어에게 갈가리 찢기는 꼴을 당했던 두 명의 이그보족 여자를 기억하고 있었다.[12]

일부 노예들은 자유를 얻고자 하는 계산된 행동이 아니라 특정 사건에 대한 우발적인 반응으로 배에서 뛰어내리기도 했다. 1786년 여섯 명의 무리는 배에 타고 있던 의사가 사망한 동족의 신체를 해부학적으로 분석하는 모습을 보고 "격노 또는 공포"에 질려서 "바다에 뛰어들었고 곧 익사했다." 그보다 몇 년 전에는 자메이카에 정박 중인 함선의 갑판에서 무서운 분위기로 노예를 사고파는 난장亂場에서 50명 중 40명의 노예가 바다로 뛰어들었다. 1737년 세인트키츠에서는 프린스 오브 오렌지호가 부두에 정박하고 노예들의 사슬을 풀자마자 100명에 가까운 노예들이 바다로 뛰어들었고 그들 중 33명은 구해주려는 선원의 도움을 거부하고 익사했다. 그들은 "죽기로 마음먹고 직접 몸을 아래로 가라앉혔다." 야벳 버드 선장에 따르면 이러한 집단행동의 원인은 한 아프리카 동족 노예가 배에 올라와서는 "농담처럼" 그들이 곧 눈이 가려진 채 백인들에게 잡아먹힐 것이라고 말했기 때문이었다.[13]

이러한 자포자기의 탈출에서 가장 주목해야 할 측면은 물에 들어간 이들이 표현한 기쁨이다. 선원 아이작 윌슨은 바다로 뛰어든 노예가 "마치 탈출에 성공하기라도 한 것처럼 기뻐하며 물속으로 가라앉았다."라고 회상했다. 하갑판의 변기통을 비울 때 그물을 느슨하게 한다는 점을 알고 있었던 또 다른 남자 노예는 선원이 있는 곳에서 벗어난 후 "그물 사이의 틈으로 몸을 날려 바다로 뛰어들었다." 선원들이 그를 쫓아가서 거의 잡아채려고 할 때 그는 다시 물속으로 잠수해 들어갔다가 먼 곳에서 떠오르며 자신을 잡으려고 하는 선원들을 피했다. 배에서 이 모습을 보고 있던 의사는 "그러는 동안 그는 도저히 말로 설명하기 불가능한 모습으로 마치 우리로부터 탈출해서 행복하다는 듯한 표현의 몸짓을 보였다."라고 회상했다. 마침내 그가 다시 한번 물속으로 들어갔고 "다시는 모습을 보이지 않았다." 1742년 나소호에서 일어난 핏빛 폭동이 진압되고 난 후 선장은 다친 노예들을 모두 갑판으로 데려오도록 명령했다. 그 항해에 사환으로 함께했던 사람에 따르면 선장은 그들 중 회복이 불분명했던 이들을 "배 밖으로 뛰어내리게 했고" 그렇게 스스로 바다로 뛰어든 많은 이들은 죽음을 "반가워하는 모습"이었다. 악명 높은 함선 종Zong호에서도 같은 일이 발생했다. 루크 콜링우드 선장은 122명의 병든 노예를 배 밖으로 던져버렸고 이 모습을 본 또 다른 10명의 노예는 뒤따라서 스스로 바다에 뛰어들었다.[14]

단식 투쟁과 배 밖으로 뛰어내리는 행동만이 자기를 파괴하는 유일한 수단은 아니었다. 일부 병든 노예들은 "죽기를 바라며" 치료를 거부했다. 1788년에서 1789년 사이에 엘리자베스호에 승선했던 두 명의 여자 노예는 목을 매달아 자살했다. 다른 이들은 날카롭고 날이 선 물건이나 손톱으로 스스로 목을 베어버리기도 했다. 톰슨이라는 이름의 선원은 "자기가 알던 [하갑판에 갇혀 있던] 노예들은 그들의 상황이 지속하거나 외국에 노예로 팔려나가기보다는 차라리 스스로 물에 빠져 죽는 것을 택했고 강풍이 불 때 배가 기우는 쪽으로 다 같이 몸을 움직여서 배를 뒤집으려고 했다."라고 기록했다.[15]

아주 드문 일이기는 하지만, 가장 극적인 대량 자살은 배를 폭파해 버리는 것이었다. 1773년 1월 뉴 브리타니아호의 하갑판에 있던 남자 노예들은 돌아다니던 사환이 그들에게 몰래 건네준 도구를 사용해서 격벽을 뚫고 나와 화약고에 들어갔다. 거기에는 수많은 무기가 있었고 그들은 무기를 집어 들고 선원과 한 시간이 넘게 전투를 벌여서 양쪽 모두에 상당한 인명 손실이 발생했다. 노예들은 선원들 손에 패배할 것이 불 보듯 뻔해지자 "화약에 불을 붙여서 함선을 날려 버렸고" 배에 타고 있던 300명에 달하는 사람이 거의 모두 죽었다. 1785년 10월 제임스 찰스 선장은 감비아의 포로들이 (선장과 선원을 모두 죽이고) 네덜란드의 노예선을 나포했다는 소식을 듣고 그 함선을 추격하기로 마음먹었다. 이는 단지 반란자들을 붙잡으려는 것이 아니라 그들을 물리치면 그 배가 자신의 소유가 되기 때문이었다. 세 시간의 추격과 혼전 후에 총알이 빗발치는 상황에서 자유인이 된 노예들의 배에 오를 무리가 나서게 되었다. 열 명의 선원과 한 명의 고급 선원이 그 배에 올랐고 갑판에서 작은 싸움 후에 "노예들을 하갑판의 구덩이로 몰아넣을 수 있었다." 싸움은 계속되었고 누군가 "엄청난 폭발과 함께" 배를 폭파했으며 "배에 타고 있던 모든 이들의 생명이 소멸해 버렸다." 잔해의 일부는 찰스 선장의 함선 아프리카호의 갑판에 떨어졌다.[16]

노예무역에 관한 문서에서 자살에 관한 기록은 피 묻은 실타래처럼 끊임없이 이어지지만, 얼마나 일반적이었는지는 알기 어렵다. 제한된 기간 안에 그 정도를 알아보기 위해서는 1788년 〈돌벤법〉 또는 〈노예 운반법〉의 여파로 필수적으로 기록을 남겨야 했던 노예선 의사들의 일지를 찾아볼 수 있을 것이다. 1788년에서 1797년 사이 동안 36척의 함선 의사들이 자신이 담당한 아프리카인의 사망 원인에 관한 기록을 남겼고 이 중 자살의 비율은 꽤 높았다. 25명의 의사는 한 가지 이상의 자기 파괴적 행동에 관해 기록했다. 여덟 척의 함선에서는 한 명 이상이 배에서 뛰어내렸고 다른 세 척에서는 폭동 후에 노예의 "실종"(분명 바다로 뛰어든 것이다)을 기록하고 있었다. 또 다른 세 척의 함선에서는 그 종류를 기록하지 않은 자살을 겪었고 다른 열두 척의 함선에서는 "손실", "익사", "무력감", "금식"과 같은 원인을 제시하고 있었다. 표본에 포함된 함선 중 거의 3분의 1은 자살을 언급하고 있었지만, 실상은 이조차 노예선의 비인간성에 대한 책임이 언급되던 시기에 자살을 보고하지 않기를 원하던 의사가 상당히 어림잡아 기록한 것이었다.[17] 자살의 건수를 줄이거나 감추어야 했던 또 다른 이유는 판사 맨스필드가 주재한 1785년 개정기의 영국 법원 명령에서 찾을 수 있다. 보험회사는 보험에 걸린 노예가 폭동에서 사망했을 경우에 보상금을 지급해야 했지만, 우울이나 금식 또는 절망으로 사망한 자들에 대해서는 보상금을 지급할 필요가 없었다. 더 구체적으로 말하자면 "바다로 뛰어들어 사망한 사람들은 돈이 되지 않았다."[18]

봉기

노예선이 차갑고 비 오는 날씨에 항해하고 있을 때는 하갑판에 빼곡히 들어찬 수백 명의 몸이 발산하는 강력한 기운을 눈으로 볼 수 있을 정도였다. 그런 날이면 하갑판에 무리 지어 있는 뜨거운 몸에서 뿜어져 나오는 증기가 격자를 통해 선원들이 일하는 주갑판으로 올라왔다. 1760년대에 노예선 나이팅게일호에 승선한 선원 헨리 엘리슨은 "마치 용광로처럼 격자를 통해 증기가 올라오는 모습"을 보았다. 아래쪽에 자리한 인간 용광로가 폭발하여 폭동을 일으키는 모습은 드문 일이 아니었다. 노예무역 특유의 이 독특한 전쟁은 배에서 공공연하게 벌어지는 전투였다.[19]

그러나 노예선에서의 폭동은 우발적이고 자연스러운 과정으로 발생하는 것은 아니었다. 오히려 폭동은 조심스러운 의사소통과 세부적인 계획 그리고 정확한 실행을 위한 인간의 계산된 노력에 따른 결과였다. 노예선 자체에서 폭동을 막기 위한 모든 노력을 기울이고 있었다는 점에서 모든 폭동은 그 성공의 여부와 관계없이 훌륭한 성취라고 할 수 있다. 상인, 선장, 고급 선원 그리고 일반 선원은 모두 폭동에 관해 생각하고 걱정했으며 이를 막기 위한 실제적인 행동을 취했다. 그들은 모두 노예들이 기회만 주어진다면 분노하며 반란을 일으키고 모두를 파괴해 버릴 것으로 생각했다. 노예선을 운영하는 사람이라면 모두 폭동을 의심할 여지 없는 최악의 악몽이라고 생각했다. 폭동은 한순간의 폭발적인 섬광과 함께 모든 이익과 생명을 앗아가 버릴 수 있었다.

집단적 행동은 공동의 문제를 가진 사람들이 공동의 해결책을 찾기 위해 서로 소통하면서 시작되었다. 그들은 두세 명이 작은 무리를 이루어 대화하다가 눅눅하고 냄새나는 하갑판의 공기를 마시며 한밤중에 선장과 선원의 귀를 피해서 문자 그대로 함께 숨 쉬며 음모conspiring[20]를 꾸몄다. 하갑판은 보통은 혼잡했지만, 수갑과 족쇄를 찬 사람들이라도 어느 정도 움직일 수 있었기 때문에 잠재적인 반란자들이 돌아다니며 서로를 찾아 이야기할 수도 있었다. 일단 그들이 계획을 세우면 핵심 공모자들이 모여서 "서로 상처를 낸 후 피 몇 방울을 나누어 삼키는 피의 포도주"를 마시며 서약했다. 그 뒤에 그들은 위험에 관한 모순점을 고려하며 다른 이들을 끌어들였다. 음모에 참여하는 사람의 숫자가 많아질수록 성공의 기회가 커졌지만, 동시에 누군가 배반할 위험도 커졌다. 따라서 대부분 경우에는 더 전투적이고 확실한 소수의 인물만을 선택해서 폭동을 진행하고 일단 폭동이 시작되면 다른 이들이 참가하는 방식을 선택했다. 공모자 대부분은 조심스럽게 일을 진행하며 공격의 순간을 기다렸다.[21]

노예무역의 운영에 관여하던 모든 사람은 정확하게 폭동을 일으킬 가능성이 가장 높은 사람은 남지 노예들이라고 기정히고 그들이 하갑판에 있든 주갑판에 있든 상관없이 언제나 족쇄와 사슬을 채워두었다. 그러나 이동의 자유가 있던 여자와 아이들도 폭동에서 중요한 역할을 했다. 실제로 여자 노예들은 때때로 폭동을 이끄는 역할도 했으며 1785년 와스프호에서 리처드 보언 선장을 붙잡아 배 밖으로 던져버리려고 시도한 사건이 그 예라고 할 수 있다. 유니티호(1769~1771)의 노예들과 토머스호(1797)의 노예들 역시 "여자 노예의 주도로" 폭동을 일으켰다. 또 다른 경우에 여자 노예들은 이동의 자유를 발판으로 스스로 권력에 접근해서 선장이나 고급 선원의 암살을 계획하거나 하갑판의 남자들에게 도구를 전달해 주기도 했다. 뉴브리타니아호에 승선한 소년은 감비아에 정박해 있던 당시 하갑판의 남자들에게 "목수의 도구를 건네주어서 그것으로 하갑판을 뜯고 나와 총기류와 탄환 그리고 화약을 손에 넣을 수 있도록 도왔다."[22]

노예들의 봉기에서 가장 중요한 것은 관여하는 이들의 이전 경험이었다. (골라족 같은) 몇몇 남자들과 (다호메이에서 온) 소수의 여자는 어쩌면 전에 전사의 삶을 살았고 그래서 이미 용맹과 훈련 그리고

노예선에서의 폭동 (필라델피아 도서관 단체)

전쟁 기술을 습득한 자들이었다. 그들은 이미 좁은 거처에서의 싸움에 익숙했고 협력적인 방식으로 행동할 줄 알았으며 물러서지 않고 자리를 지켜낼 수 있는 훈련을 받았다. 어떤 이들은 유럽인들에 관한 귀중한 지식을 가지고 있어서 그들이 대응하는 방식이나 함선에 관한 정보를 제공해 주었다. 선원 윌리엄 버터워스는 "칼라바르와 근처 이웃 마을에 살아서 영어를 유창하게 구사할 수 있던 몇몇 노예들에 관해 설명하기도 했다. 그들은 어떤 범죄를 저질렀다가 자유를 잃었고 어떤 위험을 감수하고서라도 다시 자유를 되찾고자 하는 큰 열망을 가지고 있어서, 자신들보다 죄가 덜하지만, 똑같이 불행한 남녀 노예들에게 상당 기간 불만의 씨앗을 퍼뜨리고 있었다." 이처럼 항구 도시 출신의 경험 있는 남녀 노예들은 자신을 잡아 가두고 있는 자들의 속내를 다른 이들은 알 수 없는 방식으로 "읽어낼 수 있었고" 일부는 심지어 배에 관해서도 알 수 있었다. 항구 도시의 거주민 중에는 대양 항해 함선의 운영에 익숙한 아프리카인 선원이 있었고 이들은 아마도 폭동의 시도에서 가장 유용한 사람이었을 것이다. 대부분의 해안 지역과 강가에 사는 이들도 마찬가지였겠지만, 바람막이 해안의 크루족과 황금 해안의 판테족은 유럽의 함선과 항해에 관해 특히 더 잘 알고 있는 것으로 알려져 있었다. 이러한 이유로 노예선 선장은 해안에서 잡혀 온 노예는 특히 안전에 위협이 된다고 생각했다.[23]

1753년 3월 감비아강에 정박 중이던 토머스호에서는 유럽 무기에 관한 지식도 중요한 역할을 했다. 87명의 노예가 "각자 사슬을 끊고" 갑판으로 올라와 수석 항해사를 배 밖으로 던져버렸다. 놀란 선원들이 각자 가지고 있던 총기를 발사해서 반란 무리를 아래로 밀어 넣었다. 그러나 일부 노예들이 선원의 무기가 제대로 작동하지 않는다는 점을 알아차렸고 그 즉시 "각목과 판자"를 집어 들고 다시 갑판 위로 올라갔다. 전투를 벌인 선원의 수는 고작 여덟 명에 불과했고 그들은 소형선으로 밀려날 수밖에 없었다. 선원들이 도망친 후 "노예들 소유가 된 슬루프급 함선"에 타고 있는 이들은 이제 노예가 아니었다. 두 명의 노예선 선장이 슬루프급 함선을 재탈환하기 위해 노력했고 그들은 맹렬한 교전을 벌였다. "노예들은 상대를 맞아서 숙련된 방식으로 대응하며 회전포가를 쏘고 소화기도 잘 다루는 모습을 보였다." 노예가 총기에 접근할 수 있었다 하더라도 이렇게 능숙하게 무기를 사용하는 모습은 흔한 일이 아니었다.[24]

특정 문화의 부족 집단은 더 반항적인 것으로 알려져 있었다. 몇몇 목격자들은 세네감비아 지역에서 잡혀 온 노예들이 특히 더 노예제에 대한 반감을 품었고 따라서 이들은 노예선에서 위험한 존재였다고 기록했다. '왕립 아프리카 회사' 소속의 윌리엄 스미스는 "감비아인들은 태생적으로 나태하고 게으르며 노예제를 혐오했기 때문에 자유를 얻기 위해서는 극단적인 방식까지 사용하여 무엇이든 시도할 것이다."라고 기록했다. 의사 토머스 트로터는 1780년대의 경험을 바탕으로 황금 해안의 판테족이 "어떤 위험을 무릅쓰고라도 폭동을 감행할" 준비가 되어 있었다고 기록했다. 알렉산더 팔콘브리지도 여기에 동의했다. 그는 "황금 해안에서 온 그들은 매우 대담하고 강건했으며 그들이 배에 오르면 다른 해안 지역의 흑인들만 있을 때보다 더 자주 폭동이 일어났다."라고 기록했다. 휴 크로우 선장의 기록에 따르면 18세기 후반에 "쿠아족", 또는 아메리카에서 "모코족"으로 알려진 비아프라만의 이비비오족 역시 "가장 필사적인 부류의 사람들이었고" 항상 "노예들 사이에 골칫거리나 폭동이 발생하면 제일 선두에 서 있었다." 그들은 많은 선원을 죽였으며 배를 폭파한 것으로도 유명했다. 크로우는 "이 부족의 여자들도 남자들만큼이나 사납고 공격적이었다."라고 덧붙였다. 실제로 이비비오족은 너무 위험했기 때문에 선장들은 "자신의 화물 가운데 그들을 최소한 적게 포함하려고 하며" 경계했다. 선장이 그들을 배에 태울 때는 "항상 갑판 사이에 이들을 위한 거처를 따로 마련하여 분리해 두었다." 이비비오족은 너무 반항적이었기 때문에 선장이 특별한 거처를 마련해서 고립적으로 수용해야 했던 유일한 부족이었다.[25]

여자 노예와 남자아이들 그리고 부족 간에 반란의 인원 보충을 위한 방침에는 잠재적인 분열이 존재했다. 당시에는 남자나 여자 쪽에서 반란을 계획해도 다른 쪽 성별 집단이 지원하지 않은 경우가 많았고 이는 물론 선원들이 더 쉽게 반란을 제압할 수 있게 했다. 예를 들어 1785년 와스프호에서 여자 노예들이 보언 선장을 공격했을 때 남자 노예들은 아무 행동도 취하지 않았고 1786년 휴디브라스호에서 남자들이 일으킨 반란에는 여자들이 참여하지 않았다. 남자아이들은 갇혀 있는 노예들에게 날카로운 도구를 넘겨주며 도움을 주기도 했지만, 반대로 선원들에게 하갑판에서 일어나고 있는 음모를 알려주기도 했다. 또한, 특정 아프리카 부족 집단이 반란의 경향성을 띠더라도 배에 타고 있던 다른 부족 집단이 항상 그들의 호전적 방식에 동의하지는 않았다. 이비비오족과 이그보족은 "철천지원수" 사이였고 참바족은 판테족을 경멸했으며 1752년 후반의 반란 중에 이그보족과 코로만티족 반란자들이 서로 싸움을 벌이기도 했다. 이러한 사례에서 분열이 이전의 역사에서 비롯하였는지 부적절한 의사소통과 준비에서 비롯하였는지 아니면 반란을 목적으로 하는 데서의 불일치에서 비롯하였는지는 명확하지 않다.[26]

반란을 일으키려면 배를 잘 알고 있을 필요가 있었다. 그러므로 노예들은 주로 그들의 거처, 하갑판, 주갑판, 선장의 선실, 무기고에 관해 아는 바를 서로 속삭였고 이러한 지식을 바탕으로 어떻게 진행해야 할지에 관한 이야기를 나누었다. 노예들은 유럽인과 그들의 기술에 관한 특정한 세 가지 지식이 필요하다는 점을 알고 있었다. 이 세 가지 지식은 반란의 과정을 구분하는 세 단계와 관련이 있는 것으로 사슬에서 풀려날 방법, 무기를 찾아서 선원들에게 사용할 방법, 그리고 성공한 후에는 배를 항해하는 방법이었다. 이러한 과정의 순간 중 하나라도 실패하면 반란은 수포로 돌아갈 수밖에 없었다.

수갑과 족쇄 그리고 쇠사슬이라는 철제 도구의 기술 공학이 수세기 동안 지속적으로 노예나 또 다른 수감자들에게 사용되면서 그 목적을 달성하는 데 매우 효과적이었다는 점은 분명한 사실이었다. 하지만 하갑판에 묶인 남자 노예들이 쇠사슬을 빠져나오는 방법을 어김없이 찾아냈다는 점 역시 분명한 사실이었다. 때로는 쇠붙이가 너무 헐거워서 노예들이 피부를 부드럽게 한 후 조금씩 움직이며 약간의 노력만 하면 쉽게 벗어날 수 있는 경우도 있었다. 또 다른 경우에 그들은 손톱이나 꼬챙이 또는 나뭇조각 아니면 자물쇠를 쑤실 수 있는 어떤 도구를 사용하기도 했고 날카로운 단면을 가진 도구(아마도 여자나 남자아이 노예들이 아래로 밀어 넣어 주었을 톱, 끌, 칼, 망치, 손도끼 또는 도끼)를 사용해서 쇠사슬을 끊거나 부수기도 했다. 추가로 어려웠던 점은 자유를 찾기 위해 쇠사슬을 부수는 과정에서 들키지 않도록 이러한 도구를 조용히 사용하는 것이었다. 일단 쇠사슬을 끊고 나면 반란자들은 밤중에는 항상 잠겨 있는 강화된 격자를 통과해야 했다. 밤중에 누군가 선원을 속여서 격자를 열도록 하지 않는다면 아침에 격자를 여는 시기를 기다렸다가 그 순간 깜짝 놀라게 튀어나가는 게 가장 좋은 기회가 될 수 있었다.[27]

다음 단계는 하갑판의 폭발적인 기운을 내뿜는 것으로 선원들을 겁주는 "비범한 함성"과 선원들이 살해당하며 지르는 "몇 가지 끔찍한 비명"이 오가는 단계였다. 아프리카인들의 울부짖음은 아침의 정적을 찢었다. 예고 없이 빠르고 강하게 그리고 맹렬하게 공격하는 것이 중요했다. 왜냐하면, 그렇게 하면 선원들이 놀라서 반란을 피하려고 긴 소형선으로 달아났기 때문이다. 한편 배의 선두 부분에서는 맨손 전투가 격렬히 벌어졌고 만약 상당수 노예가 사슬을 끊고 탈출했다면 그들은 상대하는 선원과 비교해서 뚜렷한 수적 우세를 점할 수 있었을 것이다. 그러나 선원들에게는 커틀러스 칼이 있었고 반란자들은 갑판에서 집어 든 밧줄 고정용 핀이나 막대기 아니면 노 한두 개를 제외하고는 무기가 없었다. 만약 여자 노예들이 남자 노예들의 반란에 협조했다면 전투는 방책 뒤쪽 배의 후미 부분에서 벌어졌을 것이다. 거기에서는 작살이나 요리사의 손도끼와 같은 더 나은 물자를 구할 수 있었기 때문이다. 대부분 반란자는 하나의 무리를 이루어서 달빛이 비치는 갑판으로 몸만 덩그러니 뛰쳐나왔다. "그들은 총기류 무기를 가지고 있지 않았고 주갑판에서 집어 든 엉성한 물품들을 제외하고는 무기조차 없었다."[28]

모든 일손은 반란을 진압하기 위해 갑판으로 몰려들면서 권총과 소총을 집어 들었고 방책에 자리를 잡은 후에 사격구를 통해 남자 노예들에게 발포했다. 그들은 또한 방책 위에 자리 잡은 회전포가를 사용해서 갑판을 쓸어버리기도 했다. 결정적인 순간이었다. 만약 노예들이 승리하고자 한다면 방책을 뚫거나 최소한 무기고에 들어갈 수 있어야 했지만, 무기고는 남자들의 구획에서 최대한 멀리 떨어진 선미 갑판에 있는 선장의 선실 근처에 있었고 많은 선원이 주변을 지키고 있었다. 따라서 반란자들은 방책의 작은 문을 부수고 들어가거나 8피트에서 12피트에 달하는 높이에 꼭대기에는 대못이 박혀있는 벽을 기어오르려고 노력했다. 만약 그들이 방책을 넘어설 수 있었다면 그리고 그들이 무기고에 도달해서 문을 부수고 들어갈 수 있었고 (전투 경험이 있는 많은 아프리카인이 그랬듯이) 유럽의 무기를 사용하는 방법을 알았다면 그들은 아마도 1750년 앤호에서 노예들이 거둔 성과와 유사한 결과를 얻었을 것이다. "흑인들은 새벽 3시경에 무기와 화약을 탈취한 후 백인들에 대한 반란을 일으켰다. 중간에 숨어버린 두 사람을 제외하고는 모두 크게 다칠 만큼 격렬한 전투 후에 그들은 함선을 케이프 로페즈 남쪽 해안으로 몰아갔고 탈출을 감행했다."[29]

전투가 격렬해지면 반란 무리는 원래의 계획을 수행했다. 그들이 선원을 어떻게 했을까? 대부분의 경우에 그들은 간단한 답을 제시할 수 있었다. 죽여버리는 것이었다. 1732년 브리스틀을 출항했던 무명의 함선에도 같은 선택을 한 노예들이 있었다. 그들은 "반란을 일으켜서 모든 선원을 죽인 후 선장의 머리와 팔다리를 잘라버렸다." 그러나 이 사안은 다른 사안과 이어지며 복잡해졌다. 즉, 아프리카인들 사이에 배를 항해하는 방법을 아는 사람이 있었느냐는 것이었다. 유럽인들은 일단 배가 바다로 나오기만 하면 이러한 지식의 부재는 반란을 막는 중요한 보루의 역할을 할 수 있다고 생각했다. 1735년 존 앳킨스는 이에 관해 다음과 같은 기록을 남겼다. "보통은 흑인들이 항해법에 무지하다는 점이 일종의 안전장치로 생각될 수 있었다." 따라서 일부 반란자들은 아프리카로 배를 돌려 항해하는 것을 돕기 위해 몇몇 선원들은 살려두어야 한다는 점을 지적하기도 했다.[30]

노예선에서 일어난 반란의 결과는 보통 세 가지 중 하나로 볼 수 있었다. 이 중 첫 번째는 1729년 갤리선 클레어호에서 그 예를 찾아볼 수 있었다. 10명의 선원만으로 황금 해안을 벗어나 바다로 나왔을 때 노예들은 "반란을 일으켜 화약과 무기를 챙겼고" 선장과 선원이 그들의 분노를 피해 소형선으로 달아나면서 그들은 배의 통제권을 갖게 되었다. 반란에 성공한 이들이 배를 항해했는지 아니면 그저 해안으로 밀려들어 온 건지 명확하지는 않지만, 어쨌든 그들은 상륙에 성공했고 케이프 코스트 캐슬에서 멀지 않은 곳에서 자유를 찾아 도망칠 수 있었다. 더 극적인 반란은 1749년 바람막이 해안에서 발생했다. 노예들은 족쇄의 자물쇠를 따고 갑판을 뜯어 커다란 나뭇조각을 집어 든 후 선원들과 싸웠고 두 시간에 걸친 싸움 끝에 그들을 압도하여 선원들을 선장의 선실로 밀어낸 후 거기에 가둬버렸다. 다음날 노예들이 선미 갑판을 뜯어내어 문을 열려고 하자 선원 다섯 명이 도망치기 위해 바다로 뛰어내렸다. 그러나 총기를 사용할 줄 알았던 몇몇 아프리카인들로 인해 탈출은 쉽지 않았고 결국 그들은 물에서 총을 맞고 사망했다. 반란에 성공한 이들은 남은 선원들에게 항복할 것을 명령했고 거부하면 화약고를 폭파하겠다고 위협했다. 곧 배는 얕은 물에 올라와 좌초했고 승자들은 배를 버리기 전에 물건들을 챙겼다. 그들 중 몇몇은 해안에 올라왔을 때 원래 배에서 있던 벌거벗은 모습이 아니라 선원의 옷을 입은 모습이었다.[31]

때로는 반란으로 다투는 사이 양쪽 모두 파멸하는 결과가 발생하기도 했다. 1785년 어떤 함선에 의해 발견된 대서양을 떠돌던 "유령선"이 그 예가 될 수 있다. 이 무명의 스쿠너급 노예선은 일 년쯤 전에 로드아일랜드의 뉴포트를 떠나 아프리카로 항해했다. 발견 당시 돛도 선원도 없이 오직 15명의 아프리카인만 실은 채 떠돌고 있었고 그들의 모습은 "초췌하고 비참한 상황이었다." 그들을 발견한 사람들은 아마도 그들이 "오랫동안 바다를 떠돌았을 것"이라고 생각했다. 또한, 노예들이 선상에서 반란을 일으켰고 "반란 후에 선장과 선원을 살해했으며" 그동안 그리고 그 이후에도 "많은 흑인이 죽었을 것"이라고 생각했다. 아마도 배에서 항해할 줄 아는 사람이 아무도 없어서 그들은 천천히 굶주림에 죽어갈 수밖에 없었을 것이다.[32]

단연코 가장 일반적인 선상 반란의 결과는 패배였고 그 여파로 고문과 괴롭힘 그리고 테러가 뒤따랐다. 반란에 주도적인 역할을 한 사람은 나머지 사람들에게 본보기가 되었다. 그들은 다양한 방식으로 매질당하고 찔리고 잘리고 베이고 잡아당겨지고 부러지고 팔다리가 잘리고 참수되었으며 이 모두는 흥분한 선장의 명령에 따라 이행되었다. 전쟁은 이러한 야만적 처벌에서도 계속되었고 반란자들은 채찍질을 당해도 아무 소리도 내지 않고 참았으며 조용히 죽음을 맞이했다. 악명 높은 코로만티족 역시 "그들의 처벌과 죽임에 조롱으로 대꾸하며" 죽음을 받아들였다. 때로는 패배한 이들의 신체 일부를 남아있는 노예들 사이에 걸어두고 배의 어느 곳에서라도 볼 수 있게 해서 감히 반란을 일으킨 이들의 결과를 상기할 수 있게 했다. 노예선은 그 자체로 인간을 통제하기 위한 잘 조직된 요새였다는 점을 수없이 반복해서 증명해 보였다. 처음 설계에서부터 노예선은 수감자들이 배를 점거하거나 자유를 향해 항해하기에 극도로 어렵게 만들어졌다.[33]

노예들이 반란을 일으키는 주된 원인은 노예제도였다. 실제로 아프리카인들 스스로 배에서 이야기했던 반란 이유 역시 이러한 사실을 뒷받침했다. 바람막이 해안의 주요 무역 언어를 "거의 영어만큼" 잘 알고 있었던 선원 제임스 타운은 노예와 이야기하면서 그들의 불만을 알 수 있었다. 1791년 의회 위원회가 그에게 노예들이 선상에서 반란을 일으키려고 시도했던 사례에 관해 알고 있는지 물었을 때 그는 알고 있다고 대답했다. 다시 "그런 반란의 원인이 무엇인지 물어본 적이 있습니까?"라는 질문에 그는 "그런 적이 있습니다. 내가 들은 대답은 '도대체 무슨 사업이길래 우리를 노예로 만들어서 고국을 떠나게 만드는가? 우리는 아내와 아이들이 있고 그들과 함께 있고 싶다'라는 말이었습니다."라고 대답했다. 어떤 사람은 노예선에서 반란을 일으키는 또 다른 이유가 해안으로의 근접성(일단 함선이 바다로 나가면 항해법에 관해 걱정해야 했기 때문에)과 선원의 병약한 상태 또는 경계 태만에 있었다고 지적했다. 노예무역의 영향 확대로 인해 아프리카의 전쟁을 경험한 적이 있는 노예들은 반란의 가능성을 더 증가시켰다.[34]

역사가인 데이비드 리처드슨은 노예선의 반란이 무역의 수행에 실질적인 영향을 미친다는 것을 보여주었다. 1731년 『보스턴 뉴스레터』의 한 저자가 인정한 바와 같이 반란은 손실을 야기했고 운송비용을 높였으며 투자자들의 투자 행동을 방해했다. "그쪽〔황금 해안〕으로 향했던 항해의 후반부에 일어난 흑인들의 반란이나 다른 여러 계산 착오들은 상인의 이익에 큰 손실을 야기했다." 리처드슨은 거의 열 척 중 한 척의 함선은 반란을 경험했으며 각 반란으로 인한 평균 사망자는 대략 25명이라고 추산했다. 통틀어 보면 십만 명의 귀중한 노예가 반란의 결과로 사망했다. 또한, 반란은 다른 경제적 효과(비용의 증가와 수요의 감소)를 가져와서 아메리카로 향하는 "노예의 운송량을 현저하게 감소시켰다." 전체 노예무역 역사를 통틀어 보면 1백만 명이 감소했고 1698년에서 1807년 사이의 기간을 두고 본다면 60만 명이 감소했다.[35]

또한, 대서양 양쪽 모두의 신문에서 끊임없이 노예의 피비린내 나는 반란을 다루면서 반란은 독서 대중들에게도 영향을 주었다. 이러한 신문 보도에 따라 노예무역에 반대하는 사람들은 "노예들이 보여준 절박한 결심과 놀라운 영웅적 행위"를 지적하며 하갑판으로부터의 투쟁에도 목소리를 부여했고 이러한 상황 역시 때로는 신문에서 다루어졌다. 그들은 수감자들이 "잃어버린 자유"를 되찾으려고 노력하고 있으며 이는 그들의 천부적인 권리라고 주장했다. 게다가 1787년 영국과 아메리카에서 노예무역에 관한 대중적 논쟁이 대두되었을 때 노예무역 폐지론자들은 노예들의 저항을 활용하여 노예무역에 이권을 가진 자들이 주장하는 노예선 환경과 처우의 적절함을 반박했다. 만약 노예선의 상황이 상인과 선장의 주장대로라면 왜 그들이 굶주리며 죽어가고 스스로 함선에서 몸을 던지거나 죽음을 무릅쓰고 반란을 일으키겠는가?[36]

토머스 클락슨은 "가장 눈부신 영웅의 모습이 노예선의 선창과 갑판에서 반복적으로 그려졌다."라고 기록했다. 이들의 행위는 너무나 위대하고 고귀하였기에 "이 영웅전의 저자들은 그리스와 로마의 웅대한 업적을 가진 위인들에 필적했다." 그는 다음과 같이 덧붙였다.

그러나 이 노예와 위인들의 운명이 얼마나 큰 차이를 보이는가. 노예들의 행위는 비열한 행위로 간주하며 고문과 죽음으로 벌하여졌지만, 위인들의 행위는 대중의 사랑과 칭송을 받는다. 다시 전자의 행위는 꾸준히 잊히기만 하고 흔적조차 남겨지지 않으며 겨우 기록이 남아있는 경우에만 알 수 있지만, 후자의 행위는 꾸준히 기록에 남아 후세에 모범이 된다.[37]

클락슨은 영웅적 행위와 고문, 죽음 그리고 그리스와 로마 역사의 끝없는 영광에 관해서는 옳았지만, 반란이 남긴 것에 관해서는 틀렸다. 노예선에 타고 있던 노예들이 반란의 계획에 참여하는 정도는 다양했지만, 반란의 영향은 고스란히 모든 노예에게 전해졌다. 노예제를 거부하면서 시작된 투쟁은 수백 년간 계속되었다. 그들은 순교자로서 하갑판과 해안가 그리고 노예 농장에 남아있던 이들의 오랜 기억에

남아 민간의 이야기로 전승되었다. 반란은 기억될 것이며 투쟁도 계속될 것이다.[38]

"아프리카로의 귀향"

죽음의 경험과 다양한 형태로 나타난 저항의 충동은 넓게 보면 서아프리카의 영적인 믿음과 관련이 있다. 18세기 초부터 노예제가 폐지되는 시기까지 대부분 노예는 죽으면 고향으로 돌아간다는 믿음을 가지고 있었던 것으로 보인다. 이러한 믿음은 그들이 "자신의 운명을 꿋꿋히고 담담히 받아 들일 수 있도록" 했다. 이러한 믿음은 특히 비아프라만에서 온 사람들 사이에 더 두드러졌지만, 세네감비아와 바람막이 해안 그리고 황금 해안에서 온 사람들 사이에서도 나타났다. 이러한 믿음은 중간 항해 이후로 오랫동안 지속하였다. 북아메리카나 서인도에서 아프리카 혈통인 사람들은 종종 장례식에서 기쁨과 환희의 표현을 하기도 했는데 이는 죽음이 "아프리카로의 귀향"을 의미했기 때문이었다.[39]

18세기 초에 한 무명의 목격자는 배에서 죽어가는 사람에 관한 기록을 남겼는데 "죽음의 순간에 그들은 이제 조국으로 돌아갈 수 있다고 생각했고 이러한 생각 때문에 음식조차 먹기를 거부했다. 스스로 굶주림에 몰아넣는 것이 고향으로 돌아가는 〔가장〕빠른 길이었다." 1760년대에 옛 칼라바르에서 온 한 여자 노예는 노예선에서 스스로 굶주리며 죽어가면서 죽기 전날 밤에 다른 여자 노예들에게 "친구들에게 갈 것"이라고 말했다. 18세기 말에 조셉 호킨스는 이보족은 죽은 후에 "고향으로 돌아야만 하며, 그곳에서 걱정과 고통 없이 영원히 살 것"이라고 기록했다. 폐지론자들은 영혼이 먼 곳으로 돌아간다는 믿음에 관해 잘 알고 있었다. 토머스 클락슨은 "대부분 아프리카인은 죽음이 그들을 압제자들의 손에서 풀어주고 그들의 영혼은 즉시 고향의 평원으로 돌아가서 그곳에 존재하며 사랑했던 동족들의 모습을 바라보며 즐거워할 수 있다는 믿음을 보편적으로 품고 있었다. 그들은 새로운 존재로서 고요와 기쁨의 장면을 누릴 수 있다고 믿었으며 이러한 개념이 너무 강력하게 작용했기 때문에 종종 스스로 목숨을 끊으려는 무시무시하고 극단적인 행동을 보이기도 했다."라고 설명했다. 누군가 죽음을 맞이하게 되면 아프리카인들은 "그는 행복의 나라로 떠났다."라고 말했다.[40]

노예선에 타고 있던 여러 노예와 대화했던 한 유럽인 목격자는 대다수의 노예가 "그들이 원래 살던 고향에 원래의 몸으로 다시 돌아갈 수 있다는 허황한 믿음"을 가지고 있었다고 기록했다. 일부 노예들은 심지어 "옛 추억"에 깃들어 이전에 살았던 삶으로 완전히 돌아갈 수 있다고 생각했다. ("좀 더 현명한" 아프리카인이라고 여겨진) 다른 이들은 "살아서는 알지 못하던, 광대한 아프리카 대륙의 어딘가로" 돌아갈 수 있다고 생각했다. "아프리카의 낙원"에서 그들은 인생의 기쁨과 호사를 두려움 없이 느끼고자 했을 것이다. 노예선에 승선한 이슬람 노예들은 "모든 진정한 무슬림이라면 계승하고 있는 율법!"을 따랐다. 그러나 그들은 내세에 함께하게 될 사람이 누구인지에 관해서는 의견이 달랐다. 어떤 이는 "원래의 아내와 함께 떠나게 될 것"이라고 생각했고 어떤 이는 "파란 눈의 처녀"와 함께할 것으로 생각했다. 이러한 구전 이야기를 수집하던 한 남자는 인류학적인 관점에서 그들을 이해하고자 하는 시도는 전혀 소용이 없었고 "이 문제에 관한 그들의 의견은 너무나 어둡고 이해하기 힘들었기 때문에 우리가 이를 다룰 만한 가치는 없는 것으로 보였다."고 언급했다.[41]

노예무역 상인과 노예선 선장의 생각은 달랐다. 그들은 이러한 믿음에 커다란 관심을 보였고, 이러한 관심은 다양한 생각과 행동으로 나타났다. 그들은 단지 자살을 막는 그물을 치고 강제로 음식을 먹이는 장치를 사용하기만 한 것이 아니라 의도적인 테러를 활용할 줄 알았다. 많은 아프리카인이 죽은 후에 자신의 신체와 함께 고향 땅으로 돌아갈 것이라고 믿고 있었기 때문에 선장은 "예방적 조치"로서 죽은 이들의 시체를 위협의 수단으로 삼아 모든 이들이 볼 수 있게 했다. 한 선장은 모든 노예를 갑판에 불러 모은 후에 목수가 처음으로 죽은 노예의 목을 잘라서 배 밖으로 던져버리는 모습을 보도록 했다. 이는 "그들이 고향으로 돌아가고자 한다면 목 없이 돌아가야 할 것이라는 일종의 위협이었다." 그는 이후에 노예들이 죽을 때마다 이런 소름 끼치는 의식을 반복했다. 윌리엄 스넬그레이브 선장도 같은 생각이었다. 반란을 주도했던 한 남자 노예를 참수한 후 그는 "흑인들에게 누구든 질서를 어지럽히는 자는 같은 방식으로 대해질 것이라는 점을 알리기 위해 참수가 행해졌다. 많은 흑인이 죽은 후에 사지가 멀쩡하게 바다에 버려지면 고향으로 돌아갈 수 있다고 믿었기 때문에 충분히 위협이 될 수 있었다."라고 설명했다. 휴 크로우는 그러한 신념으로 "문제를 일으키려는 의도가 완전히 소멸"할 수도 있다는 점을 알고 있었다. 급성장하는 대서양의 자본주의 경제에서 수많은 역할을 담당하던 노예선 선장에게 하나의 역할이 더 부여되었다. 그것은 바로 테러리스트였다.[42]

또한, "아프리카로의 귀향"이라는 결심은 반란의 목적이 항상 배를 점거하는 것은 아니었다는 점을 암시한다. 많은 경우에 반란의 목적은 집단 자살이었다. 토머스 클락슨의 설명에 따르면 노예들은 "스스로 바라던 죽음을 얻기 위한 수단으로 선원에게 대항하여 반란을 일으켰고 압제자들 몇 명의 목숨을 거두며 소망을 이루고자 했다." 이러한 목적을 고려할 때 노예들의 관점에서는 훨씬 더 많은 수의 반란이 성공한 것으로 간주하여야 한다. 반란자들은 죽음과 영적 귀환을 통해 착취와 노예화 그리고 추방의 경험을 처음으로 되돌렸다reversed.43

결속

폭력적인 징용과 노예화는 강제로 노예선에 오른 거의 모든 사람의 삶을 규정하던 친족의 구조를 산산이 부숴버렸다. 이러한 파괴가 더 깊어지고 혼란과 분열이 초래될 때 노예들은 수동적으로 당하고만 있지는 않았다. 그들은 친족 관계에서 아직 남아있는 것들을 보존하기 위해 할 수 있는 모든 일을 다 했고 노예선으로 오기 전에 이동하는 노예의 집단에서나 "노예 거래소"나 중개소factory 또는 요새에서는 미처 형성하지 못했던 새로운 친족 관계를 수립하는 것 역시 중요하게 생각했다. 올라우다 에퀴아노는 그의 "동족"과 새로운 유대를 형성했다. 여기서 말하는 "동족"이라는 단어는 이그보족 동료를 의미할 수도 있지만, 배에서 그가 만날 수 있었던 모든 아프리카인을 의미할 수도 있었다. 인류학자들이 "가상의 친족"이라고 불렀던 이러한 관계는 노예선 하갑판에 형성된 실제적이고 끊임없이 되풀이되는 일련의 축소된 상호 조력 사회였다. 이들은 서로를 "뱃동지"라고 불렀다.

친족 관계에 관해 가장 먼저 강조해야 할 점은 이러한 관계 중 가상의 친족이 아닌 실제 가족이 노예선에 같이 타고 있는 경우가 있었으며 이런 일이 노예선에서 흔히 발생했다는 것이다. 한 목격자는 남편과 아내, 부모와 아이들, 형제자매 그리고 대가족과 핵가족의 구성원 모두 한배에 타고 있는 경우가 많았다고 지적했다. 이런 일이 가능했던 것은 아프리카에서 노예를 만드는 주된 수단의 특성 때문이었다. 한 마을 전체에 대한 "대약탈"로 한밤중에 마을이 불타오르면 가족과 전체 부족 그리고 때로는 하나의 공동체가 통째로 적군의 약탈에 휩쓸려 해안으로 운반되어 다 함께 "전쟁 포로"로 팔리기도 했다. 존 손턴이 기록한 바와 같이 "하나의 노예선을 꽉 채우고 있는 이들은 단지 같은 문화권에서 끌려온 사람들이 아니라 함께 자라온 사람들이었다."[44]

노예선에서는 친족들 간의 만남이 잦았다. "고위층의 면모를 보이는" 한 이그보족 사람은 타고 있던 배의 주갑판에서 자신과 닮은 "외모와 피부색"의 누이를 만났다. 두 사람은 북받치는 감정으로 "놀라서 말도 못 하는 모습으로 선 채로" 서로를 바라보았고 이내 "달려가서 서로를 두 팔로 꼭 안았다." "매우 똑똑하고 영리한" 15세 소녀는 3개월간 여러 노예선을 옮겨 다니면서 "자신과 닮은 모습을 한" 8살의 여동생을 찾기 위해 노력했다. 결국, 함께 만나게 된 두 사람은 "곧 서로를 부둥켜안고 함께 하갑판으로 내려갔다." "형제자매와 부부가 함께 배로 끌려온 친족들이 배에서 다시 서로 분리되는 일은" 노예선에서 반복적으로 발생했다. 형제들은 함께 밥을 먹을 수 있었고 자매들역시 마찬가지였지만, 남자와 여자는 서로 구분되었기 때문에 모든 친족이 서로 만나는 것은 쉬운 일이 아니었다. 예를 들어 남편과 아내사이의 의사소통은 "갑판 주위를 오가는 남자아이들을 통해서" 이루어질 수 있었다.[45]

남아있는 기록으로 우리가 정확하게 알 수는 없지만, 친족의 의미는 천천히 넓어져서 처음에는 아주 가까운 가족을 의미하다가 점점 함께 먹는 사람, 함께 일하는 동료, 친구, 동족 그리고 하갑판에 함께 있는 모든 이들을 의미하게 되었다. 그 과정의 중심에는 서아프리카 문화의 혼합적 특성이 있었다. 존 매튜스의 설명에 따르면 시에라리온 사람들은 특히 "새로운 유대를 형성하는 것에 매우 능수능란했다." 제임스 보언 선장은 노예들이 유대를 형성하는 과정을 기술하기도 했다. 그의 배에는 "여러 관계"가 뒤섞인 아프리카인들이 타고 있었다. 그가 확실히 설명하기를 이들은 전통적인 친족 관계는 아니었지만, 최근에 형성한 어떤 관계를 맺고 있는 것처럼 보였다. 이들은 "서로 간의 결속을 발견하고 서로 떨어지지 않았으며 같은 음식을 나누어 먹고 항해 내내 같은 자리에서 함께 잠을 잤다." 간단히 말해서 그들은 폭력과 테러 그리고 어려운 상황을 함께 나눌 뿐만 아니라 함께 저항하고 함께 공동체를 만들며 노예선의 하갑판에서 함께 생존했다. 그들은 "새로운 유대"를 형성했다. 그들이 바로 뱃동지였다.[46]

　의사 토머스 윈터바텀은 이 용어의 중요성에 관해 설명했다. 그는 1790년대 초에 시에라리온 식민지에서 의사로 일했고 노예선과 신세계에서 아프리카의 친족 관계를 관찰했다. 그는 "특정 나이의 남자들 이름 앞에 '파'pa 또는 '아버지'라는 호칭을 붙이거나 여자의 이름 앞에 '마'ma 또는 '어머니'라는 호칭을 붙여서 존경을 표했다."라고 기록했다. 그의 기록에 따르면 "이러한 풍습은 서인도의 노예들 사이에도 그대로 나타났다." 또한, 그는 노예선이 어떻게 연결 고리를 제공하는지 관찰할 수 있었다. "같은 배를 타고 서인도로 끌려간 이 불행한 사람들이 그 뒤로도 쭉 서로 애정 어린 강한 애착을 유지했다는 점은 충분히 주목할 만한 가치가 있다. 그들은 뱃동지라는 이름으로 서로를 거의 형제자매처럼 대했으며 서로 부부와 같은 애정관계를 형성하는 일은 거의 없었다." 이러한 현상은 대서양 식민지 전역에서 발생하고 있었다. 네덜란드의 식민지에서는 같은 배를 타고 온 이들이 서로를 시비sibi 또는 시삐sippi라고 불렀다. 포르투갈의 브라질 식민지에서 함께 항해한 친족을 이르는 단어는 말룽고였다. 프랑스계의 카리브해 크리올[유럽인과 아프리카인의 혼혈]들은 이를 바티마라고 불렀다. 버지니아에서 바베이도스와 자메이카에 이르는 지역에서는 "뱃동지"라고 불렀다. 이러한 친족 관계는 후에 함께 배를 타고 온 사람들끼리 자신의 아이들에게 그들의 뱃동지를 "삼촌"이나 "숙모"로 부르게 하면서 더 확대되었다. 선원 윌리엄 버터워스는 중간 항로 항해 동안 자신이 탔던 배에서 일어났던 사회적 관계의 변화에 관해 이야기하면서 "단 몇 주간의 항해 동안 너무나 많은 것이 변화되었다."라고 기록했다.[47]

이러한 결속의 증거는 항해의 끝에서 그들이 팔려나가며 서로 헤어질 때 뱃동지들이 겪는 극한의 불안과 고통을 통해 나타났다. 그들이 동요하는 이유는 물론 알지 못하는 농장으로 끌려가는 것에 대한 두려움이 컸지만, 일부는 노예선의 고통과 절박한 희망 속에서 만들어낸 관계의 상실로 인한 것이었다. 1788년과 1792년 사이에 있었던 노예무역에 관한 하원 위원회의 청문회에서 의사 알렉산더 팔콘브리지와 선원 헨리 엘리슨은 "당신이 탔던 배의 노예를 서인도에서 팔 때 심한 괴로움을 표한 노예가 있었습니까?"라는 공통된 질문에 그들은 그렇다고 동의하며 "그들은 서로 떨어지게 된다는 사실에 슬퍼했던 것으로 보입니다."라고 답했다. 팔콘브리지는 그런 장면을 네 번 보았다고 말했고 더 오랜 경험이 있었던 엘리슨은 열 번 보았다고 말했다. 그들이 말한 네 번과 열 번의 노예 판매에서 그들은 4천 명 이상의 아프리카인이 팔려나가는 것을 보았다. 그들이 말한 심한 괴로움은 단지 전통적인 친족들 사이에서의 괴로움을 말한 것은 아니었다. 오히려 실제 친족이 헤어지며 슬퍼했던 사례는 훨씬 더 소수였을 것이다. 그들은 노예선에 타고 있던 노예들 전체가 "서로 헤어짐을 슬퍼했다."고 일반화해서 말했다.[48]

어떤 이들은 더 세부적인 관찰 내용을 덧붙이기도 했다. 의사 토머스 트로터는 자신과 같은 배에 타고 있던 사람들이 "헤어짐의 순간에 괴로움을 표현할 수 있는 모든 수단을 다 동원하여 친구들과 함께 슬퍼했다."라고 기록했다. 그는 "이 순간에 몇몇 부부가 서로 헤어지기도 했지만," 마찬가지로 "다양한 관계로 맺어진 동족," 즉 가까운 가족에서부터 마을 이웃과 동족 그리고 새로운 뱃동지에 이르는 확대된 친족들에게 역시 이별의 순간이었다고 기록했다. 보언 선장은 "혈족 또는 애착으로 맺어진" 사람들을 (난장에서) 한데 묶어 팔려고 노력했지만, 그의 계획이 성공적이지는 않았다. 노예들은 "비명을 지르고 당황스러워하며" 기절하기까지 했고 선장은 서로를 아끼던 이들은 이제 헤어져서 다시는 보지 못할 것으로 생각했다. 1804년 사우스캐롤라이나 찰스턴에 정박한 함선에서 "동향 출신"인 세 명의 소녀를 마지막으로 팔아치우고 서로를 떨어뜨려 놓으려고 했다. 이 과정에서 세 명의 소녀 중 "다른 두 명의 친구에게서 떨어져 나가는 것에 대한 두려움과 당황스러움에 북받친" 한 명이 "너무나 사무치는 고통"을 표현했다. 그들은 번갈아 가며 "서로를 응시했고 마침내 그들은 서로 달려들어 부둥켜안고 구슬픈 절규를 터뜨렸다. 그들은 서로 꼭 달라붙어서 울며 소리쳤고 서로를 눈물로 적셨다." 결국, 그들은 서로 헤어졌고 그중 한 소녀는 "자신이 걸고 있던 구슬 목걸이를 풀어서 입을 맞춘 후 친구의 목에 걸어주었다."[49]

1766년에서 1780년 사이에 아홉 번의 노예무역 항해를 했던 노련한 토머스 킹 선장은 또 다른 형태의 선상 공동체의 형성에 관해 언급했다. 킹 선장은 특정 부족의 "종교 제사장"이 승선한 노예들 사이에서 반란을 부추기는 것을 보았다. 이 영적 지도자들은 "반란을 시도함으로써 배를 해안으로 돌린 후 해안에서 그들만의 공동체를 이루어 살아갈 수 있을 것이라는 희망을 품도록" 다른 사람들을 설득했다. 배에서 새로운 공동체가 형성된 것이었다. 이 공동체는 최초의 아프리카인 남녀, 즉 아담과 이브가 배에 타면서 처음 형성되었고, 이후 농장, 황야, 교회, 그리고 도시 공동체에서도 계속 나타나게 될 것이었다. 견디기 힘든 압박에 대한 저항은 일련의 연금술처럼 공동체의 결속으로 변해갔다. 불가사의했던 노예선은 이제 그들 스스로 "흑인 가족"이라는 정체성을 발견한 이들이 창의적인 저항을 이어가는 곳이 되었다. 막강한 권력의 변증법을 통해 노예선에 승선하여 고통받는 인간의 공동체는 도전적이고 탄력적이며 단연코 생명이 넘치는 아프리카계 아메리카 문화 그리고 범아프리카 문화의 탄생을 낳았다.[50]

7장 "검은 해적": 1839년 아미스타드 선상 반란

이 이야기는 "괴이한 항해 — 해적"이라는 세상을 놀랍게 한 신문 표제로 시작되었다. 『뉴욕 모닝 헤럴드』는 1839년 8월 24일 수로안내선이 뉴욕 해안에서 25마일 떨어진 곳에서 기이한 함선을 발견했다고 발표했다. 갑판에는 "25명 또는 30명 정도의 많은 흑인이 … 거의 또는 완전한 나체로 있었고 일부는 담요를 두르기도 했으며 한 사람은 흰색 코트를 입고 있었다." 이 "수상한 무리"는 모두 넓적칼과 권총 그리고 소총으로 무장하고 있었다. 한 선원은 "은화로 장식된 벨트를 허리에 찼고 선장이라 불린 다른 이는 금시계를 가지고 있었다." 그들은 영어를 할 줄 몰랐으며 흑인의 언어로 이야기를 나누고 있는 것으로 보였다. 약탈물로 무장하여 의기양양한 검은 해적이 롱아일랜드의 해안을 순항하고 있었다.[1]

선박 자체는 섬뜩하리만치 부서져 있었다. "하부에는 긴 풀이 자라고 있었고 돛도 거의 찢어져서 마치 함선의 돛을 펴고 아무도 타륜을 잡지 않은 채 폭풍의 의지대로 항해하는 듯 보였다." 『모닝 헤럴드』가 발표하기를, 이 배가 바로 파멸의 전조로 끊임없이 바다를 방황했던 유령선 "플라잉 더치맨"이었다. 실제로 파멸은 이미 노예선이었던 이 선박을 덮친 것으로 보였다. "아마도 선장과 그의 수하들에 대한 수감자들의 반란이 일고 난 후 배를 점거당한 것으로 보였다." 선장과 선원들을 살해한 후 배에 타고 있던 이들은 선박을 항해할 수 없었다. 그들은 "이제 어떤 항구도 목적지에 두지 않고 표류하게 되었다."

다음 며칠 동안 다른 신문에서 이 선박에 관한 새로운 내용을 제공했는데, 대부분 믿을 만한 정보는 부족했고 과열된 추측이 난무했다. 한 신문은 이 "검은 무법자들의 의심스러운 항해"는 모두 "의심할 바 없이 여러 선박을 약탈하고 아마도 살인도 저지른 비열한 흑인 해적"의 소행이라고 보고했다. 또 다른 보고에서도 배에 타고 있던 이들이 "모든 백인을 살해했다."는 점에 관한 의심의 여지는 없었다. 게다가 그들이 가진 보물에 관한 소문도 돌았다. "배에는 4만 달러에 달하는 돈과 보석이 실려 있다." 또 다른 신문은 "일부에서는 배의 선창에 20만 달러의 동전이 쌓여 있다고 말하고 있다."라고 썼다. 하물며 또 다른 신문에서는 그들이 "3톤에 달하는 돈을 싣고 있다."고 주장했다.[2]

이처럼 아미스타드호의 이야기는 아메리카의 페니 프레스[3]에서 핏빛과 금빛의 선정적인 이야기로 시작되었다. 아메리카 페니 프레스의 쌍두마차인 『모닝 헤럴드』와 『뉴욕 썬』은 범죄 이야기, 특히 살인에 관한 이야기에 흥미를 드러내는 것으로 유명했고 "지역사회 내의 대규모 집단"에 저렴하게 소식을 전하는 그들의 능력이 있었기에 "검은 해적"의 사례로 큰 흥미를 끌 수 있었다. 더 오래된 상업신문인 『뉴욕 상업 신문』과 『뉴욕 상거래지』 역시 마찬가지였다. 『리치먼드 인콰이어러』와 『찰스턴 커리어』 그리고 『뉴올리언스 비』와 같은 남부의 신문도 북부 언론으로부터 기사를 받아 발행했고 일부는 노예 반란에 관한 불편한 정보를 편집해내고 그들의 섬뜩한 측면을 다루는 수사修辭를 첨언하며 잔인한 "아프리카인 해적"을 교수형에 처하도록 요구했다.[4]

아미스타드호가 코네티컷 뉴런던의 해변으로 끌려 나온 지 불과 6일 만에 뉴욕의 바우어리 극장에서는 연극 패가 이들의 반란과 해적 행위를 다룬 연극을 올렸다. 돈벌이에 나선 예술가들은 반란 지도자인 싱케이라고 불린 남자의 모습을 그려서 재빨리 그리고 값싸게 복제하여 동부 도시의 거리 주변의 소년들을 매료시켰다. 화가 아마사 헤인스는 아미스타드호의 아프리카인들이 라몬 페레르 선장을 둘러싸 죽이고 무력으로 자유를 쟁취하는 모습을 135피트의 회전 그림으로 그렸다. 또 다른 화가인 시드니 모울트롭은 29개의 실물 크기 밀랍 조각으로 아프리카인과 아미스타드호 선원들을 표현하고 극적인 선상 반란의 모습을 본떠 재현했다. 두 화가 모두 자신의 작품을 가지고 각지를 다니며 시각적으로 재현한 봉기의 모습을 관람하기 위한 입장료를 받았다. 밀랍 조각은 뉴욕의 필즈 박물관과 초상화미술관, 보스턴의 아머리 홀 그리고 마침내 피니어스 T. 바넘의 아메리카 박물관에도 전시되었다. 그동안 매일 수천 명의 사람들이 줄지어 입장료를 내고 뉴헤이븐과 하트퍼드의 감옥에 들어와 아미스타드호 죄수들의 모습을 살펴보기도 했다. 법적 재판 절차가 시작되었을 때 시민들은 법정의 인원 한도를 넘도록 꽉 들어찼고 혹시나 자리를 잃을까 봐 휴정 시간에도 자리 떠나기를 거부했다. 이 사건에 대한 대중의 매료는 전례가 없었다. 노예 저항은 계속해서 성장하는 아메리카 시장에서 소비되는 상품이자 상업적 오락거리가 되었다.5

아미스타드호 선상 반란에 관한 뛰어난 학술적 접근 가운데 가장 저명한 아서 에이브러햄과 하워드 존스 그리고 이누욜루 폴라얀 오시지6는 난제를 남겼다. 어떻게 49명의 아프리카인들이 수수칼7로 무장하여 반란을 일으키고 배에서 백인 선장과 다른 승무원 무리를 죽였으며 힘으로 자유를 쟁취8하는 피비린내 나는 노예 반란이 1839년에 250만 명이 노예로 속박된 노예 사회에서 대중적 사건이 될 수 있었느냐에 관한 질문이다. 미국에서 이와 유사한 일이 전에 일어났던 적은 1831년으로 버지니아 사우샘프턴에서 있었던 냇 터너의 반란이 나라에 큰 소동을 일으켰을 때였다. 노예 반란은 미국 백인 사회 전역에 긴 혼란을 일으켰고, 중간계급 백인 노예제 폐지론자들 사이에서조차 많은 이들이 그들에게 두려움을 느꼈다. 왜 아미스타드호 선상 반란은 다르게 나타났을까? 아미스타드호의 반란이 이미 많은 이들에게 극단주의자로 멸시받던 폐지론자들과의 협력을 통해 그 인기를 얻게 되었다는 점도 더 궁금증을 자아낸다. 또 다른 묘하게 꼬인 점은 비폭력 원칙에 전념하던 폐지론자들이 마치 하늘이 그들의 대의를 진척시키기 위해 무언가 내려주기라도 한 것처럼 이 사회 운동에 모여들었다는 점이다.[9]

대부분 동정적이기는 했으나, 이들에게 쏟아진 관심은 이 사건의 독특한 사실에 의한 것이었다. 아미스타드 사건은 노예무역을 중심에 두고 있었다. 대서양 양쪽에서 폐지론자들은 이미 노예무역에 관한 쟁점에서 주요한 승리를 거두고 있었기에, 제한적이기는 하지만, 노예무역의 공포에 관한 실제적인 대중적 공감을 형성할 수 있었다. 더욱이 이 이야기의 악당인 노예소유주들은 아메리카인이 아닌 스페인 사람이었으며, 스스로를 해방시킨 영웅들은 아프리카인으로, 미국의 노예였던 적이 없는 이들이라는 점이 중요하게 작용했다. 따라서 아미스타드 선상 반란은 냇 터너의 폭동이 그랬던 것처럼 직접적으로 미국의 노예제에 도전하지 않았다. 폐지론 운동의 전술, 전략, 힘 그리고 의지 또한 이 사건에 관한 흥미가 호의적으로 생겨나도록 도왔다. 실제로 아미스타드 사건의 승리는 이 운동에서 있었던 가장 위대하고도 대중적인 성과 중 하나가 된다.

그러나 이러한 사실로도 모순의 매듭을 완전히 풀 수는 없었다. 냇 터너는 북부와 남부의 수많은 백인 사이에 실로 악몽과 같은 악명을 얻었지만, 싱케이는 현대적 의미의 유명인사가 되었다. 실제로 그는 미합중국 역사상 이러한 인기를 얻은 최초의 아프리카 출신 인물이었다. 우리는 미국 역사에서 가장 잘 알려진 두 노예 반란 지도자의 대중적 표상에서 나타나는 비범한 차이점을 어떻게 설명할 수 있을까?[10]

이러한 질문에 대한 응답과 관련해서, 아미스타드 선상 반란이 미국의 대중에게 어떻게 해적 이야기로 다가갈 수 있었는지에 관해서는 아직 밝혀진 바가 많지 않다. 점점 더 상업화된 대중문화를 통해 다양한 방식으로 이야기된 "검은 해적"의 이야기는 도처에서 열렬한 관심을 불러일으켰고 아미스타드에서 일어난 일은 "지역사회의 모든 계급 사이에서" 급속하게 국가의 쟁점이 되는 사건이 되어갔으며, 특히 도시 노동자들의 관심이 컸다. 첫 번째 보도가 있고 한 주도 채 되지 않아 여론의 아우성은 너무나 높아져서 아미스타드는 이제 "유명한 해적선"으로 불리게 되었다.

반란의 초기 재현과 관련된 네 가지 사례 연구가 이어질 것이다. 바우이리 극장에서의 연극 공연, 대량 유통을 위해 생산된 싱케이의 이미지들, 최근 발견된 1839년의 소책자인 「아프리카 추장 진구아와 그 동료들의 진정한 역사」, 그리고 해적행위에 관한 법적·대중적 논쟁과 그것이 사건에 어떻게 구체적으로 적용되었는가 등이다. 연극, 예술, 신문업계 그리고 법조계는 아미스타드 반란자들에 대한 대중적 인식을 형성했고 궁극적으로는 이 사건의 결과를 조각했다.[11]

서아프리카 전사로 이루어진 작은 무리가 쿠바 북쪽 연안에 떠 있는 작은 선박 갑판 위에서 벌인 집단적 군사 행동은 극작가, 배우, 관객, 예술가, 기자, 작가, 독자, 법률가, 판사, 정치인, 활동가 그리고 시민을 동원하며 전 세계에 울려 퍼졌고 이들은 반란자와 그 행위의 표상들을 생성하고 소비했다. 아미스타드호의 아프리카인을 "검은 해적"으로 묘사함으로써 대중문화의 창조자들은 이 사건에 관한 대중 인식을 형성했다. 노예제의 역사와 해적행위의 역사는 이처럼 아미스타드호 사건과 대서양 노예제 반대 투쟁에서 복잡하고도 모호한 방식으로 교차하면서 심오한 결과를 낳았다. 노예 신분에 반대하는 국제적인 움직임은 예기치 못한 대중적 형태를 띠게 되며, 반노예제 운동과

이를 따르는 대중이 확대, 강화 및 급진화하는 데 도움을 주게 된다.[12]

해적행위의 역사

19세기 초반 미국에서는 해적에 관한 특별한 매혹을 담고 있는 해양 문학이 부상했다. 제임스 페니모어 쿠퍼는 『키잡이』(1823)와 『붉은 해적』(1828)을 썼다. 바다라는 주제에 관해서는 미국에서 가장 위대한 작가 두 명인 리처드 헨리 데이너(1834년부터 1836년까지)와 허먼 멜빌(1839년부터 1844년까지)은 스스로 바다로 나갔다. 바이런 경의 유명한 서사시 『해적』*The Corsair*(1814)을 시작으로 월터 스콧 경의 소설 『해적』*The Pirate*(1821)과 1836년 프레더릭 매리엇의 동명 소설로 이어지며 바다 약탈자들은 문학과 대중의 상상력에 대한 지배력을 공고히 했다. 1837년 열정적인 17세였던 프리드리히 엥겔스는 「해적」The Pirate이라는 제목의 짧은 이야기를 썼다. 1839년 즈음에는 해적의 일화와 전설에 관한 기사, 소설, 시 그리고 책이 신문 언론 및 출판업자로부터 쏟아져 나왔고 여기에는 예를 들어 여성 해적의 이야기인 『앤 보니와 메리 리드의 생애』와 소설 『검은수염』이 포함된다. 전 세계적인 낭만주의 움직임은 미합중국과 대서양 주변의 바다에서 일어나는 일에 관한 대중의 관심을 확대했고 아미스타드호 선상 반란을 바다의 이야기로, 반란자들 자체는 해적으로 보는 경향은 더욱 커졌다.[13]

또한, 신문 기자와 독자들은 아미스타드호의 반란자들을 "검은 해적"으로 보는 특별한 역사적인 사유도 가지고 있었다. 북대서양은 오랫동안 바다 약탈의 역사에서 중요한 장이었고 해적 자체는 "모든 인류의 적"인 동시에 민중 영웅으로 대중의 의식과 기억에 깊이 박혀 있기 때문이었다. 1650년부터 1730년까지 "해적의 황금시대" 동안 검은수염, 새뮤얼 벨라미 그리고 식민지 해변에 출몰한 수많은 다른 선장을 따르는 해적 무리는 공포와 흥분 그리고 해적에 관한 떠들썩한 대중적 작품들을 낳았고 특히 그들 무리 중 일부를 붙잡아 뭍으로 끌고 와 재판하고 교수형에 처했던 일들이 수없이 많이 일어났을 때 이러한 분위기는 더욱 강해졌다. 수차례 해적을 교수형에 처하며 벼락같은 설교를 전했던 코튼 매더는 왜 그토록 많은 이들이 이 범죄자들을 영웅처럼 떠받드는지 격분과 함께 궁금해했다.[14]

북아메리카 해안을 어지럽힌 잡색 해적 무리에는 여러 아프리카인과 아프리카계 아메리카인이 뒤섞여 있었다. 17세기 해적들이 남아메리카의 북쪽 기슭을 약탈하고 유색인들이 카리브해의 농장을 탈출하여 그들과 합류하면서 시작된 일들은 1710년대와 1720년대까지 계속되었다. 이 당시를 예로 들면 검은수염의 100명 무리는 60명의 흑인 구성원이 있었고 올리베르 라 부쉬의 부하는 "반은 프랑스인, 반은 흑인"이었으며 윌리엄 루이스는 "40명의 유능한 흑인 선원"을 데리고 있었다. 1723년 『보스턴 뉴스레터』는 카리브해에서 모두 혼혈로 구성된 해적 무리가 배를 점거하고 백인 포로의 심장을 먹어 치웠다고 보도했다. 이러한 환상은 한 세기도 넘게 지난 후에 아미스타드호를 탔던 반란자들의 모습에서 다시 재현되었다.[15]

게다가 1839년에는 많은 미국인의 마음에는 최근에 경험한 해적 행위의 역사도 있었다. 북부 아프리카 바르바리 해안의 해적들이 오랫동안 지중해에서 유럽과 미국의 선박들을 공격하며 영국과 프랑스 그리고 심지어 갓 태동한 미국의 해군까지 이들을 제압할 방도를 찾도록 유도했고 마침내 1830년 프랑스가 알제를 점령하면서 목적을 이루게 되었다. 트리폴리 전쟁(1801~1805)과 알제리 전쟁(1815)에 대한 미합중국의 개입은 높은 대중의 이목을 끌었고 그 사건의 결과는 쉽게 사라지지 않았다. 거의 같은 시기에 스페인령 아메리카 독립전쟁 (1808~1829년)이 일어나며 고향에서 더 가까운 곳에서 해적행위의 새로운 폭발이 일어났다. 많은 아프리카 출신을 포함한 다인종 선원들은 카리브해 전역에서 상선을 공격했다. 카타르헤나의 악명 높은 사략선들이 길을 인도했다.[16]

판다호의 해적들은 1835년 6월 11일 보스턴에서 교수형에 처해지며 아미스타드호 사건의 틀을 분명하게 세웠다. 이는 미합중국에서 일어난 마지막 해적 처형이었다. 콜롬비아인 선장 페드로 길버트와 선원들은 북부 카리브해를 약탈했고 1832년에는 플로리다 해안에서 미국 소유의 브리그 함선 멕시칸호로부터 은화 2만 달러를 약탈한 후 선박에 가둬둔 선원들에게 불을 지르고 빠져나왔다. 멕시칸호의 선원들은 탈출에 성공하고 불길을 잡은 후 결국 매사추세츠 살렘의 모항母港으로 돌아왔다. 판다호는 결국 서아프리카 해안에서 영국 순양함에 의해 나포되었고 길버트와 그의 선원들은 재판을 위해 미국으로 인도되었다. 이 결과로 얻어진 법정에서의 극적 사건은 수많은 신문의 지면을 차지했을 뿐만 아니라 여러 소책자와 책으로도 다루어졌다.[17]

1830년대 후반 멕시코만의 뉴올리언스에서 활동한 "해적 미첼"은 사략선을 운영하다가 해적이 된 자였으며 바다에서 행한 그의 약탈은 "악명 높았다." 『코네티컷 신문』은 그와 그의 "길고 낮은 흑색 스쿠너급 함선"이 "온 나라를 겁먹게 했다."라고 발표했다. 미첼은 1838년 앨라배마 모빌에서 항구 도시 폭동에 가담했다가 붙잡혔다. 그는 감옥을 탈출했다가 다시 붙잡혀 결박당해 재수감되었지만 "스스로 결박을 풀고 난 후" 다시 탈출했고 결국 경비대 중 한 명에게 총을 맞게 되었다. 그는 이 부상으로 곧 숨을 거두었다. 그가 죽은 이후 바하마 제도의 캣 아일랜드에 그가 묻어둔 보물에 관한 소문이 돌면서 그는 전

설적 인물이 되었다. 미합중국의 밀수 감시선 제퍼슨호가 현역에서 은퇴할 때에는 이 함선이 "해적 미첼의 '길고 낮은 흑색 스쿠너급 함선'을 뭍으로 끌고 왔다."라는 점을 자랑스럽게 강조했다. 미첼의 이야기는 1839년 1월 "벤 밥스테이"가 쓴 「추적」이라는 해적의 허풍을 담은 이야기로 소설의 영역에 입성했다.[18]

진취적인 작가들은 새로운 책을 내기 위해 해적에게 걸려있던 유명세를 이용했다.『가장 주목받는 해적의 생애와 핏빛 위업, 그들의 재판과 처형, 서인도에서 행해진 최근의 해적행위와 포터 제독의 원정 그리고 1835년 보스턴에서 처형된 자들이 타고 있던 브릭급 함선 멕시칸호에서 벌어진 일에 관한 진실한 내용을 담아』는 1836년 코네티컷 하트퍼드의 에즈라 스트롱에 의해 출판되었다. 이곳에서는 3년 후 아미스타드호 반란자들에 대한 청문회가 열렸다. 다음 해에는 찰스 엘름스가 보스턴을 기반으로『해적의 책, 또는 가장 유명한 바다 약탈자의 생애와 위업 그리고 처형에 관한 진정한 이야기, 조샤미, 스페니시, 라드로네, 웨스트인디아, 말레이 그리고 알제리 해적의 역사적 개요와 함께』를 출판했다. 이 책은 선원들 사이에 인기가 있었으며 실제로 미래의 저항 행위를 고취하도록 도왔다.[19]

해적행위의 역사와 아미스타드호 선상 반란 사이의 연관성은 1841년 필라델피아와 뉴욕에서 출판된 헨리 K. 브룩의『해적의 서, 외해에서 일어난 가장 놀라운 해적행위와 살인에 관한 이야기를 담아, 또한 아미스타드호의 나포 이야기와 함께』라는 연대기의 제3권에 분명히 나타났다. 부제와 본문 모두에서 브룩은 "검은 해적"의 항해 모험을 검은수염, 앤 보니, 메리 리드 그리고 가장 성공한 해적인 바쏠로뮤 로버츠의 이야기 곁에 두고 그들의 이야기를 강조했다. 서문에서 브룩은 스콧의『해적』과 바이런의『해적』을 상당한 분량으로 언급했다. 대법원이 반란자들을 "자유인"이라고 판결한 후에 그들은 사회의 적단으로서 인기 있는 해적 열전에 들어가게 되었다. "로빈 후드(1160년)의 시절부터 지금까지 해적과 도둑 그리고 살인자는 늙은이와 젊은이, 부자와 가난한 자, 배운 자와 배우지 못한 자의 상상 속에서 영웅이었다."[20]

이 책들에서는 팬더호와 바르바리 해안 그리고 아미스타드호를 "황금시대"의 해적 이야기와 견주며 1724년과 1728년 두 권으로 처음 출판되었던 찰스 존슨 선장의 고전 『해적 일반사』의 많은 부분을 그대로 따왔다. 이 책에서는 매장된 보물의 이야기와 판자 위를 걷는 이야기 그리고 갑판에서의 백병전과 같은 이후의 인기 있는 해적의 모습에서 두드러지던 돈과 폭력의 환상적인 이야기가 그려졌다. 이 세 권의 책의 또 다른 주제는 존슨의 책의 주제이기도 한 것으로서, 해적의 삶이란, 선원들이 독단적이고 독재적인 권력을 가진 선장 밑에서 감내해야 하는 노예적 환경에서 탈출한 "해방의 삶"이라는 것이다. 이 책들의 성공은 출판 이력에 그대로 반영되었다. 앞서 언급한 세 권의 책은 1860년 이전에 합본으로 묶여 20번이 넘게 재출판되었다. 서문의 첫 문장에서 찰스 엘름스는 해적 이야기보다 "인류의 호기심과 흥미를 자극하는 주제는 거의 없다."라고 기록했다.[21]

아미스타드호의 "검은 해적"들이 이 점을 증명했다. 1839년 8월 24일에서 9월 4일 사이에 대중 언론에서 그들의 활약에 관한 보도가 실렸을 때 해안 여기저기와 전국 모든 곳의 독자들은 이 사건을 바라보는 관점에 일종의 틀을 갖게 되었다. 바다에서 극적으로 배를 장악하고 자유에 기반을 둔 새로운 사회 질서의 조직을 세우는 일은 이미 매우 익숙하면서도 상당히 대중적인 주제였다.

길고 낮은 흑색 스쿠너

1839년 9월 2일 뉴욕의 바우어리 극장에서는 『흑색 스쿠너, 혹은 노예 해적선 아미스타드』 또는 더 일반적으로 불린 이름으로는 『길고 낮은 흑색 스쿠너』라는 제목의 연극을 공연했다. 한 전단에서는 "한 유명한 작가가 본 극장을 위해 특별히 쓴 2막으로 이루어진 완전히 새롭고 지극히 흥미로운 해양 멜로드라마"라고 공표했다. 이 작가는 아마도 1830년대에 "소속 극작가"였던 조나스 B. 필립스임이 분명할 것이다.[22] 아미스타드호에서 있었던 "최근의 비범한 해적질! 반란! 그리고 살인!"과 선풍적 인기를 끈 "검은 해적"에 관한 신문 보도에 기반을 둔 이 연극은 반란에 관한 소식이 얼마나 빨리 퍼지며 어떠한 문화적 공명을 일으키는지 보여주었다. 이 연극의 제목은 『뉴욕 썬』의 기사 제목에서 따왔는데, 그 기사의 제목은 미첼의 해적선에 관한 묘사에서 가져온 것이었다. 해적행위에서 노예 반란까지의 길은 곧장 이어져 있었다.[23]

1839년 바우어리 극장은 난폭하고 무질서한 노동자 계급 청중이 들어차는 것으로 악명이 높았다. 선원, 군인, 여행자, 노동자, 견습생, 거리 악동 그리고 불량배들뿐만 아니라 젊은 "바우어리의 사내와 계집들" 그리고 멋쟁이까지 여기에 들어왔다. 극장의 세 번째 층에서는 매춘부들이 부지런히 장사하고 있었다. 청중들은 환호하고 야유하며 마시고 싸웠고 땅콩을 까거나 계란을 던지기도 하며 담배를 씹다가 사방에 침을 뱉기도 했다. 유독 인기 있는 공연 중에는 넘치도록 찬 관중들이 배우와 소품이 있는 무대 가운데 앉아버리기도 했고 아예 그냥 무대에 끼어들어서 공연의 일부가 되기도 했다. 극장의 소유자이자 지배인인 토머스 험블린은 다수의 치안관을 데려와서 폭동을 막

앉으나 몇 차례에 걸쳐 터져 나오는 폭동을 다 막지는 못했다. 이 바우어리 극장은 1834년의 대규모의 폭력적인 반노예제 폐지론 폭동과 관련이 있다는 점에서 『길고 낮은 흑색 스쿠너』가 이 무대에 올라갔다는 사실은 더욱 의미가 있다.[24]

이 연극은 미국 내 최대의 극장에 "다중"을 끌어들였다. 만약 (아마 더 길었겠지만,) 2주 동안 매일 연극이 공연되고 3,500개의 극장 좌석의 3분의 2만 찼다고 하더라도 대략 15,000명이 이 연극을 본 것이며 이는 도시 인구의 20분의 1에 해당했다. 또 다른 방식으로 관객 수를 추산하자면 제작사 측의 추산 수익인 5,250달러(2014년 기준 131,834달러)를 보통의 입장권 가격(대부분 25센트였으며 일부 50센트 또는 75센트도 있었다)으로 나누어 볼 때 마찬가지로 대략 15,000명의 관객 수가 나타난다. 따라서 이 연극은 아미스타드호 선상 반란을 해석하는 데에서뿐만 아니라 이에 관한 소식을 전하는 데에서도 중요한 역할을 했다.[25]

『길고 낮은 흑색 스쿠너』의 세부 광고 전단에서는 "배경과 사건의 줄거리"를 제시한다. 아미스타드호의 주갑판을 배경으로 이 연극은 봉기에 연관된 실제 인물을 등장인물로 묘사했다. 주인공은 싱케이를 바탕으로 한 "반란자의 우두머리인 아프리카인 젬바 싱케이"였고 이 인물은 바우어리에서 흔히 하던 방식으로 태운 코르크로 얼굴을 검게 칠했을 "젊은 미국인 비극배우" 조셉 프록터가 연기했다.[26] "스쿠너의 선장이자 노예소유주"는 페드로 몬테스로 반란 이후 함선을 항해했던 노예 중 네 명의 실제 주인이었다. 화물 관리인은 호세 루이즈를 바탕으로 한 후안 루에즈였으며 승선한 노예 중 49명의 소유주였다. 셰익스피어의 연극 『템페스트』의 "야만인이자 기형 노예인" 캘리번을 닮은 "기형의 벙어리 흑인" 쿠조는 분명히 아미스타드호 아프리카인들에 관한 초기 보도에서 코끼리 엄니 같은 치아로 조롱받고 식인 종으로 치부되었던 "야만인" 코노마를 바탕으로 했다. "노예들의 감독자" 라자릴로는 아마도 노예 선원 셀레스티노로부터 따왔을 것이다. 다른 등장인물로는 항해사 카브레로와 선원들 그리고 완전히 창작된 인물로는 '곧 고난에 처할 비련의 여인' 이네즈, 몬테스의 딸, 루에즈의 아내가 있었다.[27]

제1막은 함선이 아바나를 출발해서 모로성을 지나 바다로 나아가는 것으로 시작한다. 이 이야기의 영웅인 젬바 싱케이의 역사는 "비참한 노예들!"이 누운 "스쿠너의 선창"에 들어가는 장면으로 서곡을 시작했다. 노예들의 음모가 있고 곧 "복수의 맹세"를 하며 노예(이면서 해적)들은 실제로 이를 행동에 옮겼다. 반란자들의 기록에도 나와 있듯이 폭풍이 이는 중에 "젬바 싱케이가 이끄는 노예들"은 승강구를 강제로 열고 나와 "반란과 살인!"을 완수했다. 반란자들은 선박을 점거했고 항로를 조정해서 그들의 고향인 시에라리온 쪽으로 대서양 동쪽을 향했다. "해방의 길"이 손에 잡힐 듯했다.[28]

제2막은 반란 후에 젬바 싱케이가 차지한 선장의 선실로 이어진다. 그동안 몬테스와 루에즈는 (실제로 그랬던 것처럼) 어두운 선창에 수감되어있었다. 세상이 뒤집히면서 아래에 있던 자들이 위로 올라왔고 위에 있던 자들이 아래로 떨어졌다. 역전된 형세는 쿠조의 손아귀에 떨어질 것이 분명한 이네즈에게는 커다란 위험과 함께 "끔찍한 운명"을 제시하려 하고 있었다. 아마도 젬바 싱케이였을 것으로 보이는 누군가가 그녀를 구했고 쿠조에게 "해하려던 자를 내놓게" 했다. 청중이 이 장면을 흑인 영웅이 백인 여성을 흑인 악당의 손아귀에서 구출하는 장면으로 보았을까? 이는 "흑인과 백인이 함께 사는 세상"에서 인종에 관한 대중의 만연한 공포로 당시 반노예제 폐지론 폭동이 촉발되었던 상황으로 미루어 보아 절대 작은 의미를 갖는 주제는 아니었다.

얼마 후 젬바 싱케이는 그들에게 다가오는 선박(미합중국 브릭급 함선 워싱턴호)을 보았고 동료 반란자들과 회의를 열어 어떻게 할 것인지 결정하고자 했다. 그들은 싱케이가 대중 언론에서 여러 번 생각을 밝혔듯이 노예가 되느니 죽음을 택하기로 하고 "스쿠너를 날려버리기로" 했다! (아미스타드호 반란자들은 워싱턴호의 선원들이 이 선박을 나포했을 때는 대부분이 이미 롱아일랜드의 해안에 있었기 때문에 그런 결정을 내린 적이 없었지만, 해적들은 "붙잡히느니 배를 날려버리겠다"는 위협을 자주 했고 실제로 행동으로 옮기기도 했다.) 아아, 슬프도다. 워싱턴호의 "용감한 선원"이 채광창을 통해 선실에 들어와 아미스타드호를 장악하니 이미 늦어버린 일이었다.

이 연극의 끝은 마치 연극이 공연되는 동안에도 뉴헤이븐 감옥에서 해적행위와 살인에 대한 혐의로 재판을 기다리며 앉아 있을 아미스타드호 포로들의 운명과도 같이 불명확하게 남아있다. 광고 전단에서는 "대단원 ― 싱케이의 운명!"이라고 말한다. 그의 운명은 어떻게 될 것인가? 연극에서는 싱케이 스스로 예상하기도 하며 많은 사람들이 예상하는 마무리로 그의 처형을 보여줬을까? 아니면 모든 동지와 함께하는 그의 해방을 극적으로 그렸을까?[29]

『길고 낮은 흑색 스쿠너』가 그 당시 색다른 연극은 아니었다. 노예폭동과 해적행위는 미국 극장에서 예전부터 공통된 주제였다. 반항적인 노예는 1801년 미국에서 처음 공연한 이후 널리 퍼져나간 연극으로 자메이카 탈주 노예였다가 도적이 된 자를 다룬『오비, 혹은 세 손가락 잭』과 1817년 수리남에서 처음 공연하고 1840년대가 되어 여러 번 극장에 걸렸던 토머스 모튼의 폭동에 관한 오페라『노예』에 나타났다. 『글래디에이터』는 고대 그리스에서 스파르타쿠스가 이끌었던 유명한 노예 반란을 각색했다. 이 연극은 1831년 처음 공연했고 노동 계급의 영웅 에드윈 포레스트가 주연했으며 아마도 10년 이내에 가장 인기 있는 연극이었을 것으로 보인다. 해적들은 1830년대의 해양 멜로드라마의 주역을 맡았고, 1830년 처음 공연하고 이후로 여러 번 극장에 걸렸으며 후에 1839년에는 J.H. 잉그램의 소설로 출판된 『키드 선장, 혹은 바다의 마법사』에 등장하기도 했다. 존 글로버 드류는 1840년대 초에 〈브룩팜〉[30]에서 바이런의 『해적』을 연극으로 각색하여 상연했다. 위대한 아프리카계 아메리카인 배우 아이라 앨드리지는 얼마 후 『대담한 해적』의 주인공을 연기했다. 노예 반란자와 해적은 『길고 낮은 흑색 스쿠너』에서와 마찬가지로 때때로 한 편의 연극에서 동시에 나타나기도 했다. "세 손가락 잭"은 육상의 해적이라 할 만한 인물이었고 실제로 "그 망할 해적"이라고 불리기도 했다. 또한, 해적은 『글래디에이터』에서도 중요한 역할을 했다.[31]

당시 다른 멜로드라마에서 대개 노동자에 해당하는 선량한 보통 사람들이 악독한 귀족과 싸우는 모습을 그린 것과 마찬가지로 『길고 낮은 흑색 스쿠너』는 노예가 된 아프리카인들이 스페인 노예소유주 몬테스와 루에즈에 맞서는 모습을 그렸다. 젬바 싱케이와 같은 "천한" 인물이 영웅적 행위를 연기하고 시적인 대사를 낭독했다. 그래서 그들의 명예로운 저항은 널리 기념되었고, 감히 자유를 위해 투쟁한 무법자로서 어느 정도 대중의 동일시 대상이 되었다. 피터 리드가 지적했듯이 청중은 "하류층의 반란에 갈채를 보내면서도 두려워했고 그들의 패배를 애도하면서도 축하했다."[32]

극장은 아미스타드호 선상 반란의 소식을 전하는 데 그치지 않았고 그 이야기 자체를 형성했다. 법적 절차가 진행되는 동안 싱케이의 위엄 있고 극적인 용모와 태도는 그를 셰익스피어의 오셀로와 견주도록 했다.[33] 또한, 그는 "브로드웨이의 멋쟁이 유색인"에 비유되기도 했다. 그는 분명 당대의 "도적 연극"에서 흔히 있던 "무법자 카리스마"를 가지고 있었다. 극장계와 대중의 관심을 널리 끌게 되면서 『길고 낮은 흑색 스쿠너』의 이러한 요소는 이후 1839년 12월에 역시 조나스 B. 필립스가 쓴 『잭 셰퍼드, 혹은 도적의 생애!』의 제작에서도 필수 요소가 되었다. 셰퍼드의 탈옥이 1720년대 영 제국에서 "온 나라의 공통화제"가 되고 그가 갇힌 감옥에 입장료를 내고 들어와 그를 보기 위해 대중이 몰려들었던 것처럼 아미스타드호의 "검은 해적"은 대중의 상상이라는 좋은 배를 타면서 그들만의 승리를 쟁취했다. 실제 인물과 극적인 당대의 사건을 바탕으로 한 "해양 멜로드라마"는 미국 사회 전역에서 펼쳐지고 있었다.[34]

영웅 해적으로서의 싱케이

아미스타드호 선상 반란에서 가장 시선을 끄는 그림 중 하나인 〈흑인 패거리의 주동자 조셉 싱케이〉는 『길고 낮은 흑색 스쿠너』와 거의 같은 시기에 아마도 하루나 이틀 정도 먼저 나타났다. 싱케이는 아미스타드호의 갑판에서 (오늘날 해적 셔츠라고 불리는) 붉은 선원의 의복과 흰색 통 넓은 바지를 입은 모습으로 그려져 있다. (실제로 그는 붙잡힐 당시 비슷한 복장을 하고 있었다. 그는 포르토프랭스로 가던 함선의 화물에서 그 옷을 구했다.) 그는 수수칼을 가까이에 들고 용감한 자세를 취한다. 이 모습은 의기양양하고 담대한 영웅의 더할 나위 없는 모습이다. 그림이 인쇄될 당시 해적행위와 살인 혐의로 곧 재판에 서게 될 한 남자가 범죄의 현장에서 손에 치명적인 무기를 들고

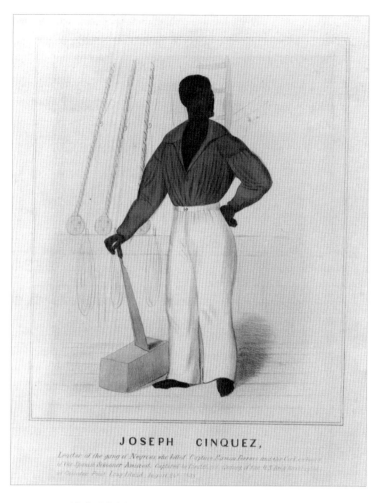

"흑인 패거리의 주동자 조셉 싱케이"(스탠리 휘트먼 하우스)

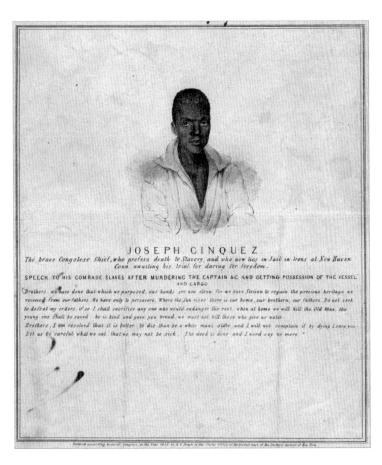

"조셉 싱케이, 용감한 콩고의 추장"(의회 도서관)

있으면서도 마치 초월적으로 선하고 고귀한 대의를 품고 있는 모습이었다. 실제로 그는 정의로운 처형자이자 폭군을 타도한 자로서의 모습으로 나타난다. 그의 저항 역사는 사고파는 그림의 형태로 찬양받는 동시에 상품화되었다.35

이 채색화의 원본은 뉴런던에서 그린 〈J. 스케츨리의 실존 인물화, 1839년 8월 30일〉이었다. 스케츨리는 아마도 미합중국 브릭급 함선 워싱턴호에 승선했고 선박이 항구에 돌아온 직후 거기에서 열린 법률 청문회를 지켜보았을 것이다. 그림 아래에는 "조셉 싱케이, 해적질을 일삼은 스페인 스쿠너 아미스타드호를 탈취하고 라몬 페리스 선장과 그의 요리사를 죽인 주동자로 미합중국 브릭급 함선 워싱턴호를 지휘한 게드니 중위에게 1839년 8월 24일 롱아일랜드 쿨로덴 포인트에서 붙잡힘"이라는 설명문이 달려 있었다. 설명문 아래에는 싱케이가 동지들에게 노예가 되는 것에 맞서 싸울 것을 호소한 연설문이 적혀있었다. 이 해적 주동자는 마치 로마의 영웅과 같았다.36

연관된 그림으로 뉴런던의 화가 셰필드가 그린 〈조셉 싱케이, 용감한 콩고의 추장〉이 있으며 이 그림 역시 아미스타드호가 해변에 끌려오고 바로 다음 주, 앞선 그림이 그려진 다음 날인 1839년 8월 31일에 전단의 형태로 나타났다. 이 그림에서도 똑같은 옷을 입은 싱케이에 대한 호의적인 태도를 담고 있었지만, 이번에는 더 뚜렷한 반노예제 논평을 담고 있었다. "조셉 싱케이, 용감한 콩고의 추장으로 노예가 되기보다는 죽기를 원했으며 이제 코네티컷 뉴헤이븐의 철창 안에 갇혀서 자유를 향해 용기 있게 덤빈 죄로 재판을 기다리고 있다." 설명문 아래에는 싱케이가 동지들에게 전하는 격려의 연설이 나타난다. 전단 형태의 그림과 글은 도시의 여러 거리에서 사고팔렸고 해적행위와 노예반란의 결합과 함께 반란 그 자체에 관한 흥미로운 소식을 퍼뜨

렸다.[37]

이처럼 무장 투쟁을 찬양하는 행위가 겉으로 보이는 것처럼 전투적인 반체제 노예제 폐지론자 집단의 소행만은 아니었다. 오히려 이러한 행위는 페니 프레스인 『뉴욕 썬』을 통해 중개되고 선전되었으며 또한 배포되었다. 『썬』의 편집자 모시스 예일 비치는 이 사건을 더 선정적으로 표현하고 대중의 바다 약탈자 영웅 기호에 호소하며 결국 신문과 인쇄물을 대중에게 더 많이 팔기 위해 해적에 관한 수사를 활용해 아미스타드 선상 반란을 짜 맞추었다. 그의 무모한 꿈은 생각 이상의 성공을 거두었다. 그와 『썬』의 또 다른 편집자들은 이 그림의 인기에 깜짝 놀랐다. 1839년 8월 31일 토요일에 싱케이의 초상화를 발행하면서 그들은 다음 월요일에 쓸 인쇄 물품들을 순식간에 소진해 버려서 더 많은 신문을 바라는 아우성을 충족시킬 수 없게 되었다. 그들은 독자들에게 "오늘 아침 일찍 대단히 큰 또 다른 판형이 인쇄되었고 필히 우리 사무실이 열릴 때까지 준비될 것이며 얼마의 수량을 원하든지 공급할 것"이라고 발표했다. 그들은 토요일에 "일반적인 수요"를 충족할 충분한 양을 인쇄했으나, "이를 엄청나게 찍어내야 하는 상황"을 마주하면서 준비하지 못했다고 설명했다. 이는 "그 자체로 놀라운 상황으로 전혀 예측하지 못한 것이었다." 그들은 이 그림을 "두껍고 질 좋은 종이에 빼어난 방식으로" 인쇄했는데 이는 아마도 보관이나 액자를 씌우는 데 적합하게 만들었던 것으로 보인다. 또한, 그들은 그 인쇄물이 다른 신문들의 일요일판에 재수록된다고 적어두었다. 그들은 분명 스스로 한 일을 자랑스럽게 여기고 있었다. 그들이 사용한 해적의 비유적 표상이 먹혀들었다.[38]

노예제를 지지하던 『뉴욕 모닝 헤럴드』의 제임스 고든 베넷과 그의 동료들은 그렇게 느끼지 못했다. 그들은 해적 싱케이에 대한 호의적인 묘사에 항의하며 반대의 목소리를 높였고 『썬』이 "뉴욕의 흑인 페니 프레스"가 되었다고 공언했다. 노예제에 대한 쟁점이 양극화되어 가는 동안 『뉴욕 모닝 헤럴드』의 기자들은 다른 그림을 그렸다. 다른 발행사들의 "상식 밖의 허튼소리"에 맞서서 여기의 기고자들은 분노에 차서 "〔싱케이라는〕 인물 주변에 드리워진 낭만주의를 박살 내려고" 애썼다. 그들은 싱케이에게 "오셀로와 비견되는 품위와 위엄이 있다." 라는 점을 부인하며, 오히려 그는 "두툼한 입술에 음울한 외모의 흑인이며 겉보기에 뉴욕의 부두에서 한 다리 건너 마주치게 될 흑인들에 비교해도 결코 더 명석하거나 인상적인 면모는 없다."라고 했다. 아미스타드호의 아프리카인들 모두는 "희망 없는 아둔함과 짐승 같은 타락"을 대표하는 자들일 뿐이었으며 개코원숭이에나 비유되었다. 아프리카에 있던 시절부터 그들은 "나태하고 손버릇이 나빴으며" "무지와 타락 그리고 야만적 상태에 빠져있어서 적절한 개념조차 형성할 수 없는 자들이었다." 그들은 "백인과의 평등이라는 말에 결코 걸맞은 자들이" 아니었다. 그들은 "별개의 완전히 다른 종족이었으며 만물의 하나님께서는 결코 그들이 주인과 노예의 관계 외에 다른 방식으로 함께 살아가도록 의도하지 않으셨을 것이다." 『뉴욕 썬』이 그린 해적 싱케이의 그림은 평등주의적이면서도 전복적으로 보였던 것이다.[39]

바르바리 해적[40]으로서의 싱케이

『아프리카 추장 진구아와 그 동료들의 진정한 역사』는 반란자들과 그들의 널리 알려진 주동자에 관한 부풀어 오른 대중의 관심에 편승하고, 또 기여하고자 한 누군가가 익명으로 쓴 작품이다. 이 책은 1839년 10월에 출판되었으며 반란과 그 여파에 관한 초기 신문 보도의 상당 부분을 기초로 하여 작성했다.[41] 표지에는 이 책이 하트퍼드와 보스턴 그리고 뉴욕에서 동시에 출판되었다고 표시하고 있지만, 출판 사실이라기보다는 판매에 관한 희망을 표현한 것일 수도 있다. 아미스타드호의 노예들이 하트퍼드에서 1839년 9월 19~23일 사이에 법원에 출두했을 때 11월에 계획된 두 번째 법률 청문회가 다시 있을 것을 기대하고 거기에서 출판되었을 가능성이 가장 높다(청문회는 1840년 1월에 뉴헤이븐에서 계속되었다). 하트퍼드에서 있었던 두 번의 행사에 뉴욕과 보스턴처럼 먼 곳에 있는 사람들의 무리까지 이 도시로 흘러들어왔다. 하트퍼드 전역에서 "뭔가 물어보는 경우"에는 항상 "감옥이 어디인지" 물어보는 질문이 들어 있었다. 이 소책자 작가는 신문 보도에 살을 붙이고 아프리카 여행자의 이야기를 크게 참조해 여러 출처를 표절하여 28페이지 분량의 글을 썼다. 작가가 참조한 아프리카 여행자들 대부분은 시에라리온이나 갈리나스 해변에 가본 적도 없고 특히 아미스타드호의 아프리카인들이 노예가 되기 전에 살았던 내륙 지역에 가본 사람은 아예 없었다.[42]

소책자는 가장 핵심적인 가설을 오해에 기반하고 있었다. 또한 이러한 오해로 밝혀지는 사실이 있었다. 저자가 『진정한 역사』를 쓴 1839년 9월에는 언어 이해의 문제로 인해 법률가, 판사, 폐지론자 그리고 기자들이 아미스타드호의 아프리카인들과 소통하는 것이 제한적이었던 시기였다. 대개 멘데어를 말하는 반란자들은 반란이 있고 난 후부터 미합중국 해안 경비대에 붙잡히기 전까지 그들과 스페인 사람 두 명 사이에 통역을 해주던 아프리카계 쿠바인 사환 안토니오와 따로 떨어져 버렸다. 유일하게 영어를 할 줄 알던 반란자인 부르나도 있었지만, 서툴렀다. 멘데족 선원 제임스 코비가 포로들의 통역을 위해 뉴욕의 부두에 모습을 드러낸 것은 이후의 이야기였다.

사람들이 아미스타드호의 아프리카인들이 누구이며 어찌하여 오게 되었는지 물어보면 오해가 생겨났다. 대부분 사람은 그들이 "멘데족"이라는 답을 들었다. 그러나 질문을 했던 미국인들은 당시의 어떤 지도에도 위치가 기록되지 않았고 그 어떤 아프리카 여행 문헌에도 묘사되지 않았던 멘데족에 관해 전혀 들어본 적이 없었다. 그래서 그들은 "멘데"를 여러 세기 동안 유럽과 미국의 무역상들과 접촉해오면서 그들이 들어본 적이 있었던 (현재는 만딩카로 더 잘 알려진) 세네감비아의 부족 "만딩"으로 해석했다.[43] 이 소책자의 무명 저자가 "만딩고 왕국에 관한 서술과 함께 그곳 거주민들의 풍습과 관례에 관한 설명"을 포함한 이유였다. 만딩카에는 이슬람으로 개종한 경우가 너무나 많았기 때문에 저자는 아미스타드호의 포로들이 무슬림이라고 잘못 생각했다.[44]

해적은 이 인기 있는 단편 작품에서 중요한 역할을 했다. 저자는 당시 막 출판된 찰스 엘름스의 『해적의 책』을 표절했을 뿐만 아니라 최근 교수형당한 판다호의 해적들에 관해 언급하며 자신의 글을 마무리했다.[45] 그는 쿠바를 "해적들의 피난처"이며 해적과 유사한 무리라고 할 수 있는 노예무역상의 피난처이기도 하다고 결론 내렸다. 쿠바는 "바르바리의 해적 국가"와 같았기 때문에 미합중국은 최근 영국과 프랑스 그리고 미합중국이 알제에 그랬듯이 이곳 역시 점거한 후에 복종시켜야 했다.[46]

지중해의 무슬림 해적[바르바리 해적]은 이처럼 『진정한 역사』에 나타난 싱케이의 동양풍 목판화에 영향을 주었다. 바르바리 해적으로 그려진 반란 주동자는 케피에(머리 두건)와 쉬마그(무슬림 전통 목도리) 그리고 카이프(아라비아의 곡도曲刀)를 두르고 손에 망원경을 쥔 채 떠오르는 태양을 마주하고 있다. 아미스타드호의 삭구와 도르래

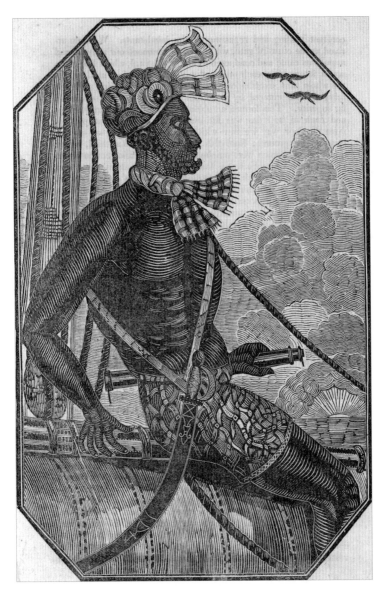

아프리카 추장 진구아 (베이네케 희귀 도서 및 원고 도서관, 예일 대학교)

그리고 돛이 배경에 나타난다. 또 다른 목판화에서는 "아미스타드호의 선장을 살해한 수수칼"의 모습이 그려졌고 반란 자체도 각색되었다. 해적행위에 관한 전체의 담론은 분명 『아프리카 추장 진구아와 그 동료들의 진정한 역사』의 작가와 삽화가의 인식을 구체화했고 이를 통해 독자의 인식까지도 구체화했다.[47]

해적행위에 관한 법적 분쟁

해적행위라는 쟁점은 아미스타드호 포로들의 운명에 관한 법적 논쟁의 핵심이었다. 해적행위와 살인에 관한 주징을 조사한 대배심은 "눈에는 하나님을 대하는 두려움이 없고 악마의 교사를 받고 유혹당하여 움직이는" 아프리카인들이 "무력과 무기로, 쿠바섬에서 10 리그[약 40킬로미터] 떨어진, 미합중국 해군 본부와 관할권 내에 속하는 외해에서 그 어떤 특정 국가의 관할권도 갖지 않은 채로," 라몬 페레르와 그의 노예 셀레스티노를 "특정한 넓적칼이나 수수칼"을 써서 살해하고 해적으로 변모했다고 평결했다.[48]

공식 혐의는 중간 및 상급 판사와 변호사 그리고 정부 관리가 논쟁하고 결정했으며 해적행위에 대한 이들의 태도는 당시 낭만주의적인 대중의 평가에 비친 것과는 상당히 달랐다. 이 중요 인물들에게 해적행위는 당장에 얻을 수 있는 돈이나 자유를 향한 영웅적 탐험을 의미하지 않았으며 오히려 이는 무엇보다도 재산에 대한 범죄였다. 해적은 "인류의 적"인 호스티스 휴마니 제네리스였다. 여전히 해적행위에 대한 논쟁에서 쟁점은 살아있었고 대중 앞에도 남겨져 있었다.

법원은 미합중국과 스페인이 조난 중인 배에 대한 상호 지원에 동의한 1795년의 〈핀크니 조약〉을 통해 해적행위 쟁점을 판결했다. 이 조약의 제8조는 배가 "날씨나 해적 및 적군의 추적 또는 다른 급박한 필요에 의해 필히" 피난처를 찾아야 하는 경우 이 함선은 "모든 인간애를 동원해 이를 제공받고 보살핌을 받아야 하며" 적절한 도움을 받을 수 있어야 한다고 규정했다. 제9조는 모든 배가 "외해에서 어떤 해적이나 약탈자의 손아귀에 있든 구조되어야 하고 어떤 항구로든 인도되어야 하며" 원래의 주인에게 반환되어야 한다고 덧붙였다. 스페인 정부가 특사 앙헬 칼데론 데 라 바르카를 통해 제시했던 것과 마찬가지로 스페인의 노예소유주 몬테스와 루이즈는 조약의 이 조항을 근거로 손해배상을 청구했다. 만약 아미스타드호의 아프리카인들이 해적이라면 그들과 선박 그리고 화물은 스페인에 양도된다. 그들은 쿠바로 송환되고 아마도 "모든 인류의 적"에게 합당한 운명인 교수형을 당했을 것이다.[49]

폐지론자 변호사들은 아미스타드호 반란자들은 해적도 아니고 노예도 아니라고, 미합중국 정부는 몬테스, 루이즈, 쿠바, 스페인 또는 그밖에 관련된 누구에게라도 그들을 송환해서는 안 되며 그 대신 그들을 자유롭게 풀어주어야 한다고 주장했다. 앞서 서술한 신문 기사와 그림들이 출판되고 있는 와중에, 그리고 미합중국 정부가 아프리카인 해적들이 정당한 처벌을 받도록 그들을 송환해야 한다는 노예제 지지 신문들의 요구가 번지는 가운데, 아미스타드호가 해변에 끌려온 후 10일에서 14일 정도가 지난 9월 초에 법학적인 조예를 갖춘 의견을 담아 익명으로 작성된 기사들이 발행되었다. 이러한 기사들은 해적행위의 정의定義를 분석했고 아미스타드호 반란자들은 누구도 여기에 부합하지 않으며 부합할 수도 없다고 결론 내렸다. 그들은 선박을 나포함으로써 부유해지고자 하는 목적도 없었고 다른 배를 공격하지도 않았다. 그들은 단지 자유를 추구했고 자기 방어권을 행사했

을 뿐이었다.[50]

　그러나 폐지론자들은 17세기 후반과 18세기 초반의 해적 "황금시대" 이후 유지된 해적행위에 관한 법률에 새로 추가된 내용을 날카롭게 알아채고 이를 이용했다. 1808년에 노예무역이 정식으로 폐지된 이후에도 성행한 불법 노예무역을 공격하기 위해 버지니아의 연방주의자 찰스 펜톤 머서와 여러 폐지론자가 지지한 1820년 미합중국 연방법은, 미합중국의 어떤 시민이라도 노예무역에 관여하면 이들을 "해적으로 간주할 것이며" 유죄가 입증되면 "사형에 처한다."라고 정했다. (이는 실제로 단 한 번 적용되어서 1862년에 나다니엘 고든 선장이 뉴욕에서 노예무역의 혐의로 교수형에 처해졌다.) 1820년 5월 30일부터 인간 거래를 종식하기로 합의한 대영 제국과 스페인의 조약은 노예무역과 해적행위의 연관을 더 강화했다.[51]

　폐지론자에게 물어본다면 여기에서 누가 해적인가? 아미스타드호의 반란자들이 아닌 노예무역상이 해적이며 이 경우에는 몬테스와 루이즈와 여기에 연루된 이미 죽은 라몬 페레르 선장이 해적이었다. 비록 법은 엄밀히 보면 스페인인이 아닌 미국 시민에게만 적용되지만, 그렇다고 하더라도 폐지론자는 판을 뒤집을 수 있게 되었고 아미스타드호의 아프리카인들을 붙잡고 불법적으로 노예로 만든 스페인인들을 진짜 해적으로 만들었다. 아미스타드호 포로들의 주 변호사인 로저 볼드윈은 자신의 의뢰인이 "해적이 아니며 어떤 의미로도 호스티스 휴마니 제네리스라고 볼 수 없다."고 주장했다. 그들의 목적은 "해적행위나 약탈이 아닌 오직 … 불법적인 노예 속박으로부터의 … 해방"이었다. 그들은 실제로 "해적행위의 무력한 희생자" 그 자체였다. 해적행위 piracy라는 말은 문화적인 의미에서뿐만 아니라 법적 분쟁에서도 주요한 다툼의 도구가 되었다.[52]

1839년 9월 23일 미합중국 순회재판소 판사 스미스 톰슨이 이 사건에는 "지역사회의 감정이 깊이 관여하고 있다"고 지적하며 아미스타드호 반란자들을 해적이나 살인자로 판단하는 의견은 없다고 판결하면서, 폐지론자들은 이 싸움에서 처음으로 승리했다. 판사 앤드루 저드슨은 1840년 1월 13일 지방법원 판결에서 피고인은 불법적으로 노예가 된 아프리카인으로 해적행위의 혐의에 준하지 않으며 이와 관련이 없다고 판단했다.[53]

그러나 미합중국 정부가 저드슨의 판결에 이의를 제기하여 이 사건을 대법원에 상고했기 때문에 해적행위라는 법적 쟁점은 여전히 남아있었다. 1841년 2월 23일을 시발점으로 법무상 헨리 D. 길핀은 새로이 아미스타드호의 아프리카인들을 해적이라고 주장했다. 그들은 자기 자신을 장악함으로써 사유재산에 반하는 범죄를 저질렀다는 것이었다. 존 퀸시 애덤스는 이후 이 주장에 담긴 모순을 재미있게 여겼다. 미국과 스페인 양국 정부는 아미스타드호의 아프리카인들을 "상품"이자 수동적인 재산, 즉 노예인 동시에 능동적이고 공격적인 인간 의지를 지닌 "해적이자 약탈자"로 다룰 것을 주장했다. 1795년의 조약을 언급하며 애덤스는 대법원에 나가 "나의 의뢰인은 조약에 따라 해적과 약탈자로부터 구출된 상품의 보상을 요구한다."라고 의견을 밝혔다. 그러나 누가 상품이고 누가 약탈자인가? "스페인 공사公使의 말을 분석해보면 상품이 약탈자이고 약탈자가 상품이었다. 상품은 저 자신의 손아귀에서 구출되었고 약탈자는 약탈자의 손아귀에서 구출되었다." 애덤스는 이후 판사를 돌아보며 다음과 같이 물었고 아마도 틀림없이 장난기 어린 눈빛을 띠었을 것이다. "이게 조약의 의미인가?" 로저 볼드윈은 "이 조약의 단어들에 대해 그런 식으로 설명하는 것은 우리의 법정에 적용되어야 할 해석 규칙에 부합하지 않는 것으로 보인다."라고 냉정하게 덧붙였다. 대법원 판사는 애덤스에게 동의했다. 판사 조셉 스토리는 7대 1의 다수결에 찬성하며 1841년 3월 9일에 피고인이 아프리카에서 "납치"되었으며 "그들을 해적이나 약탈자라고 부를 구실은 없다."고 판결했다. 아미스타드호 반란자들은 재산도 아니었고 해적도 아니었다. 그들은 이제 공식적으로 자유인이 되었다.[54]

노예와 해적 그리고 상품

유령선의 반란자들이 롱아일랜드 해안에 나타난 후 1839년 8월 말에 뉴런던의 해인으로 끌려왔을 때 모든 계급의 미국인들은 그들을 어떻게 바라보고 이해했으며 그들의 행위에 관해서는 어떤 생각을 품었을까? 선택지는 제한되어 있었다. 그들은 노예선을 타고 반란을 일으킨 아프리카인들의 오랜 이야기 중에서 가장 최근의 모습만을 볼 수 있었다. 이들의 저항 행위는 한 세기가 넘게 미국의 신문에 기록으로 남고 있었고 이미 잘 알려져 있었다. 그러나 이러한 이야기는 거의 항상 끝이 좋지 않았다. 반란자들은 전투에서 죽거나 이후에 고문당했으며 생존자들을 위협하기 위해 대개 처형되었다. 개별 항해와 (합법적이든 불법적이든) 보다 큰 노예무역은 이전과 같이 계속되었다. 아미스타드호 반란자들만큼 성공적인 노예 폭동의 예시는 거의 없었으며 이 점이 그들을 더욱 두드러지게 했다.[55]

부가적으로 생각할 수 있는 선택지는 아미스타드호의 아프리카인들을 전체 대서양 노예 제도와 싸우는 노예 반란자라는 더 넓은 의미로 보는 것이다. 이는 아프리카계 아메리칸 급진주의자 데이비드 워커가 "전 세계의 유색 시민"에게 아이티 혁명의 본보기를 따르며 일어나기를 호소한 후인 1830년대의 시기적절한 모습이었다. 일부 사람들은 그의 명제를 따르는 것으로 보였다. 1831년 버지니아의 냇 터너와 1831년에서 1832년 자메이카의 샘 샤프와 그의 "침례교 전쟁" 그리고 1835년 1월 브라질 바이아 말레 반란의 무슬림 노예들이 그들이었다. 1834년과 1838년의 노예 해방에 관한 대격변까지 섞여들면서 대서양 전역의 노예소유주들 사이에는 갑작스레 불안감이 팽배했다. 누구나 알다시피 노예제는 근본적으로 폭력과 테러를 기반으로 하고 있었기에 복수와 보복에 대한 두려움은 당연하게도 죄책감을 바탕으로 하고 있었다. 1839년 8월 말 당시 가장 정교한 기술 중 하나인 대형 범선을 통제하면서 나타난 자율적이고 무장한 흑인 남성 집단이 미국 해안에서 발견되었을 때는 그 자체로 두려운 일이었다.[56]

이러한 두려움이 작용하여, 초기 보도들에서는 반란자들이 아미스타드호에 승선한 백인을 모두 살해했다고 주장하기도 했다. 사실 그들은 자신들을 죽이겠다고 위협한 아프리카계 푸에르토리코인 노예 선원과 요리사를 가장 먼저 죽였고 선장 페레르는 그들 무리 중 한둘을 죽였기에 자기방어를 위해 살해했다.[57] 배에 타고 있던 다른 네 명의 백인은 죽지 않았다. 두 선원은 배 옆으로 뛰어내려 카누를 타고 쿠바로 돌아왔으며 몬테스와 루이즈는 안전하게 코네티컷으로 돌아왔다. 인종 학살의 환상은 결코 일어난 적이 없었다.

아미스타드호 사건의 초기 단계에서 주요한 선택지였던 것은 반란자들을 "검은 해적"으로 보는 것이었다. 역시나 나름대로 반항적인 해적의 모습은 금화와 자유에 대한 꿈과 같은 완전히 다른 무언가를 투영했다. 외해의 비참한 자들이 사회 규범의 주요한 제도인 가족과 종교 그리고 국가의 통제를 뛰어넘어 전투적으로 부와 자유를 움켜쥐는 모습이었다. 이처럼 대부분 흑인이었던 자율적인 무장 집단은 두려움이 아닌 희망으로 다양한 반응에 영감을 불어넣었다.[58]

또한, 해적 환상은 초기 신문 보도에도 영향을 주어서 아미스타드 호 반란자들은 금화 벨트를 차고 선창에는 돈과 보석을 쌓아두고 있다는 이야기가 돌았다. 놀랍게도 황금이 들어 있다고 여겨지는 상자에는 사실 인간의 노동력을 들여 다른 방식으로 황금을 생산하는 수단이었던 농장 공구의 쇠붙이가 들어 있었다. 후에 아미스타드호를 철저히 조사한 결과 "배에 실린 물건 중에서 한 푼의 금이나 은도 발견되지 않았던 것"으로 드러났다.[59]

"검은 해적"이라는 별명이 궁극적으로 아미스타드호 사건에서 차이를 가져왔을까? 분명 자유 투쟁에 대한 대중의 흥미와 인식 수준은 끌어올렸다. 실로 당시의 기준으로 흔치 않은 일이었다. 신문 보도, 연극, 인쇄물, 목판화, 그림, 밀랍 조각, 소책자, 감옥과 법정에 이르는 긴 줄과 심지어 법학 보고서까지 모든 것이 어느 정도는 해적의 모습과 그들이 대중문화에서 차지하고 있는 자리에 영향을 받았다. 이 모든 것이 합쳐져서 독특한 분위기가 조성되었고 결국 지방법원과 순회재판소 그리고 대법원의 판사에게 영향을 주면서 이들이 아미스타드호 아프리카인에게 호의적인 결정을 내리고 그들의 자유를 선언함으로써 상당한 놀라움을 선사했다. 순회재판소 판사 앤드루 저드슨은 유색인들에게 적대적이라고 알려졌고 대법원 판사의 대다수도 남부지방 출신이었다. 판사 자신은 해적 형상에 흔들리지 않았을 수 있으나 대중의 동원은 이러한 결과가 창출되도록 도왔다. 실제로 판결을 내린 모든 판사가 서면 의견에서 이 사건에 관한 대중적 관심이 극도로 높다는 점을 인정했다.

대중문화의 공급자들은 폭력적이고 반항적인 노예의 악몽과도 같은 모습을 매력적인 양면성을 띤 해적의 모습으로 만들어내면서, 아미스타드호 아프리카인들의 해방을 위한 더 유리한 맥락을 만드는 데 도움을 주었다. 그들은 해적이라는 특색 있는 요소를 활용하여 저항을 상품으로 탈바꿈함으로써 전체 사건을 대중의 소비와 지지에 보다 안전하게 만들었다. 반란자로서의 젬바 싱케이와 "흑인 해적 무리"의 주동자로서의 싱케이 그리고 바르바리 해적인 진구아와 같은 문학적, 시각적 증거들은 여기에 작용하는 강력한 과정을 보여준다. 폭동에 대한 두려움이 치솟고 있던 시기에, 반란을 일으키고 그 와중에 권력을 가진 백인을 살해한 반란의 무리가 칭송받고 결국에 해방되는 데서 이러한 과정은 매우 중요했다.

이 이상하고도 모순적인 과정이 당시에 포착되지 않거나 비판받지 않았던 것은 아니다. 『헤럴드 오브 프리덤』의 기고가인 〈뉴햄프셔 반노예제 협회〉 너대니엘 로저스는 장사꾼들이 아미스타드호 사건에 공격적으로 개입하는 모습을 보았고 "우리 뻔뻔한 자들이 싱케이와 그의 동포를 향한 호감을 상품으로 만들었다."라고 비평했다. 그는 비록 목판화의 묘사가 꽤 닮아있다고 생각하기는 했지만 "이토록 당당한 자들을 표현한 목판화"에 분개했다. 그는 화가들이 "사자와 같은" 얼굴을 한 "아프리카의 영웅"을 눈여겨보았다가 이제 팔아먹을 그림을 그리는 것이 "파렴치"하다고 여겼다. 그는 숭고한 원칙이 있던 영역이 돈과 이익의 침입을 받는 상황을 혐오했지만, 어쩌면 그는 저항을 "상품으로 만드는" 일이 자신의 대의를 얼마나 도왔는지는 과소평가 했는지도 모른다.[60]

아래로부터의 노예제 폐지

해적행위로 묘사된 쿠바의 작은 스쿠너 노예선에서 있었던 성공적인 반란은 대서양 전역에 반향을 일으켰다. 특히 이 반란이 1830년대 노예 사회를 휩쓸었던 커다란 반란 순환의 일부였기 때문에 반향은 더 컸다. 이 극적 사건은 무대와 인쇄 종이 그리고 법정에서 표상을 가지려고 애썼다. 이 폭동에서 나타나는 많고 다양한 해적의 초상에서 가장 주목할 만한 점 중 하나는 그들이 보여준 반노예제 취지였다. 아미스타드호 반란에 관한 대중적 묘사는 전 세계의 반노예제 운동의 자라나는 힘을 반영했고, 또 발전시켰다.[61]

『길고 낮은 흑색 스쿠너』는 싱케이를 반란 영웅으로 만들었고 청중들이 공감적 귀속 의식을 느끼도록 하기 위해 연극 초반에 그의 개인사도 포함했다. 또한, 연극에서는 "비참한 노예들"이 함께 뒤죽박죽 섞여 그들의 음모를 꾸미기 시작했던 하갑판의 은밀한 곳으로 내려가면서 폐지 운동에서 이미 악명이 높았던 끔찍한 중간 항로도 강조했다.『세 손가락 잭』과『노예』그리고『글래디에이터』와 함께 이 연극이 출현했다는 사실은, 시대의 "정치적 불안"이 무대에 올랐다고 했던 연극 역사가 브루스 맥코나치의 지적이 사실임을 증명한다. 비록 간접적인 방식으로 무대 위에 나타날 때도 있었지만 말이다. 아미스타드호에 관한 연극은 모두가 알듯이 노예 반란과 직접적으로 맞닥뜨려있다. 왜냐하면, 멀리 떨어진 시간과 장소에 있는 속박과 반란이 아니라 바우어리 극장에서 멀지 않은 곳에 수감되어 살아 숨 쉬는 반란자들의 행동과 관련되어 있었기 때문이다.[62]

『뉴욕 썬』이 만들어 낸 해적 모습의 형상은 이 반란을 더욱 극적으로 느껴지게 만들었고 그 주동자에게 발언권을 주었으며, 강력한 반노예제 호소를 전달했고, 적극적으로 반란자들과 그들의 대의에 대중적 공감을 얻는 방법을 찾았다. 아메리카 혁명 지도자 패트릭 헨리와 1800년 버지니아 리치먼드에서 폭동을 계획했던 아프리카계 아메리카인 혁명 지도자 가브리엘을 떠오르게 하는 싱케이 그림에 동반된 글은 "자유 아니면 죽음"이라는 그의 고집을 반복해서 표현했다. "감히 자유를 추구하고" 정의를 쫓던 굳건하고 담대한 영웅을 보라. 의미심장하게도 『썬』이 만들어 낸 반노예제 그림과 글은 『길고 낮은 흑색 스쿠너』와 마찬가지로, 태판과 볼드윈 그리고 다른 폐지론자들이 법적 전략을 구상하며 자유 투사로 나서기도 전에 아미스타드 호의 아프리카인들이 뉴런던에 도착하고 일주일 안에 나타났다. 아마도 페니 프레스가 먼저 해적에 관한 낭만주의 문학의 출현과 반란자들의 이야기를 들었을 것이고 이후 엘리트 폐지론자들은 페니 프레스를 통해 이야기를 전달받았을 것이다.[63]

소책자 『아프리카 추장 진구아와 그 동료들의 진정한 역사』는 싱케이를 바르바리 해적으로 그렸고, 또한 반노예제 사상을 드러냈다. 표지에는 다음과 같은 선언이 실려 있다.

자유는 하늘로부터 주어졌으나,
인간은 노예를 만들어냈다.

이 소책자의 저자는 노예무역의 "불행한 희생자"를 만딩고 사람이라고 불렀고 이들은 "도덕적 선행이 … 매우 발달한 홍겹고 호기심 많으며 인간적인" 사람들이었다. (비록 대부분 지어낸 이야기였지만,) 싱케이의 "뛰어난 지성과 근면 그리고 용기"를 강조하며 동정을 호소한 그의 전기가 뒤를 이었다. 이 노예가 된 영웅이 해변으로 걸어온 길과 "선박의 갑판 틈에 자리하여 제대로 설 공간도 없는 곳에서 '중간 항로'의 모든 공포를 겪었던 곳"에 임신한 여성과 유아를 포함한 500명의 다른 노예와 함께 자리하게 되는 과정이 특별히 강조되었다. 비슷한 맥락으로 헨리 K. 브룩의 『해적의 서』는 폐지론자들의 출처와 주장 그리고 취지를 활용하여 아미스타드호 아프리카인들에 대한 동정적 초상을 제시했다. 또한, 브룩은 (아프리카인들이 "끔찍한 경험을 했던") 노예선 테쏘라호에서의 중간 항로의 공포에도 주목하고 두 반란자 그라보와 바우의 증언을 자신의 글에서 중요하게 다룸으로써 반란자들에게 발언권을 줄 방법을 찾고자 했다.[64]

1839년의 반노예제 운동은 반항적인 노예 저항자들의 반란 세력, 다양하면서도 종종 서로 간에 불화를 일으키는, 대부분 백인으로 구성된 중간계급 백인 폐지론자들의 개혁 세력, 그리고 늘어가는 반노예제 대중으로 구성되었다. 아미스타드호 반란자들과 해적이라는 대중적 표상은 반노예제의 형상과 사상을 새로운 사회 영역에 퍼뜨림으로써 앞의 두 집단이 연결되고 세 번째 집단이 확장하도록 도움을 주었다. 이들의 이야기는 자유노동자와 노예 노동자 모두에게 똑같이 반란의 이야기가 순환하는 거리와, 뉴욕과 필라델피아의 자경단이 이미 반노예제 투쟁에 대해 직접 행동을 취하던 부둣가, 그리고 노동자들이 국방 캠페인에 기여하던 공장으로 번졌다.[65]

해적이라는 아미스타드호 반란자들의 대중적 형상은 당시 인종차별적인 노예제폐지 반대론자의 형상과 뚜렷한 대조를 이루었다. 그뿐만 아니라 노예제 폐지론자들의 오랜 온정주의적 묘사인 "나는 인간도 형제도 아닙니까?"에서 나타나는 노예 탄원자의 요청이나 잔혹 행위의 감상적 피해자로서의 그들 지위와도 달랐다. 사라 그림케는 이러한 형상들이 "족쇄 찬 노예들의 말 못 할 고통"을 표현한다고 기록했다. 이와 대조적으로 아미스타드호의 검은 해적은 강력하고 독립된 행위자로서 나타났지, 다른 이들의 의지에 따라 움직이는 이들이 아니었다. 그들은 온정이나 자선 또는 연민이 아니라 존경을 자아내는 대상들이 되었다. 그들은 해적행위나 다른 무엇의 "무력한 희생자"가

아니었다.[66]

　대중적인 해적 형상은 아미스타드호 사건의 또 다른 흥미로운 측면을 설명하는 데 도움이 될 수도 있다. 그 시기를 전후로 한 10년 정도는 아프리카계 아메리카인과 폐지론자들에 대한 도시 폭동이 끊이지 않았던 때였다. 그중 하나는 바우어리 극장에서 출발해서 루이스 태판의 집까지 이어간 1834년의 공격이었다. 그런데 아미스타드호 사건 이후에는 반란자나 그들의 지지자들에 대한 직접적인 공격뿐만 아니라 위협조차도 없었다는 점이 주목할 만하다. 수천 명이 수감되어 있는 감옥이든 아니면 아미스타드호 아프리카인들이 일상적으로 운동을 나가서 신선한 공기를 쐬던 뉴헤이븐 그린이든, 분명 이러한 폭력의 기회는 많았다. 더 가능성이 높았던 순간은 1841년 5월에 최근 자유를 얻은 수감자들이 시에라리온으로 돌아가기 위한 자금 마련을 위해 동부해안 기금 모음을 크게 선전하던 시기였다. 그들은 다른 어디보다도 폐지론자에 맞선 군중들이 폭력적이었던 뉴욕과 필라델피아에서 공공연한 행사를 열었다. 물론 왜 아무 일도 없었는지 확신하기는 어렵지만, 아마도 대부분 해적이라는 용어를 바탕으로 형성된 긍정적인 모습과 사건을 둘러싼 광범위한 홍보가 아미스타드호 반란자들과 그 지지자들을 당시 광포한 백인 군중이 휘둘렀던 인종차별적 폭력으로부터 지켜주었을 것이다.[67] 뉴욕의 한 여성은 이러한 변화에 관해 다음과 같이 논평했다. "몇 해 전에만 해도" 그녀는 영국의 폐지론자 조셉 스터지에게 아미스타드호 아프리카인과 같은 이들을 다루는 대규모 공개 회합은 "악의를 가진 다중을 자극하고 어쩌면 대중적 소요가 일어날 수도 있다."고 설명했지만, 이제는 이러한 모임은 "모든 계급의 호의적 관심을 받게" 되었다.[68]

　아미스타드호 반란과 해적으로서의 그 표상이 갖는 마지막이자 오랫동안 나타난 중요성은 "전투적", "공격적", "급진적" 또는 "물리적 강제력"이라는 다양한 이름을 가진 폐지론을 강화했다는 점에 있다. 스탠리 해럴드가 기록했듯이 "1839년 아미스타드호와 1841년 크리올호에서의 노예 폭동은 폐지론자들 사이의 위기의식에서 핵심이었다." 이들의 위기의식을 현재의 시점으로 보면, 아래로부터의 저항에서 중요한 의미를 가지는 더 전투적이고 대항적인 접근의 확산에 관한 것이었다. 특히, 아프리카계 아메리카인 활동가들과 "노예에 역점을 둔" 폐지론자들에게 이러한 관점은 더욱 중요했다. 아미스타드호의 시대에서 남북전쟁에 이르기까지 이러한 경향의 진보는 바이런 경의 『차일드 해럴드의 편력』(칸토 II 76행)에서 니타난 문구기 갖는 커져가는 힘과 인기를 따르고 있었다.

> 날 때부터 노예인 자여! 너는 알고 있지 않은가?
> 스스로 해방하려는 자, 먼저 쳐야 한다는 것을.

거리 투쟁가이자 직접 행동 폐지론자인 데이비드 러글스는 1841년에 흑인 반노예제 총회를 공지하는 공개서한에서 이 문구를 사용했다. 헨리 하이랜드 가넷은 아미스타드호 반란을 기억하며 1843년 버펄로에서 열린 전국 흑인 총회에서 대규모 저항을 요구하면서 다음과 같이 이 문구를 다시 사용했다. 스스로 해방하려는 미국의 노예들이 "먼저 쳐야 한다!" 존 브라운과 그의 동료 반란자들이 1859년 하퍼즈 페리에서 "먼저 치기로" 결정하고, 프레데릭 더글러스가 1863년 아프리카계 아메리카인들을 북부군에 가담하도록 장려하기 위해 이 문구를 사용하면서 이 문구는 고전적인 표현의 반열에 올랐다. "조셉 싱케이"는 아미스타드호 갑판에서 해적으로서 수수칼을 처음 휘둘렀던 해적의 모습으로 그려졌다. 그는 아래로부터의 반노예제 운동에 전략적이고 성장하는 동맹이 되어줄 백인 중간계급의 폐지론을 연결했다. 그는 혁명적 미래의 상징이었다.[69]

아미스타드호 사건은 흑인 미국인에게 특별한 의미가 있었다. 이는 싱케이를 위대한 해방자 조지 워싱턴과 투생 루베르튀르와 비교하고 아프리카인 수감자들을 즉시 해방하기를 요구하며 처음부터 이 사건에 관해 독특하면서도 종종 혁명적인 의미를 목소리를 냈던 아프리카계 아메리카인 편집자 새뮤얼 코니시와 필립 벨 그리고 찰스 베넷 레이의 주간 신문 『유색 아메리칸』에 분명하게 표현되었다. 자유를 얻은 후 아미스타드호 아프리카인들이 시에라리온으로 돌아갈 자금을 모으기 위해 미합중국 동부를 돌아다녔을 때 아프리카계 아메리카인 공동체가 엄청난 수를 드러내며 나타났다. 특히 뉴욕 처치스트리트의 아프리카인 감리교 성공회 시온 교단과 같은 그들의 교회에서 이 행사가 있었을 때는 더 많이 모여들었다. 거기서 있었던 한 회합에서 한 『유색 아메리칸』 기자는 "우리는 아무리 떠올려도 우리의 사람들이 이처럼 많이 모여든 경우를 전에 보지 못했다."라고 기록했다. 모임이 진행되는 동안 공동체는 아미스타드호 아프리카인들을 야단스럽고 열정적으로 안아주었다. 아미스타드호의 아프리카인 킨나는 자신을 맞아준 아프리카계 아메리카인 지지자들에게 "당신들은 나와 같은 색을 나눈 저의 형제입니다."라고 말하며 공감을 얻고 돌아왔다. 아미스타드호 사건은 대부분 백인 중간계급 폐지론자들이 차지하던 운동에 아프리카계 아메리카인을 끌어들였고 헨리 하이랜드 가넷을 포함한 많은 흑인 지도자들이 노예제에 맞서 더욱 전투적인 태도를 갖도록 도왔다.[70]

해적의 "핏빛 깃발"

1839년 8월 24일 신문에 검은 해적에 관한 추측이 난무하고 있을 당시, 헨리 불링거 선장과 그의 선원들은 바다에서 아미스타드호를 마주쳤고 그는 항해일지에 다음과 같은 기록을 남겼다.

우리는 안내를 원하는지 물었지만 대답은 없었다. 우리가 다시 큰 소리로 불러서 혹시 그들이 뉴욕으로 가기를 원하는지 물었다. 그들은 엉망인 영어로 아니라고 하면서 북동쪽을 가리키며 다른 나라로 가고지 한다고 했다. 그들은 물을 요구했지만, 이를 가지러 긴너오지는 않았다. 그 뒤 우리는 미국의 국기를 내걸고 그들에게 세 번을 소리 질러 우리를 따라오라고 했다. 우리는 그들을 뉴욕으로 데리고 갈 예정이었다.

이렇게 스쿠너를 붙잡으려고 시도하자 아미스타드호에 있던 남자들은 "서둘러 하갑판으로 내려가 소총과 커틀러스로 무장하고 배 꼭대기에 핏빛 깃발을 내걸었다." 붉은, 또는 "핏빛" 깃발은 검은 깃발과 마찬가지로 18세기 해적이 저항의 신호로 흔히 사용했다. 그들은 어떠한 자비도 구하지 않았고 자비를 얻은 적도 없었다. 그들은 죽을 때까지 싸웠다. 싱케이는 결국 페니 프레스가 분명히 밝혔듯이 노예가 되기보다는 죽기를 바랐다. 어쩌면 결국 아미스타드호 아프리카인들은 진정한 해적이었다.[71]

:: 에필로그

나는 서인도 소설가 자메이카 킨케이드가 쓴 글로 결론을 맺고자
한다.

내 기억 속 안티과에서 우리는 영국의 해상 범죄자 허레이쇼 넬슨의
이름을 딴 거리에서 살았고 우리 주변의 다른 모든 거리 역시 또 다
른 영국의 해상 범죄자의 이름을 땄다. 로드니 거리도 있었고 후드 거
리도 있었으며 드레이크 거리도 있었다.[1]

이 문구에 주목하라. **영국의 해상 범죄자.** 영어권 세계의 많은 이들에게
이 단어는 이단적이거나, 그렇지 않다면 노골적인 반역으로 들릴 것이
다. 나는 저자가 이를 의도했다고 확신한다. 어쨌든 이 문구가 그의 책
에서 핵심적이고 중요한 진리를 표현한다. 누군가는 영웅으로 보는 역
사적 인물이 다른 이에게는 범죄자로 보일 수도 있다. 그리고 그 반대
가 될 수도 있다. 누군가는 범죄자로 보는 역사적 인물이 다른 이에게
는 영웅으로 보일 수도 있다. 무법자의 길이 대개 이러하다. 많은 이들
에게 영웅인 넬슨 제독은 자메이카 킨케이드에게는 범죄자였다. 반대
로 많은 이들에게 범죄자이며 분명 넬슨은 그렇게 느꼈을 해적들은
지금 시대와 마찬가지로 그 시대에도 많은 이들에게 영웅이었다. 이는
모두 관점의 문제이며 더 구체적으로 보자면 거리의 명칭과 박물관의
건립 그리고 책의 저술과 같이 누가 역사를 해석할 관점을 부여할 힘

을 가졌는지에 관한 문제이다.

낡은 역사는 이제 충분하지 않다. 세계의 해군과 상선 업계의 위대하고 강력한 인물인 넬슨, 로드니, 후드 그리고 드레이크에 대한 한정적 초점, 좋은 집안에서 태어나 부유하게 자란 자들, 제독과 사령관 그리고 선장들, 상인과 사업가 그리고 기업가, 바다에서 그들의 전투와 대양을 건너는 제국의 모험, 그들에게 주어진 국가의 영광, 이를 통해 형성된 국가 신화에만 초점이 맞춰진 역사로는 충분하지 않다. 아마도 미국에서 가장 잘 알려진 옛 해상 역사 저술가는 새뮤얼 엘리엇 모리슨일 것이다. 그는 보스턴 귀족이고 애국자 제독이었으며 크리스토퍼 콜럼버스나 존 폴 존스[2]와 같은 업적을 남긴 전 세계의 인물들에 관한 글을 쓴 하버드 출신 역사가였다. 이러한 종류의 역사는 위에서 아래로 내려다보고 있으며, 나의 견해로는 망원경을 거꾸로 들고 본 역사이다.[3]

지난 세대에 걸쳐 기록된 많은 다른 책과 마찬가지로 이 연대기에서는 제독과 다른 엘리트들로부터 흑인과 백인, 남성과 여성, 여러 국가·인종·민족의 노동자에게로 초점을 옮겨와 아래로부터 바라보고 있다. 우리는 잡색 부대를 따라 찢어지는 피들fiddle 연주와 거친 말다툼 소리로 가득한 붐비는 주점을 지나 차갑고 축축한 감옥 그리고 흔들리는 갑판, 팽팽한 돛, 속삭이는 음모, 밀항 그리고 해방이 있던 함선 위로 따라갔다. 제시 레미쉬는 1968년 "밑바닥으로부터"의 역사가 위로부터의 오랜 역사에 도전하기 시작했으며 과거에 대한 더 포괄적이며 폭넓은 접근은 하향식 유형보다 더 민주적이고 평등적인 사상과 훨씬 더 잘 어울린다고 지적했다. 우리는 이제 1780년 넬슨을 간호하며 목숨을 구했던 아프리카계 카리브 여성과 로드니와 후드 그리고 드레이크와 같은 종류의 사람들에 의해 매질당하고 처형되었던 반란

자들에 대해 알아야 한다고 생각한다.[4]

우리는 항해하던 사람들이 어떻게 상류의 사람들에게 영향을 주고 어떻게 그들의 허풍이 극작가, 소설가, 시인 그리고 철학자들에게 사상을 전하는지 보았다. 우리는 어떻게 1747년 보스턴에서 잡색 부대의 행동이 젊은 샘 애덤스에게 모든 사람은 "동등하게 태어났고 동일한 자유의 몫을 가지고 거의 같은 능력을 부여받아 태어났다."라는 사상을 전하는지 보았다. 이 급진적 사상은 한 세대 이후의 선원과 노예의 잡색 부대에 의해 다시 활성화되었고 토머스 제퍼슨의 「독립선언문」에 스며들었다.

우리는 탈주 선원과 노예가 된 아프리카인들이 모여서 협력하고 함께 생각하며, 때로는 실제로 해적 무리와 탈주자 공동체 그리고 다양한 종류의 지하 혁명 운동과 같은 자본주의에 대한 전복적 대안을 형성하는 모습을 살펴보았다. 무법자들은, 그들이 떠나온 사회에서는 대부분 노동자가 거의 손에 넣을 수 없었던, 자유를 누릴 수 있는 독립적인 조직과 자율적인 영역을 창출했다. 대서양의 지배자들은 무법자들의 자유로운 생활 방식이 비슷한 불만을 품은 다른 이들을 고취할 수도 있다는 두려움에, 자신의 지배력을 드높이기 위해 이러한 전복적 대안을 맹렬히 파괴하려고 분투했다. 때로는 권위자들이 그 전투에서 승리하기도 했지만, 전쟁에서는 졌다. 그들은 해적의 반체제 문화를 말살했고 대서양 전역의 교수대에 수백 명을 목매달았지만, 담대한 자들은 오늘날 그 어느 때보다 인기 있는 대중의 영웅으로 다시 돌아왔다.

우리는 이제 이전 어느 때보다 더 많은 이해를 바탕으로 과거의 잡색 부대를 바라본다. 왜냐하면 현대의 세계화로 인해서, 우리는 최초의 초국적 노동자인 심해 항해 선원의 중요성을, 그리고 인간 활동에서 해양이 갖는 중심성 즉 바다가 사상의 발생과 계급 형성 같은 주요한 역사적 과정이 일어난 장소라는 점을 쉽게 이해할 수 있기 때문이다. 오랫동안 변경에 머무르는 극소수로, 기묘하고 이국적인 자들로 조롱받은 선원들은 오랜 시간이 흐른 후 결국 우리 세상의 역사를 심대하고 지속적인 방식으로 형성했던 세계의 탁월한 노동자이며 진정한 의미의 세계주의자라는 점이 드러났다.

나는 이 책에서 여러 주제에 스며들어 있는 내가 가장 좋아하는 한 역사적 인물의 이야기로 끝을 맺고자 한다. 우리에게 시저라는 이름으로 알려진 한 노예 남성이다. 그는 1759년 필라델피아 근방에서 있었던 노예제에 대한 저항 행위에 관한 역사 기록에 처음 등장한다. 그는 자기 주인에게서 도망쳤고 이에 노예 주인은 제멋대로 행동하는 자기 재산을 되찾고자 『펜실베이니아 가제트』에 광고를 실었다. 광고를 통해 우리는 시저가 자유를 가까이에 둔 직업을 가지고 있었음을 알 수 있다. 그는 "수년간 … 체스터 타운에서 나룻배 사공으로" 일했다. 그의 주인은 시저가 "오랫동안 여러 배를 타고 해왔던 일인 선박의 요리사"가 되어 바다로 탈출했다고 믿었다. 어떻게 된 일인지 알 수는 없으나 여하튼 시저는 붙잡혔고 다시 노예가 되었지만, 그는 10년 후 1769년에 이번에는 보스턴에서 또 다른 주인으로부터 도망치며 다시 모습을 드러냈다. 그는 이제 아마도 "전국을 떠돌게" 될 것이다.[5]

시저가 바다로 도망쳐 위대한 대서양에서 무법자가 되면서 자신을 해방한 다른 수천 명의 남자와 여자 노예들과 다른 점은 유별나게도 격렬했던 그의 결단력이었다. 두 번째 주인의 기록에 따르면 시저는 "다리가 없었기에 마을에서 주목받았다." 그의 첫 주인은 시저가 "두 다리가 잘려 무릎으로 걸었다."라고 기록했다. 그가 다리를 잃게 된 것이 이전의 탈출 행동에 대한 처벌인지는 알려져 있지 않다. 어떤 경우든 오랜 속담처럼 자유를 향한 길이 쉬울 수는 없었다. 그러나 그는 분명 자유를 향해 걷고 항해했으며 그 길은 무법자의 길이었다.

:: 감사의 글

이 책에 담긴 30년 남짓의 조사와 집대성을 위한 학술 활동을 돌이켜보며 나는 수천 명의 이름을 부르며 그들의 기여에 감사할 수도 있다. 그러나 그럴 수는 없기에 나는 아래로부터의 역사라는 발자국을 빛내고 나와 다른 많은 이들에게 길을 보여주었던 다섯 명의 역사가를 골라 감사를 표하고자 한다. 그들의 이름은 헌사 면에 나타나 있다.

1장은 "18세기 세계도시 : 대항해시대의 전 지구적 도시와 시민"이라는 학회를 위해 구상한 것이었는데 당시 나는 병으로 글을 완성하지 못했다. 이 내용은 4년 후 2012년 5월 올보르 대학교에서의 또 다른 학회 "대항해시대의 바다 공동체"의 기조연설로 완성되고 강연되었다. 케이틀린 윌슨과 요한 헤인슨 그리고 톨벤 닐센에게 감사를 표한다.

2장은 1986년 세인트루이스에서의 〈미국역사가협회〉의 연례 회의를 위해 쓰였고 거기서 발표되었다. 동료 토론자이자 두 명의 뛰어난 역사가 대니얼 비커스와 필립 D. 모건에게 감사를 표한다.

3장은 2006년 호주 태즈메이니아 스트라챈에서의 "탈출"에 관한 학회에 제출한 기조연설로 발표되었다. 카산드라 피버스와 해미쉬 맥스웰-스튜어트 그리고 루시 프로스트에게 감사를 표한다.

4장은 원래 1981년 『계간 윌리엄과 메리』에 「망자 왕의 깃발 아래 : 1716~1726 영국계 아메리카인 해적의 사회 세계」(세 번째 총서,

38권, 203~227쪽)로 나타났다. 이 내용은 나의 책 『모든 국가의 악당들 : 황금시대의 대서양 해적』(비컨 프레스, 2004)에 계속 제시된 자료로 보완되었다. 처음의 글에서 나는 고故 마이클 맥기퍼트에게 많은 빚을 졌고 예전부터 감사하게도 현재까지 비컨에서 편집인 역할을 해준 가야트리 파트나이크에게도 감사의 마음을 전한다.

5장은 피터 라인보우와 함께 공저한 『히드라 : 제국과 다중의 역사적 기원』(비컨 프레스, 2000 [갈무리, 2008])의 7장을 개정하고 다시 쓴 내용이다. 우리의 편집인 뎁 채스먼과 우리가 공동으로 노력한 글을 이 집대성에 포함할 수 있도록 허락해준 피터에게도 감사를 표한다.

6장은 나의 책 『노예선 : 인간의 역사』(바이킹 펭귄, 2007 [갈무리, 2018])의 9장을 개정하고 다시 쓴 내용이다. 현명하고 숙련된 작업으로 책을 도왔던 웬디 울프와 엘런 개리슨에게 감사를 표한다.

7장은 대부분 새로 쓴 내용이기는 하지만, 나의 책 『아미스타드호 선상 반란 : 노예의 삶과 자유에 관한 대서양 방랑기』(바이킹 펭귄, 2012)를 바탕으로 한다. 다시 한번 뛰어난 웬디 울프에게 감사를 표한다.

에필로그 부분은 2010년 5월 빈 대학교의 국제회의 "카리브해의 무법자, 과거와 현재"에서 강연한 기조연설을 바탕으로 한다. 크리스천 크윅 과 마이클 쥬스케에게 감사를 표한다.

나는 이미 출판된 세 개의 글이 처음 출판되었던 순간의 학술 지식을 그대로 유지하는 것이 더 좋다는 판단에 그 글들을 단지 조심스럽게 수정하기만 하였다. 이 글들은 그 나름대로 역사적 문서이며 나는 그 글의 정체성에서 그와 같은 부분을 보존하고자 노력했다.

나는 피츠버그 대학교 역사학과라는 이름의 잡색 부대에게 소리 높여 감사를 표하며 특히 언제나 나의 꾸준한 뱃동지가 되어준 롭 럭에게 감사를 표한다. 또한, 나는 최근 몇 년간 다양한 영역에서의 창의적 작업으로 나에게 영감을 준 이들에게 감사의 인사를 표한다. 빌 볼렌도르프, 고故 데니스 브루투스, 토니 버바, 알레산드로 카몬, 안나 콜린, 마틴 에스파다, 알렉스 파퀴슨, 데이브 코비치, 카르밋 레위, 마누엘 모네스텔, 카렌 서머빌, 고故 베리 언스워스, 나오미 월래스, 나이절 윌리엄스 그리고 프란츠 제피린(그의 그림이 이 책 영어판의 표지였다). 나는 나를 이처럼 많은 재능 있는 사람들과 일할 수 있도록 해준 피츠버그 대학교 학장 N. 존 쿠퍼에게 특별한 감사를 전한다. 내 가족 웬디와 지크 그리고 에바가 수년간 해준 모든 일에 감사를 표한다.

비긴 프레스의 뛰어난 편집인 기야트리 파트나이크에게 따뜻한 감사를 전하며 다시 함께 일할 수 있어서 행복하고 영광이었다. 그녀의 조력자 레이철 마크스는 이 책이 출판되도록 돕는 과정에서 수없이 많은 유용한 일을 해주었다. 이 프로젝트를 위한 완벽한 거처를 마련해준 탁월한 능력의 에이전트 샌디 다익스트라와 섬세함과 통찰력을 가지고 전체 원고를 읽어준 나의 조력자 에일린 와이너에게도 많은 감사를 전한다.

이 책에는 일종의 사운드트랙이 있다. 이 노래는 오래전에 시작되었고 최근 린튼 퀘지 존슨과 데니스 "블랙비어드" 보벨의 시와 음악으로 내 귀에 흘러들었으며 역시 내 마음과 심장에도 녹아들었다. LKJ가 〈위대한 폭동〉Di Great Insohreckshan에서 1981년 브릭스턴 봉기에 관해 썼듯이,

모든 봉기에 담긴 저마다의 저항 이야기evry rebel jussa revel in dem story

그들이 전하는 힘과 영광의 이야기dem a taak bout di powah an di glory

『대서양의 무법자』는 내가 두 번째로 번역한 마커스 레디커의 책이다. 전작인 『노예선』 번역을 마무리하고 다시 손에 잡은 이 책을 읽으면서, 나는 익숙하게 다가온 저자의 탄탄하고 충실한 연구 배경을 함께 살펴보면서 마치 저자와 대화하듯이 책을 번역했다.

이 책은 18세기의 대서양을 누볐던 수많은 사람의 역사를 담고 있다. 우리가 이 시기의 대서양을 배울 때는 제독과 선장 그리고 장군과 같은 위대한 인물의 역사를 주로 배운다. 역사 기록에서 그들은 주인공이었고 뛰어난 명성과 함께 높은 사회적 위치와 많은 재산을 얻은 자들이었다. 하지만 그들이 탔던 배에는 많은 선원과 여타 사람들이 함께 타고 있었고, 이들은 주인공의 이야기를 뒷받침하기 위해 상당한 착취를 견뎌야 했다.

대항해시대가 시작된 후, 무법자들은 법의 통제를 벗어나기 위해 바다, 특히 대서양으로 향했다. 실로 많은 역사 기록과 문학에서 대서양을 무법자들의 본거지로 기록하고 있다. 그토록 많은 문헌에서 빈번하게 짝지어지는 대서양과 무법자의 관계를 본다면 누구든 그 인과관계를 궁금해할 것이다. 이 책을 처음 접했을 때도 간단한 질문이 머리에 떠올랐다. 무법자와 대서양은 서로 어떤 관계인가? 단순한 질문을 머리에 두고 책을 읽었다.

레디커가 대서양의 무법자 이야기를 다루는 방식은 단순하지 않았다. 그는 실로 다양한 인물의 이야기를 다루었다. 그의 이야기에서 주인공은 몇몇 위대한 인물들에 그치는 것이 아니었다. 이 책에 나타난 수많은 주인공은 크게는 선원과 해적 그리고 잡색 부대로 나눌 수 있다. 그는 기존의 문학에서처럼 이 바다 사나이들을 낭만적으로 다루지는 않았다. 오히려 그러한 낭만적인 이미지를 타파하려는 듯한 의도를 가진 듯이, 그들의 삶에 더 공감하는 태도를 보인다. 투쟁이 만연했던 이 시기에 이들은 배 위에서의 절대적 권위에 반항하며 다양한 방식의 저항을 이어갔다. 레디커는 폭군의 압제에 맞서 바다에서 봉기한 잡색 부대 사이에서 민주주의의 개념을 발견하기도 했다. 아프리카 노예들이 노예선을 점거하고 선장과 선원들을 처형한 아미스타드 선상반란에서, 노예들은 "검은 해적"으로 불리면서도 사회에서는 영웅적인 대접을 받기도 했다. 이 책에서 다루는 역사는 오늘날과 마찬가지로 과거 당시에도 격렬한 논쟁을 끌어내는 사회적 이슈였다.

이러한 대서양의 무법자 이야기는 오늘날 우리에게 어떤 메시지를 전하고 있는가? 앞서 언급한 대서양과 무법자의 관계로 돌아가서, 과거 대서양의 무법자들이 단순히 무법지대로서 대서양을 바라보지는 않았을 것이다. 그들은 사람의 삶과 생계를 파괴하는 법을 피해 대서양에 왔으며 거기에서 사람답게 살아가는 법을 세우고자 했다. 비록 그러한 시도는 일부만이 짧은 기간 성공했으며 대부분 실패했다고 하더라도, 그들이 보여준 다양한 저항의 시도와 의지는 오늘날에도 높이 평가해야 할 것이다. 이 책은, 더 많고 엄정한 법이 온 세상 땅과 바다를 뒤덮고 있는 오늘날, 우리가 해적이 되지는 않더라도 사람의 삶과 생계를 파괴하는 법에는 저항을 계속해야 한다고 호소하기 위해 '아래로부터의 역사'를 다루었는지도 모른다. 시대의 불안은 영웅을 통해 드러나는 것이 아니라 다중의 인식을 통해 드러나며 이들의 공감을 통해서 결국 새로운 법을 세울 수 있을 것이다.

이 책이 번역되어 나올 수 있도록 조력한 우리 가족에게 감사의 마음을 전한다. 특히, 바다를 좋아하는 어린 두 아들이 성장한 후에, 이 책을 읽고 여기에 나온 인물들의 이야기에 공감할 수 있기를 희망하며 후기를 마친다.

2021년 10월 31일
경북 영천에서
박지순

한국어판 지은이 서문

1. * Walt Whitman, *Leaves of Grass* [월트 휘트먼, 『풀잎』, 허현숙 옮김, 열린책들, 2011].

머리말

1. * 부모의 형제자매가 다른 가족의 형제자매와 결혼하여 친가 외가 양쪽의 사촌 관계인 친척.

2. T. J. Stiles, *Jesse James : Last Rebel of the Civil War* (New York : Vintage, 2003).

3. 이는 다음 고전 작품의 주제였다. Eric Hobsbawm, *Primitive Rebels : Studies in Archaic Forms of Social Movement in the 19th and 20th Centuries* (New York : Praeger, 1959 [에릭 홉스봄, 『원초적 반란』, 진철승 옮김, 온누리, 1984] ; *Bandits* (New York : Delacorte Press, 1969 [『밴디트』, 이수영 옮김, 민음사, 2004].

4. Marcus Rediker, *Between the Devil and the Deep Blue Sea : Merchant Seamen, Pirates, and the Anglo-American Maritime World*, 1700~1750 (New York : Cambridge University Press, 1987) [마커스 레디커, 『악마와 검푸른 바다 사이에서』, 박연 옮김, 까치, 2001] ; Marcus Rediker, *Villains of All Nations : Atlantic Pirates in the Golden Age* (Boston : Beacon Press, 2004) ; Peter Linebaugh and Marcus Rediker, *The Many-Headed Hydra : Sailors, Slaves, Commoners, and the Hidden History of the Revolutionary Atlantic* (Boston : Beacon Press, 2000) [마커스 레디커·피터 라인보우, 『히드라 : 제국과 다중의 역사적 기원』, 정남영·손지태 옮김, 갈무리, 2008] ; Marcus Rediker, *The Slave Ship : A Human History* (New York : Viking Penguin, 2007) [마커스 레디커, 『노예선 : 인간의 역사』, 박지순 옮김, 갈무리, 2018] ; Marcus Rediker, *The Amistad Rebellion : An Atlantic Odyssey of Slavery and Freedom* (New York : Viking Penguin, 2012).

프롤로그

1. * 심해와 먼바다를 항해하기 위해 고안된 범선.

2. Emma Christopher, Cassandra Pybus, and Marcus Rediker, eds., *Many Middle Passages : Forced Migration and the Making of the Modern World* (Berkeley : University of California Press, 2007). 새로운 해양사를 다룬 흥미로운 저술에는 Daniel Vickers, *Young Men and the Sea : Yankee Seafarers in the Age of Sail* (New Haven : Yale University Press, 2007) ; Paul Gilje, *Liberty on the Waterfront : American*

Maritime Culture in the Age of Revolution (Philadelphia : University of Pennsylvania Press, 2007) ; 그리고 Peter Earle, *Sailors : English Merchant Seamen 1650-1775* (London : Methuen, 2007)이 있다.

3. Jerry Bentley, Renate Bridenthal, and Kären E. Wigen, eds., *Seascapes : Maritime Histories, Littoral Cultures, and Transoceanic Exchanges* (Honolulu : University of Hawaii Press, 2007).

4. * 사회를 특징짓는 신념과 관념 그리고 관습의 총체 혹은 인간 집단의 습관적 사고 양식을 의미하는 집단 심성.

5. Marcus Rediker, "Toward a People's History of the Sea," in David Killingray, Margarette Lincoln, and Nigel Rigby, eds., *Maritime Empires : The Operation and Impact of Nineteenth-Century British Imperial Trade* (Suffolk, England : Boydell and Brewer, 2004), 198 ; Margaret Cohen, *The Novel and the Sea* (Princeton, NJ : Princeton University Press, 2010), 106~32. 코헨은 바다를 경시하는 태도를 묘사하기 위해 "하이드로파시아"(hydrophasia)라는 단어를 사용하였다(14). 또한 Allan Sekula가 쓴 훌륭한 *Fish Story* (Düsseldorf : Richter Verlag, 1995), 48을 참조하라.

6. Joseph Conrad, *Nigger of the Narcissus* (Garden City, NY : Doubleday, 1914), 45 ; Michel Foucault, "Of Other Spaces," *Diacritics* 16 (1986) : 22~27. 바다 면에 관한 연구에서 중요한 진전은 Bernhard Klein와 Gesa Mackenthun이 조직한 "Sea Changes : Historicizing the Ocean, c. 1500~c. 1900"라는 학회에서 있었다. 이 학회는 2000년 7월 독일 그라이프스발트에서 열렸으며 "초국적 접촉 지역"인 배와 항구 도시 그리고 바다를 다루었다. Klein과 Mackenthun이 편집한 *Sea Changes : Historicizing the Ocean* (New York : Routledge, 2004)라는 제목의 글모음을 참조하라.

7. Derek Walcott, *Poems*, 1965~1980 (London : Jonathan Cape, 1992), 237.

8. Carlo Cipolla, *Guns, Sails, and Empires : Technological Innovation and the Early Phases of European Expansion, 1400-1700* (New York : Pantheon Books, 1965).

9. Rediker, *The Slave Ship*, 42 [레디커, 『노예선』]에서 인용.

10. Rediker, *Between the Devil and the Deep Blue Sea*, chap. 2 [레디커, 『악마와 검푸른 바다 사이에서』, 2장].

11. Eric Hobsbawm, "The General Crisis of the European Economy in the 17th Century," 5 (1954), 40 ; Sir William Petty, *Political Arithmetick or a Discourse Concerning, the Extent and Value of Lands, People, Buildings : Husbandry, Manufacture, Commerce, Fishery, Artizans, Seamen, Soldiers ; Publick Revenues, Interest, Taxes, Superlucration, Registries, Banks, Valuation of Men, Increasing of Seamen, of Militia's, Harbours, Situation, Shipping, Power at Sea* (London : Robert Clavel, 1690).

12. * 당시 공장의 의미는 거래소의 의미에 가까웠으나 여기에서는 현대식 공장의 의미를 담고 있다.

13. Rediker, *Slave Ship*, chap. 10 [레디커, 『노예선』, 10장].

14. * 파업은 역사적으로 선원들이 함선의 돛을 접어내리는 투쟁행위에서 파생되었다.

15. C. L. R. James, Grace C. Lee, and Pierre Chalieu, *Facing Reality* (Detroit : Bewick Editions, 1974), 115.

1장 선원의 허풍

1. Captain Charles Johnson, *A General History of the Pyrates*, ed. Manuel Schonhorn (1724, 1728 ; repr. Columbia, SC : University of South Carolina Press, 1972), 7. 이 책은 오랫동안 대니얼 디포가 쓴 것으로 여겨졌지만, 최근 이에 관한 이의가 제기되었다. David Cordingly, *Under the Black Flag : The Romance and the Reality of Life Among the Pirates* (New York : Random House, 1997), xix~xx를 참조하라. 나의 의견으로는 이 책은 디포를 포함한 여러 저자가 참여한 것으로 보인다.

2. Bernhard Klein and Gesa Mackenthun, eds., *Sea Changes : Historicizing the Ocean* (London : Routledge, 2004).

3. Walter Benjamin, "The Storyteller," in *Illuminations : Essays and Reflections* (New York : Schocken, 1969) [발터 벤야민, 「이야기꾼」, 『서사 기억 비평의 자리』(발터 벤야민 선집 9), 최성만 옮김, 길, 2012]. 이 문단과 이어지는 네 단락은 이 작품에서 인용되었다.

4. Friedrich Engels, *The Condition of the Working Class in England* (1845 ; repr. New York : Oxford University Press, 2009), 123 [프리드리히 엥겔스, 『영국 노동계급의 상황』, 이재만 옮김, 라티오, 2014].

5. * 피카레스크 소설, 하류층 문학이나 기존 관습에 반하는 유형의 문학.

6. Herman Melville, *Moby-Dick* (1851 ; repr. New York : Norton, 1967), 470.

7. * 허풍을 뜻하는 yarn은 원사(原絲)의 뜻도 함께 가진다.

8. Rediker, *Between the Devil and the Deep Blue Sea,* chap. 4 [레디커, 『악마와 검푸른 바다 사이에서』, 4장].

9. 『옥스퍼드 영어사전』과 William Falconer의 *Dictionary of the Marine* (London, 1769)에서 "strike"라는 단어의 정의를 참조하라.

10. Samuel Robinson, *A Sailor Boy's Experience Aboard a Slave Ship in the Beginning of the Present Century* (1867 ; repr. Wigtown, Scotland : G.C. Book Publishers, 1996), 6.

11. * 해적기, 또는 해골 머리에 대퇴골 2개가 겹쳐진 검은 해적 깃발.

12. Marcus Rediker, *Villains of All Nations : Atlantic Pirates in the Golden Age* (Boston : Beacon Press, 2004), 38~42.

13. Rediker, *Devil and the Deep Blue Sea*, 93, 157, 185~86, 249. [레디커, 『악마와 검푸른 바다 사이에서』].

14. * 현재의 파나마 지협.

15. William Dampier, *A New Voyage Round the World* (1697 ; repr. New York : Dover, 1968), 303. 또한 Martin Green, *Dreams of Adventure, Deeds of Empire* (New York : Basic Books, 1979), 71 ; Margaret Cohen, *The Novel and the Sea* (Princeton,

NJ : Princeton University Press, 2010), 45 ; Gary C. Williams, "William Dampier : Pre-Linnean Explorer, Naturalist, Buccaneer," *Proceedings of the California Academy of Sciences* 55 (2004) : 146~66을 참조하라.

16. Dampier, *New Voyage*, 507.

17. * 아프리카의 이그보족과 같은 부족 문화에서 여러 겹의 자상 흉터를 남김으로써 고귀함을 증명하는 표식을 남겼다.

18. Edward Ward, *The Wooden World Dissected : In the Character of a Ship of War : as also, the Characters of all the Officers, from the Captain to the Common Sailor ...* (London, 1697), 71.

19. * 자유를 상징하는 삼각 두건 형태의 모자.

20. Rediker, *Devil and the Deep Blue Sea*, 12 [레디커, 『악마와 검푸른 바다 사이에서』] ; Jane Caplan, ed., *Written on the Body : The Tattoo in European and American History* (Princeton, NJ : Princeton University Press, 2000) ; Ira Dye, "The Tattoos of Early American Seafarers, 1796~1818," *Proceedings of the American Philosophical Society* 133 (1989) : 520~54 ; Simon P. Newman, "Reading the Bodies of Early American Seafarers," *William and Mary Quarterly*, 3rd ser., 55 (1998) : 59~82.

21. Michel Foucault, "Of Other Spaces," *Diacritics* 16 (1986) : 22~27.

22. John Cremer, *Ramblin' Jack : The Journal of Captain John Cremer, 1700-1774*, ed. Richard Reynall Bellamy (London : Jonathan Cape, 1936), 90.

23. * 플라잉더치맨호는 유럽에서 가장 널리 알려진 유령선으로 네덜란드 선장인 반 데르 텍켄이 폭풍우 중에 항해할 수 있다고 호언하며 신의 뜻을 거역하여 영원히 바다를 방황하는 저주를 받고 항해하는 범선을 말한다.

24. George Barrington, *A Voyage to Botany Bay* (1795), 다음 링크의 '구텐베르크 프로젝트'에서 확인할 수 있다. http://gutenberg.net.au/ebooks06/0607421h.html.

25. * 바다의 소우주라는 뜻의 라틴어.

26. *Spooner's Vermont Journal*, Nov. 29, 1785 ; *Columbian Magazine, or Monthly Miscellany*, Sept. 1786 ; Andrew Swinton, *Travels in Norway, Denmark, Russia, in the Years 1788, 1789, 1790 and 1791* (Dublin, 1792), 2~5 ; "Natural History of that Most Extraordinary Sea-Animal, called the Kraken," *The New Wonderful Magazine, and Marvellous Chronicle* (London, 1794), 313~15.

27. * 아프리카의 세습 음악가로 역사 이야기를 들려주던 일종의 음유시인.

28. Rediker, *Devil and the Deep Blue Sea*, 157 [레디커, 『악마와 검푸른 바다 사이에서』].

29. Philip Brand의 정보, July 1729, High Court of Admiralty Papers 1/56, ff.32~33, National Archives of Great Britain, Kew Gardens.

30. Philip Edwards, *The Story of the Voyage : Sea-Narratives in Eighteenth-Century England* (Cambridge, UK : Cambridge University Press, 2004), 2.

31. Dampier, *New Voyage*, 4.

32. William Brandon, *New Worlds for Old : Reports From the New World and Their Effect on the Development of Social Thought in Europe 1500-1800* (Athens : Ohio University Press, 1986).

33. * 힘의 근원을 신에게 두지 않고 스스로 주권을 행사하는 모습.

34. Cohen, *Novel and the Sea*, 107~12.

35. Green, *Dreams of Empire*, 71~72.

36. Cohen, *Novel and the Sea*, 7, 93. 또한 David Fausett, *The Strange Surprising Sources of Robinson Crusoe* (Amsterdam : Editions Rodopi B.V., 1994)를 참조하라.

37. * 걸리버 여행기에 나타난 인간 모습의 짐승.

38. Williams, "William Dampier," 163 ; Green, *Dreams of Empire*, 90.

39. * 당시 앙숙이던 스페인과 영국 사이에서 영국 사략선장 로버트 젱킨스가 스페인에 포로로 잡혔다가 귀가 잘린 채 귀국한 사건으로 발생한 전쟁.

40. Jeremy Lewis, *Tobias Smollett* (London : Jonathan Cape, 2003), chap. 2 ; Green, *Dreams of Adventure*, 374 ; Nathan Comfort Starr, "Smollett's Sailors," *American Neptune* 32 (1972) : 81~99. 인용구는 Roderick Random (1748, repr. Athens : University of Georgia Press, 2012), 135에서 가져왔다.

41. * 일종의 강제징용으로 "왕의 백동전"이나 빚과 같은 미끼를 이용해 순진한 젊은이들을 강제로 징용하던 무리.

42. Wayne Franklin, *James Fenimore Cooper : The Early Years* (New Haven, CT : Yale University Press, 2007), chap. 2 ; 90, 100에서 인용. 또한, 쿠퍼는 이후 미합중국 해군에서 복무했지만, 바다에서의 직접적인 경험은 거의 없었다. 쿠퍼가 대서양에 미친 영향에 관해서는 Cohen, *Novel and the Sea*, chap. 4를 참조하라.

43. Rediker, *Slave Ship*, chap. 10 [레디커, 『노예선』, 10장]을 참조하라.

44. Julius Sherrard Scott III, "The Common Wind : Currents of Afro-American Communication in the Era of the Haitian Revolution," PhD diss., Duke University, 1986. 이 논문으로부터 파생되어 나온 글로는 Julius Scott, "Afro-American Sailors and the International Communication Network : The Case of Newport Bowers," in *Jack Tar in History : Essays in the History of Maritime Life and Labour*, ed. Colin Howell and Richard J. Twomey (Fredericton, New Brunswick : Acadiensis Press, 1991)를 참조하라.

45. Niklas Frykman, "The Wooden World Turned Upside Down." 또한, Niklas Frykman, Clare Anderson, Lex Heerma van Voss, and Marcus Rediker, eds., *Mutiny and Maritime Radicalism in the Age of Revolution : A Global Survey* (Cambridge, UK : Cambridge University Press, 2013)를 참조하라.

2장 에드워드 발로우, "가엾은 바다 사나이"

1. 이 작품은 *Barlow's Journal of His Life at Sea in King's Ships, East & West Indiamen,*

& *Other Merchant Men from 1659 to 1703*, ed. Basil Lubbock (London, 1934)(이후로는 BJ로 쓴다)로 출판되었다. 이후 모든 참조는 출판된 도서에 대한 것이다. 단락에 인용한 부분의 쪽수는 29쪽과 228쪽이다.

2. Ralph Davis, *The Rise of the English Merchant Shipping Industry in the Seventeenth and Eighteen Centuries* (London : Newton Abbot, 1962), 14~21. 발로우가 "영국 최고의 함선"이라고 했던 '로열 소버린호'에는 102문의 대포와 1천 명에 달하는 선원이 타고 있었다. *BJ*, 124 ; A. G. Course, *Seventeenth Century Mariner* (London : F. Muller, 1965), Appendix I, 241~42를 참조하라.

3. Robert Muchembled, *Popular Culture and Elite Culture in France, 1400-1750*, trans. Lydia Cochrane (Baton Rouge : Louisiana State University Press, 1985), 3~4.

4. *BJ*, 21, 11, 15.

5. 같은 책, 15, 17, 19, 20, 23, 28, 29 ; Course, *Seventeenth Century Mariner*, 17.

6. *BJ*, 31.

7. 같은 책, 31~32, 28, 34, 213, 153.

8. 같은 책, 33, 162, 226, 61.

9. * 피륙을 삶아 볕에 바래어 다듬는 장인.

10. 같은 책, 19, 60, 32, 41, 21, 426.

11. 같은 책, 90, 115. 발로우는 "속박되어 복종할 수밖에 없는 자"라고 설명했다, 47.

12. 같은 책, 128, 339, 90, 61. 이 구절은 "나는 언제나 이방의 나라와 관습을 보고자 하는 마음이 있었고, 그런 마음으로 더 큰 인내심을 가져 극도의 어려움을 견뎠다."라고 이어진다.

13. 같은 책, 61, 68 ; Charles A. Le Guin, "Sea Life in Seventeenth-Century England," *American Nepture* 27 (1967) : 116.

14. 같은 책, 204, 61, 28, 162, 204, 252, 263, 544. Keith Wrightson, *English Society, 1580-1680* (New Brunswick : Rutgers University Press, 1982), 228, 223을 참조하라. 1690년대 경제 상황이 나아졌을 때 발로우는 항해사로서 돈을 벌기 시작했기 때문에 그가 바다를 떠나기는 쉽지 않았다는 점에 주목해야 한다.

15. 같은 책, 21.

16. 같은 책, 162, 214, 161, 69 ; Le Guin, "Sea Life," 113, 115.

17. *BJ*, 54, 162. 회계관에 관한 또 다른 언급은 51, 127~28, 151~52, 159를 참조하라.

18. 같은 책, 548, 123, 164, 358, 462.

19. 같은 책, 83, 358, 540, 365, 219, 528, 374, 506~7.

20. 같은 책, 135, 165, 119, 107, 61.

21. 같은 책, 95~96, 146.

22. 같은 책, 351, 280, 308, 162~63, 242, 19.

23. 같은 책, 16, 107, 162~63, 174~75.

24. 같은 책, 507, 436, 305, 529. 또한, E. P. Thompson, "The Moral Economy of the

English Crowd in the Eighteenth Century," *Past and Present* 50 (1971) : 76~136을 참조하라.

25. *BJ*, 553, 그러나 310, 424, 540도 참조하라.

26. * 17세기 중엽에 폭력을 통해서라도 제5왕국을 세워야 한다고 주장한 집단.

27. 같은 책, 42, 44, 47.

28. 같은 책, 341, 350, 365.

29. 같은 책, 57, 153, 314, 318, 458, 405.

30. 같은 책, 166, 90.

31. 같은 책, 339, 60, 146, 175.

32. Christopher Hill, "Pottage for Free-Born Englishmen : Attitudes to Wage Labour," in *Change and Continuity in Seventeenth-Century England* (Cambridge, MA : Harvard University Press, 1975), 234~38.

33. 피터 라인보우는 다음 글에서 이 문제에 대해 썼다. "All the Atlantic Mountains Shook," *Labour/Le Travail* 10 (1982) : 99를 참조하라.

3장 헨리 피트먼, "탈주 반역자"

1. * 삼촌이었던 제임스 2세를 몰아내려던 몬머스 공작의 반란으로 결국 실패로 돌아갔다. 헨리 피트먼은 이 반란에 참여했다.

2. * 영국 내전에서 가족과 지역을 보호하고 양측 군인의 횡포를 막기 위해 조직된 방어군.

3. * 왕당파에 맞선 올리버 크롬웰(Oliver Cromwell)과 의회파 군인들의 신조이며 이후 영국 내전의 급진주의자들 역시 이 신조를 지지했다.

4. Henry Pitman, *A Relation of the Great Sufferings and Strange Adventures of Henry Pitman, Chyrurgion to the Late Duke of Monmouth* (London : Andrew Sowle, 1689). 이 소책자는 *Stuart Tracts, 1603-1693*, ed. C. H. Firth (New York : Cooper Square, 1964), 431~76에서 재출간됨.

5. N. A. T. Hall, "Maritime Maroons : *Grand Marronage* from the Danish West Indies," *William and Mary Quarterly*, 3rd ser., 42 (1985) : 491~92.

6. * 목을 매달고 내장을 발라낸 후 사지를 토막 내는 사형 방식으로 반역죄를 저지른 남성에게만 집행하였다.

7. 바베이도스의 초기 역사를 더 알아보기 위해서는 Richard S. Dunn, *Sugar and Slaves : The Rise of the Planter Class in the English West Indies, 1624-1713* (Chapel Hill : University of North Carolina Press, 1972) ; 그리고 Hilary McD. Beckles, *White Servitude and Black Slavery in Barbados, 1627-1715* (Knoxville : University of Tennessee Press, 1989)를 참조하라.

8. Hilary McD. Beckles, "English Parliamentary Debate on 'White Slavery' in 1659," *Journal of the Barbados Museum and Historical Society* 36 (1988) : 344~53.

9. Marcus Rediker, "Good Hands, Fast Feet, and Stout Heart : The History and Cul-

ture of Working People in Early America," *Labour/Le Travail* 19 (1982) : 123~44.

10. * 밧줄이 물에 풀려나가는 시간으로 배의 속도를 재는 기구.

11. * 아이티 근방의 토르투가섬이 아닌 마르가리타섬 근방이 섬으로 대니얼 디포가 로빈 슨 크루소 이야기의 배경으로 삼았던 섬으로 알려져 있다.

12. P. K. Kemp and Christopher Lloyd, *Brethren of the Coast : Buccaneers of the South Seas* (New York : St. Martin's Press, 1961).

13. * 유배나 탈주 등으로 버림받은 삶을 사는 사람.

14. 마룬에 관해서는 Richard Price, ed., *Maroon Societies : Rebel Slave Communities in the Americas* (Garden City, NY : Anchor Press, 1973)를 참조하라.

15. * 해적, 특히 아메리카 대륙의 스페인 연안에서 활동하던 해적을 칭한다.

16. Kemp and Lloyd, *Brethren of the Coast*, 70.

17. 바하마 제도의 이후 역사에 관해서는 Hilary McD. Beckles, *A History of Barbados : From Amerindian Settlement to Caribbean Single Market* (Cambridge, UK : Cambridge University Press, 2007)를 참조하라.

18. Linebaugh and Rediker, *The Many-Headed Hydra* [라인보우·레디커, 『히드라』].

19. John Cordy Jeaffreson, ed., *A Young Squire of the Seventeenth Century from the Papers (A.D. 1676-1686) of Christopher Jeaffreson* (London : Hurst and Blackett, 1879), 2:61.

20. * 캘리번은 셰익스피어의 템페스트에 등장하는 인물로 프로스페로의 마법으로 섬을 빼앗긴 인물이다. 프로스페로는 정복자였지만, 캘리번과 정령 에어리얼을 부려, 그들의 힘으로 목적을 이룬다.

21. Linebaugh and Rediker, *Many-Headed Hydra*, chap. 1 [라인보우·레디커, 『히드라』, 1장].

22. Peter Linebaugh, *Magna Carta Manifesto : Liberty and Commons for All* (Berkeley : University of California Press, 2008) [피터 라인보우, 『마그나카르타 선언』, 정남영 옮김, 갈무리, 2012].

23. Tim Severin, *In Search of Robinson Crusoe* (New York : Basic Books, 2002).

24. *A Contribution to the Critique of Political Economy*에 수록된 Karl Marx, "Production, Consumption, Distribution, Exchange," 다음 링크에서 확인할 수 있다. http://www.marxists.org/archive/marx/works/1859/critique-poleconomy/appx1.htm.

4장 망자 왕의 깃발 아래

1. Alexander Spotswood가 무역국에 보내는 편지, June 16, 1724, Colonial Office Papers (이하 CO로 표기) 5/1319, National Archives of the UK.

2. Charles Johnson, *A General History of the Pyrates*, ed. Manuel Schonhorn (1724, 1728 ; repr. Columbia, SC : University of South Carolina Press, 1972).

3. S. Charles Hill, "Episodes of Piracy in Eastern Waters," *Indian Antiquary* 49

(1920) : 37 ; Arthur L. Hayward, ed., *Lives of the Most Remarkable Criminals* ⋯ (London, 1735 ; repr. New York : Dodd, Mead, 1927), 37. 수년 동안 나는 이용 가능한 모든 서류를 바탕으로 778명의 해적(774명의 남자와 4명의 여자)에 관한 데이터베이스를 구축했다. 나는 개별 해적의 이름, 활동 시기, 연령, 이전 직업, 계급, 가족 배경 그리고 기타 사항으로 기록했다. 신상 자료에 따르면 노동 배경이 알려진 178명 중 173명이 해상 노동자 출신이었다. 최소한 161명은 상선 업계 출신이었고 일부는 세 가지 이상의 해양 직종에 종사했다.

4. Carter Hughson, *The Carolina Pirates and Colonial Commerce, 1670-1740*, Johns Hopkins University Studies in Historical and Political Science, vol. 12 (Baltimore, 1894), 59 ; Patrick Pringle, *Jolly Roger* (New York : Norton, 1953), 181, 그리고 High Court of Admiralty Papers (이하 HCA로 표기) 1/54 (1717), f. 113, National Archives of the UK ; Johnson, *History of the Pyrates*, 132, 615 ; W. Noel Sainsbury et al., eds., *Calendar of State Papers, Colonial Series, America and the West Indies* (London, 1860) (이하 *Cal. St. Papers*로 표기), 31 : 10 ; Abel Boyer, ed., *The Political State of Great Britain* ⋯ (London, 1711~40), 21 : 659. 인용구는 "Representation from Several Merchants Trading to Virginia to Board of Trade," Apr. 15, 1717, CO 5/1318에서 가져왔다. 서른일곱 척의 해적선에 승선한 무리의 규모에 관한 추정치를 확인할 수 있다. 평균은 79.5명이었다. 나는 함선이나 선장의 언급에서 선원 79명의 신원을 확인할 수 있었다. 총계는 활동 기간에 따라 함선을 정리하고 여기에 평균 선원 규모를 곱하여 얻었다. 만약 이 평균치를 고정하고 보면 총인구수는 6,281명이 된다. 그러나 이러한 방식의 계산은 일부 해적을 한 번 이상 세게 된다. 예를 들어 호웰 데이비스와 바쏠로뮤 로버츠와 함께 항해했던 많은 이들이 두 번 세어지게 된다. 도합 5,000여 명이 여기에 해당하는 것으로 보인다.

5. John Vickers의 증언, 1716, CO 5/1317 ; Spotswood, Council of Trade and Plantations (이하 CTP로 표기), May 31, 1717, CO 5/1364 ; Johnson, *History of the Pyrates*, 31~34 ; Leo Francis Stock, ed., *Proceedings and Debates of the British Parliaments Respecting North America* (Washington, DC : Carnegie Institution, 1930), 3 : 399 ; *Privateering and Piracy in the Colonial Period : Illustrative Documents*, ed. John Franklin Jameson (New York : Macmillan, 1923), 180~87에 수록된 Adam Baldridge 의 증언 ; R. A. Brock, ed., *The Official Letters of Alexander Spotswood* ... (Virginia Historical Society, *Collections*, N.S., II [Richmond, Va., 1882]), 168, 351 ; William Snelgrave, *A New Account of Some Parts of Guinea and the Slave Trade* (London, 1734), 197 ; Abbe Rochon, "A Voyage to Madagascar and the East Indies," in *A General Collection of the Best and Most Interesting Voyages and Travels* ... (London, 1814), 16 : 767~71 ; William Smith, *A New Voyage to Guinea* ... (London, 1744), 12, 42. Johnson의 신뢰성에 관해서는 Schonhorn이 다음의 문헌에 붙인 서문을 보라. Johnson, *History of the Pyrates*, xxvii~xl ; Philip Gosse, *The History of Piracy* (New

York : Longmans, 1932), 182 ; 그리고 Hugh F. Rankin, *The Golden Age of Piracy* (New York : Holt, Rinehart, and Winston, 1969), 161을 참조하라.

6. James Boswell, *The Life of Samuel Johnson...* (London, 1791), 86.

7. 아마도 해적의 5퍼센트 미만이 반란으로 시작했던 것으로 보인다. Johnson, *History of the Pyrates*, 116, 196, 215~16 ; Snelgrave, *New Account*, 203 ; Richard Simes의 증언, *Cal. St. Papers*, 32 : 319 ; Jesse Lemisch, "Jack Tar in the Streets : Merchant Seamen in the Politics of Revolutionary America," *William and Mary Quarterly*, 3rd ser., 25 (1968) : 379, 375~76, 406 ; Richard B. Morris, *Government and Labor in Early America* (New York : Columbia University Press, 1946), 246~47, 257, 262~68 ; Johnson, *History of the Pyrates*, 244, 359 ; A. G. Course, *The Merchant Navy : A Social History* (London : Frederick Muller, 1963), 61 ; Samuel Cox to CTP, Aug. 23, 1721, *Cal. St. Papers*, 32 : 393 ; Ralph Davis, *The Rise of the English Shipping Industry in the Seventeenth and Eighteenth Centuries* (London : Macmillan, 1962), 144, 154~55 ; *The Voyages and Travels of Captain Nathaniel Uring*, ed. Alfred Dewar (1726 ; repr. London, 1928), xxviii, 176~78 ; Arthur Pierce Middleton, *Tobacco Coast : A Maritime History of Chesapeake Bay in the Colonial Era* (Newport News, VA : Mariners' Museum, 1953), 8, 13, 15, 18, 271, 281 ; Christopher Lloyd, *The British Seaman, 1200-1860 : A Social Survey* (Rutherford, NJ : Associated University Presses, 1970), 249, 264 ; John Atkins, *A Voyage to Guinea, Brasil, and the West-Indies...* (London, 1735), 261 ; G. T. Crook, ed., *The Complete Newgate Calendar...* (London, 1926), 3 : 57~58 ; S. Charles Hill, "Notes on Piracy in Eastern Waters," *Indian Antiquary* 46 (1927) : 130 ; Hayward, *Remarkable Criminals*, 126을 참조하라.

8. Gov. Lowther to CTP, October 23, 1718, *Cal. St. Papers*, 29 : 350 ; Morris, *Government and Labor*, 247 ; Lemisch, "Jack Tar," 379 ; Davis, *English Shipping Industry*, 133~37 ; R. D. Merriman, ed., *Queen Anne's Navy : Documents Concerning the Administration of the Navy of Queen Anne, 1702-1714* (London : Navy Records Society, 1961), 170~72, 174, 221~22, 250 ; Lloyd, *British Seaman*, 44~46, 124~49 ; Peter Kemp, *The British Sailor : A Social History of the Lower Deck* (London : J. M. Dent, 1970), chaps. 4, 5 ; Arthur N. Gilbert, "Buggery and the British Navy, 1700~1861," *Journal of Social History* 10 (1976~77) : 72~98.

9. Atkins, *Voyage to Guinea*, 139, 187 ; Captain's logbook, "At Jamaica, 1720~1721," Rawlinson Manuscripts A-299, Bodleian Library, Oxford ; *The Historical Register, Containing an Impartial Relation of All Transactions...* (London, 1722), 7 : 344.

10. Merriman, *Queen Anne's Navy*, 171.

11. Course, *Merchant Navy*, 84 ; Lloyd, *British Seaman*, 57 ; Edward Cooke, *A Voyage to the South Sea* (London, 1712), v~vi, 14~16 ; Woodes Rogers, *A Cruising Voyage*

Round the World, ed. G. E. Manwaring (1712 ; repr. New York : Longmans, 1928), xiv, xxv ; George Shelvocke, *A Voyage Round the World* (London, 1726), 34~36, 38, 46, 157, 214, 217 ; William Betagh, *A Voyage Round the World* (London, 1728), 4.

12. Rogers, *Cruising Voyage*, 205. 또한, Shelvocke, *Voyage*, 43, 221~25를 참조하라.

13. Col. Benjamin Bennet to CTP, May 31, 1718, and July 30, 1717, CO 37/10, f. 18 ; Johnson, *History of the Pyrates*, 228.

14. 위의 7번 주석을 참조하라.

15. 778명의 표본 중에서 오직 26명만이 결혼한 것으로 알려졌다. 해적의 참회에서 유감을 전하는 대상은 주로 부모로 아내나 아이인 경우는 흔치 않았다. Cotton Mather, *Useful Remarks ; An Essay upon Remarkables in the Way of Wicked Men : A Sermon on the Tragical End, unto which the Way of Twenty-Six Pirates Brought Them ; At New Port on Rhode-Island, July 19, 1723...* (New London, CT, 1723), 38~42 ; 그리고 *Trials of Eight Persons Indited for Piracy...* (Boston, 1718), 24, 25를 참조하라. 인용구는 John Barnard, *Ashton's Memorial : An History of the Strange Adventures, and Signal Deliverances of Mr. Philip Ashton...* (Boston, 1725), 3에서 가져온 것이다.

16. Peter Haywood to CTP, Dec. 3, 1716, CO 137/12 ; Lemisch, "Jack Tar," 377 ; Davis, *English Shipping Industry*, 114. 신상 자료에 따르면 75명의 해적 중 71명이 노동계급 출신이었다.

17. Betagh, *Voyage*, 148.

18. Johnson, *History of the Pyrates*, 167, 211~13, 298, 307~8, 321 ; Hayward, *Remarkable Criminals*, 37 ; Information of Alexander Thompson, HCA 1/55 (1723), f. 23 ; Snelgrave, *New Account*, 220 ; Jameson, *Privateering and Piracy*, 337 ; Rankin, *Golden Age*, 31.

19. Clement Downing, *A Compendious History of the Indian Wars...* (1737 ; repr. London : Oxford University Press, 1924), 99 ; Johnson, *History of the Pyrates*, 121, 139, 167~68, 195, 208, 214, 340, 352 ; Snelgrave, *New Account*, 199 ; *Trials of Eight Persons*, 24 ; Boyer, *Political State*, 28 : 152 ; George Roberts (어떤 이들은 이 사람이 디포라고 주장한다.), *The Four Years Voyages...* (London, 1726), 39.

20. "Proceedings of the Court Held on the Coast of Africa upon Trying of 100 Pirates Taken by his Ma[jes]ties Ship Swallow," HCA 1/99 (1722), f. 59 ; Snelgrave, *New Account*, 217 ; Johnson, *History of the Pyrates*, 213~14.

21. Johnson, *History of the Pyrates*, 139 ; Hayward, *Remarkable Criminals*, 37 ; Boyer, *Political State*, 28 : 153 ; B. R. Burg, "Legitimacy and Authority : A Case Study of Pirate Commanders in the Seventeenth and Eighteenth Centuries," *American Neptune* 37 (1977) : 40~49.

22. Jameson, *Privateering and Piracy*, 294 ; Johnson, *History of the Pyrates*, 139, 67 ; George Francis Dow and John Henry Edmonds, *The Pirates of the New Eng-*

land Coast, 1630-1730 (Salem, MA: Argosy-Antiquarian, 1923), 217; *Trials of Eight Persons*, 23; Richard B. Morris, "The Ghost of Captain Kidd," *New York History* 19 (1938): 282.

23. Snelgrave, *New Account*, 199; Burg, "Legitimacy and Authority," 44~48.

24. * 1645년 크롬웰의 의회파가 조직한 국민군.

25. Hayward, *Remarkable Criminals*, 37; Johnson, *History of the Pyrates*, 42, 296, 337.

26. Johnson, *History of the Pyrates*, 423; Lloyd Haynes Williams, *Pirates of Colonial Virginia* (Richmond, VA: Dietz Press, 1937), 19.

27. Roberts, *Four Years Voyages*, 37, 80; *The Tryals of Major Stede Bonnet and Other Pirates...* (London, 1719), 37; Snelgrave, *New Account*, 199~200, 238~39; Boyer, *Political State*, 28: 153; Johnson, *History of the Pyrates*, 213~25; *Trials of Eight Persons*, 24, 25; *Tryals of Thirty-Six Persons for Piracy...* (Boston, 1723), 9; *Boston News-Letter*, July 15~22, 1717; 인용구는 Johnson, *History of the Pyrates*, 213; Downing, *Compendious History*, 99에서 가져왔다.

28. Boyer, *Political State*, 28: 151; Snelgrave, *New Account*, 272; Johnson, *History of the Pyrates*, 138~39, 312.

29. Johnson, *History of the Pyrates*, 88~89, 117, 145, 167, 222~25, 292, 595; *Trials of Eight Persons*, 24; Downing, *Compendious History*, 44, 103; Hill, "Episodes of Piracy," 41~42, 59; Roberts, *Four Years Voyages*, 55, 86; Boyer, *Political State*, 28: 153. 인용구는 Betagh, *Voyage*, 148에서 가져왔다.

30. Johnson, *History of the Pyrates*, 211~12, 307~8, 342~43; Dow and Edmonds, *Pirates of the New England Coast*, 146~47; Hayward, *Remarkable Criminals*, 37; *Tryals of Major Stede Bonnet*, 22; Morris, "Ghost of Captain Kidd," 283.

31. 이 장의 20번 주석을 참조하라; Gosse, *History of Piracy*, 103; John Biddulph, *The Pirates of Malabar; and, An Englishwoman... in India...* (London, 1907), x, 155; "A Narrative of the Singular Sufferings of John Fillmore and Others on Board the Noted Pirate Vessel Commanded by Captain Phillips," Buffalo Historical Society, *Publications* 10 (1907), 32.

32. Johnson, *History of the Pyrates*, 212, 308, 343; Dow and Edmonds, *Pirates of the New England Coast*, 147; 해적 Jeremiah Huggins의 말로 Morris, "Ghost of Captain Kidd," 292; Hill, "Episodes of Piracy," 57에서 가져왔다.

33. Johnson, *History of the Pyrates*, 307, 212, 157~58, 339; 이 장의 4번 주석을 참조하라.

34. *Tryals of Major Stede Bonnet*, 30; Johnson, *History of the Pyrates*, 211, 212, 343; Biddulph, *Pirates of Malabar*, 163~64; Rankin, *Golden Age*, 37.

35. Johnson, *History of the Pyrates*, 212, 343; Snelgrave, *New Account*, 256; American Weekly Mercury (Philadelphia), May 30~June 6, 1723.

36. Jameson, *Privateering and Piracy*, 304; *Trials of Eight Persons*, 19, 21; Brock, *Let-*

ters of Alexander Spotswood, 249 ; Johnson, *History of the Pyrates*, 260. 보통 중요한 기술을 가진 일부 사람은 때때로 강제로 남아있게 하기도 했다. ; *Cal. St. Papers*, 33 : 365를 참조하라.

37. *Trials of Eight Persons*, 21 ; Samuel Cooper의 증언, CO 37/10 (1718), f. 35 ; Johnson, *History of the Pyrates*, 116, 196, 216, 228 ; Boyer, *Political State*, 28 : 148 ; 버뮤다의 총독에 관해서는 Pringle, *Jolly Roger*, 181 ; Richard Symes의 증언, CO 152/14 (1721), f. 33 ; *American Weekly Mercury*, Mar. 17, 1720 ; *New-England Courant* (Boston), June 25~July 2, 1722를 인용했다.

38. Dow and Edmonds, *Pirates of the New England Coast*, 278 ; Johnson, *History of the Pyrates*, 225, 313 ; Lt. Gov. Bennett to Mr. Popple, Mar. 31, 1720, *Cal. St. Papers*, 32 : 19.

39. Hayward, *Remarkable Criminals*, 37 ; Johnson, *History of the Pyrates*, 226, 342.

40. 총 3,600명이라는 숫자는 도표에 나타난 선장의 숫자에 평균 선원 규모인 79.5명을 곱하여 얻어냈다. Johnson, *History of the Pyrates*, 41~42, 72, 121, 137, 138, 174, 210, 225, 277, 281, 296, 312, 352, 355, 671 ; *New-England Courant*, June 11~18, 1722 ; *American Weekly Mercury*, July 6~13, 1721, Jan. 5~12 and Sept. 16~23, 1725 ; Pringle, *Jolly Roger*, 181, 190, 244 ; Biddulph, *Pirates of Malabar*, 135, 187 ; Snelgrave, *New Account*, 196~97, 199, 272, 280 ; Hughson, *Carolina Pirates*, 70 ; *Boston News-Letter*, Aug. 12~19, 1717, Oct. 13~20 and Nov. 10~17, 1718, Feb. 4~11, 1725, June 30~July 7, 1726 ; Downing, *Compendious History*, 51, 101 ; Morris, "Ghost of Captain Kidd," 282, 283, 296 ; Tryals of Bonnet, iii, 44~45 ; Dow and Edmonds, *Pirates of the New England Coast*, 117, 135, 201, 283, 287 ; *Trials of Eight Persons*, 23 ; Jameson, *Privateering and Piracy*, 304, 341 ; Boyer, *Political State*, 25 : 198~99 ; Hill, "Notes on Piracy," 148, 150 ; Capt. Matthew Musson to CTP, July 5, 1717, *Cal. St. Papers*, 29 : 338 ; 같은 책, 31 : 21, 118 ; 같은 책, 33 : 274 ; John F. Watson, *Annals of Philadelphia and Pennsylvania*... (Philadelphia, 1844), 2 : 27 ; *Boston Gazette*, Apr. 27~May 4, 1724 ; British Library, Add. Mss. 40806, 40812, 40813을 참조하라.

41. Thomas Checkley의 증언 (1717) in Jameson, *Privateering and Piracy*, 304 ; *Trials of Eight Persons*, 11.

42. Hobsbawm, *Primitive Rebels : Studies in Archaic Forms of Social Movements in the 19th and 20th Centuries* (New York : Norton, 1959), 5, 17, 18, 27, 28 [홉스봄, 『원초적 반란』] ; 또한 그의 *Bandits* (New York : Delacorte Press, 1969), 24~29 [『밴디트』]를 참조하라.

43. *The Tryals of Sixteen Persons for Piracy*... (Boston, 1726), 5 ; *Tryals of Major Stede Bonnet*, iii, iv ; Crook, *Complete Newgate Calendar*, 61 ; Hughson, *Carolina Pirates*, 121 ; Rankin, *Golden Age*, 28 ; Johnson, *History of the Pyrates*, 116, 342 ; Downing,

Compendious History, 98. 44척의 해적선 이름을 분석하면 다음과 같은 유형이 나타난다. 여덟 척(18.2퍼센트)은 복수를 의미했고 일곱 척(15.9퍼센트)은 방랑자(Ranger) 또는 유랑자(Rover)의 이름을 달고 있었다. 이는 이동성과 함께 선장이 선원을 대하는 방식에서의 조심성을 암시했다. 다섯 척(11.4퍼센트)은 충성을 의미했다. 오지 두 척의 배만이 부(富)를 의미했다는 점에 주목할 필요가 있다. 장소(랭커스터), 정체불명의 인물(메리 앤), 동물(검은 올새)을 나타내는 다른 이름들은 덜 중요한 주제로 나타났다. 독신자의 환희(Batchelor's Delight)나 독신자의 모험(Batchelor's Adventure)이라는 두 이름은 대부분 해적이 미혼이었을 가능성을 나타내는 것으로 보인다(이 장의 15번 주석을 참조하라). Johnson, *History of the Pyrates*, 220, 313 ; William P. Palmer, ed., *Calendar of Virginia State Papers*... (Richmond, VA, 1875), 1 : 194 ; 그리고 *Cal. St. Papers*, 30 : 263을 참조하라.

44. Betagh, *Voyage*, 41.

45. Randolph, Cane, and Halladay의 탄원서 (1722) in Palmer, *Virginia State Papers*, 202.

46. "Proceedings of the Court held on the Coast of Africa," HCA 1/99 (1722), f. 101 ; Johnson, *History of the Pyrates*, 338, 582 ; Snelgrave, *New Account*, 212, 225 ; Dow and Edmonds, *Pirates of the New England Coast*, 301 ; *Voyages and Travels of Captain Nathaniel Uring*, xxviii.

47. Hawkins in Boyer, *Political State*, 28 : 149~50 ; Johnson, *History of the Pyrates*, 352~53 ; Dow and Edmonds, *Pirates of the New England Coast*, 278 ; Betagh, *Voyage*, 26.

48. Crook, *Newgate Calendar*, 59 ; Boyer, *Political State*, 32 : 272 ; *Boston Gazette*, Oct. 24~31, 1720 ; Rankin, *Golden Age*, 35, 135, 148 ; Cotton Mather, *The Vial Poured Out upon the Sea : A Remarkable Relation of Certain Pirates*... (Boston, 1726), 21 ; Watson, *Annals of Philadelphia*, 227 ; 인용구는 *Boston Gazette*, Mar. 21~28, 1726에서 가져왔다. 라인의 유혈사태가 예외적으로 많았음을 언급해 둘 필요가 있다.

49. *Boston News-Letter*, Nov. 14~21, 1720.

50. Snelgrave, *New Account*, 196, 199.

51. 같은 책, 202~8.

52. 같은 책, 212, 225.

53. Snelgrave, *New Account*, 241. 선장에게 함선의 화물을 넘기고 "정중"하게 대했던 또 다른 사례에 관해서는 Robert Dunn의 증언, CO 152/13 (1720), f. 26 ; Richard Symes 의 증언, CO 152/14 (1721), f. 33 ; Biddulph, *Pirates of Malabar*, 139 ; Brock, *Letters of Alexander Spotswood*, 339~43 ; *Boston Gazette*, Aug. 21, 1721 ; Hill, "Episodes of Piracy," 57 ; Morris, "Ghost of Captain Kidd," 283 ; Elizabeth Donnan, ed., *Documents Illustrative of the History of the Slave-Trade to America* (Washington, DC, 1935), 4 : 96 ; *Tryals of Major Stede Bonnet*, 13 ; Boyer, *Political State*, 27 : 616 ; Henry

Bostock의 증언, *Cal. St. Papers*, 30 : 150~51 ; *Boston News-Letter*, Nov. 14~21, 1720 ; 그리고 Spotswood가 Craggs에게 쓴 편지 : "It is a common practice with those Rovers upon the pillageing of a Ship to make presents of other Commodity's to such Masters as they take a fancy to in Lieu of that they have plundered them of," May 20, 1720, CO 5/1319를 참조하라.

54. Snelgrave, *New Account*, 241, 242, 243.

55. 같은 책, 275, 276, 284.

56. Johnson, *History of the Pyrates*, 351 ; Jameson, *Privateering and Piracy*, 341.

57. Mather, *Vial Poured Out*, 21, 48 ; Boyer, *Political State*, 32 : 272 ; Benjamin Colman, *It is a Fearful Thing to Fall into the Hands of the Living God...* (Boston, 1726), 39.

58. *Tryals of Major Stede Bonnet*, 2, 4, 3, 34. 또한, Hughson, *Carolina Pirates*, 5 ; Johnson, *History of the Pyrates*, 264, 377~79 ; Dow and Edmonds, *Pirates of the New England Coast*, 297 ; Brock, *Letters of Alexander Spotswood*, 339를 참조하라.

59. Boyer, *Political State*, 14 : 295, 21 : 662, 24 : 194 ; Johnson, *History of the Pyrates*, 79 ; Hill, "Episodes of Piracy," 39 ; *American Weekly Mercury*, July 13~20, 1721.

60. *American Weekly Mercury*, Mar. 17, 1720 ; Brock, *Letters of Alexander Spotswood*, 338. 사슬에 묶여 목매달린 다른 사례에 관해서는 Brock, *Letters of Alexander Spotswood*, 342 ; Jameson, *Privateering and Piracy*, 344 ; *Tryals of Sixteen Persons*, 19 ; Johnson, *History of the Pyrates*, 151 ; *Boston Gazette*, Aug. 27~Sept. 3, 1722 ; Boyer, *Political State*, 24 : 201 ; Gov. Hart to CTP, *Cal. St. Papers*, 33 : 275를 참조하라.

61. Henry Bostock의 증언, CO 152/12 (1717) ; Snelgrave, *New Account*, 253 ; Johnson, *History of the Pyrates*, 217 ; Spotswood to Board of Trade, May 31, 1717, CO 5/1318 ; Jameson, *Privateering and Piracy*, 315.

62. Edward North의 증언, CO 37/10 (1718).

63. *Tryals of Major Stede Bonnet*, 8.

64. Snelgrave, *New Account*, 199 ; Johnson, *History of the Pyrates*, 138, 174 ; Morris, "Ghost of Captain Kidd," 282.

65. James Craggs to CTP, *Cal. St. Papers*, 31:10 ; Board of Trade to J. Methuen, Sept. 3, 1716, CO 23/12 ; Johnson, *History of the Pyrates*, 315, 582 ; Downing, *Compendious History*, 98, 104~5 ; *Voyages and Travels of Captain Nathaniel Uring*, 241 ; Shelvocke, *Voyage*, 242 ; H. R. McIlwaine, *Executive Journals of the Council of Colonial Virginia* (Richmond, VA, 1928), 3 : 612 ; Dow and Edmonds, *Pirates of the New England Coast*, 341 ; R. Lazenby의 증언 in Hill, "Episodes of Piracy," 60 ; "Voyage to Guinea, Antego, Bay of Campeachy, Cuba, Barbadoes, &c, 1714~1723," British Library, Add. Ms. 39946.

66. *Boston News-Letter*, Aug. 15~22, 1720 ; *American Weekly Mercury*, Sept. 6~13,

1722.

67. Thomas Davis의 재판 (1717) in Jameson, *Privateering and Piracy*, 308; *Boston News-Letter*, Nov. 4~11, 1717.

68. *Tryals of Major Stede Bonnet*, 45.

69. Lt. Gov. Benjamin Bennet to CTP, *Cal. St. Papers*, 30:263; *Tryals of Major Stede Bonnet*, 29, 50; Johnson, *History of the Pyrates*, 195.

70. Gov. Walter Hamilton to CTP, *Cal. St. Papers*, 32:165; *American Weekly Mercury*, Oct. 27, 1720; *Boston Gazette*, Oct. 24~31, 1720.

71. Spotswood to CTP, *Cal. St. Papers*, 32:328.

72. Council Meeting of May 3, 1721, in McIlwaine, Executive Journals, 542; abstract of Spotswood to Board of Trade, June 11, 1722, CO 5/1370; Spotswood to Board of Trade, May 31, 1721, CO 5/1319.

73. Dow and Edmonds, *Pirates of the New England Coast*, 281~82; Johnson, *History of the Pyrates*, 355; *American Weekly Mercury*, May 21~28, 1724.

74. Hope to CTP, Jan. 14, 1724, CO 37/11, f. 37. 또한, Treasury Warrant to Capt. Knott, T52/32 (Aug. 10, 1722), National Archives of the UK를 참조하라. 루크 노트 선장은 여덟 명의 해적을 당국에 넘겨준 후 "잡히기만 한다면 죽도록 고문하리라는 해적의 위협으로 상선 업계를 떠날 수밖에 없는 그에게" 보상을 해달라고 요청했다. 로버트 월폴은 직업을 잃게 된 그에게 230파운드를 개인적으로 보상해주었다.

75. Barnard, *Ashton's Memorial*, 2, 4; 강조는 추가되었다.

76. Smith, *New Voyage*, 42~43. 또한 Morris, "Ghost of Captain Kidd," 286을 참조하라.

77. 인류학자 레이먼드 퍼스(Raymond Firth)는 깃발이 권력과 지향점의 도구로 기능하며 연대를 형성하고 화합을 상징한다고 주장했다. 그의 *Symbols: Public and Private* (Ithaca, NY: Allen and Unwin, 1973), 328, 339; Hill, "Notes on Piracy," 147. 졸리 로저 깃발 아래에서 항해한 것으로 알려진 특별한 해적 무리에 관해서는 *Boston Gazette*, Nov. 29~Dec. 6, 1725 (Lyne); *Boston News-Letter*, Sept. 10~17, 1716 (Jennings? Leslie?), Aug. 12~19, 1717 (Napin, Nichols), Mar. 2~9, 1719 (Thompson), May 28~June 4, 1724 (Phillips), June 5~8, 1721 (Rackam?); Jameson, *Privateering and Piracy*, 317 (Roberts); *Tryals of Sixteen Persons*, 5 (Fly); Snelgrave, *New Account*, 199 (Cocklyn, LaBouche, Davis); *Trials of Eight Persons*, 24 (Bellamy); Hughson, *Carolina Pirates*, 113 (Moody); *Tryals of Major Stede Bonnet*, 44~45 (Bonnet, Teach, Richards); Dow and Edmonds, *Pirates of the New England Coast*, 208 (Harris), 213 (Low); Boyer, *Political State*, 28:152 (Spriggs); Biddulph, *Pirates of Malabar*, 135 (Taylor); Donnan, Documents of the Slave Trade, 96 (England); Johnson, *History of the Pyrates*, 240~41 (Skyrm), 67~68 (Martel), 144 (Vane), 371 (captain unknown), 628 (Macarty, Bunce), 299 (Worley)를 참조하라. 왕실 관리들은 해적을 교수형에 처할 때 졸리 로저 깃발을 교수대에 걸어 둠으로써 이

상징이 가진 힘을 변화시키려고 시도했다. Johnson, *History of the Pyrates*, 658; *New-England Courant*, July 22, 1723; and *Boston News-Letter*, May 28~June 4, 1724를 참조하라. 상징은 이 시기 묘지석 예술에서 주로 활용되었고 해적행위를 근원으로 하지 않았다. 여기에서 내가 주장하는 바는 해상 경험에서 파생된 새로운 의미들이 거기에 첨가되었다는 것이다.

78. Boyer, *Political State*, 28 : 152. 또한, 해적들은 주로 붉은색 또는 "핏빛" 깃발을 사용했다.

79. * 선원 또는 해적들이 쓰던 칼날이 휜 짧은 칼.

80. 같은 곳.

81. Hill, "Episodes of Piracy," 37.

82. 같은 곳; Snelgrave, *New Account*, 236.

83. 이 장의 43번 주석을 참조하라.

84. Johnson, *History of the Pyrates*, 28, 43, 244, 159, 285, 628, 656, 660; Hayward, *Remarkable Criminals*, 39; Rankin, *Golden Age*, 155; Mather, *Vial Poured Out*, 47; Jameson, *Privateering and Piracy*, 341; Lt. Gen. Mathew to Gov. Hamilton, Sept. 29, 1720, *Cal. St. Papers*, 32 : 167; Bartholomew Roberts (해적) to Lt. Gen. Mathew, 같은 책, 169.

85. Gov. Hamilton to CTP, Oct. 3, 1720, *Cal. St. Papers*, 32 : 165.

86. Boyer, *Political State*, 28 : 153. 유사한 맹세와 실제 시도에 관해서는 *Tryals of Major Stede Bonnet*, 18; Johnson, *History of the Pyrates*, 143, 241, 245, 298, 317; Dow and Edmonds, *Pirates of the New England Coast*, 239, 292; Watson, *Annals of Philadelphia*, 227; Hayward, *Remarkable Criminals*, 296~97; Atkins, *Voyage*, 12; Jameson, *Privateering and Piracy*, 315; Arthur L. Cooke, "British Newspaper Accounts of Blackbeard's Death," *Virginia Magazine of History and Biography* 56 (1953) : 305~6; *American Weekly Mercury*, June 16~23, 1720; *Tryals of Thirty-Six*, 9; Spotswood to Board of Trade, Dec. 22, 1718, CO 5/1318을 참조하라.

87. Cotton Mather, *Instructions to the Living, From the Condition of the Dead : A Brief Relation of Remarkables in the Shipwreck of above One Hundred Pirates...* (Boston, 1717), 4; meeting of Apr. 1, 1717, in *Journal of the Commissioners for Trade and Plantations...*, ed. H. C. Maxwell Lyte (London, 1924), 3 : 359.

88. Johnson, *History of the Pyrates*, 7.

89. Virginia Merchants to Admiralty, CO 389/42 (1713).

90. Lloyd, *British Seaman*, 287, table 3.

91. Jameson, *Privateering and Piracy*, 291; Pringle, *Jolly Roger*, 95; James G. Lydon, *Pirates, Privateers, and Profits* (Upper Saddle River, NJ : Gregg Press, 1970), 17~20; Rankin, *Golden Age*, 23; Nellis M. Crouse, *The French Struggle for the West Indies* (New York : Columbia University Press, 1943), 310.

92. Davis, *English Shipping Industry*, 136~37.

93. 같은 책, 27.

94. 같은 책, 154.

95. Lloyd, *British Seaman*, 287, table 3 ; Davis, *English Shipping Industry*, 27, 31.

96. Davis, *English Shipping Industry*, 136~37 ;

97. Pringle, *Jolly Roger*, 266~67 ; Violet Barbour, "Privateers and Pirates of the West Indies," American Historical Review 16 (1910~11) : 566 ; Boyer, *Political State*, 28 : 152 ; Hayward, *Remarkable Criminals*, 37 ; "A Scheme for Stationing Men of War in the West Indies for better Securing the Trade there from Pirates," CO 323/8 (1723) ; *Boston News-Letter*, July 7~14, 1726. Gary M. Walton, "Sources of Productivity Change in American Colonial Shipping, 1675~1775," *Economic History Review* 20 (1967) : 77. 월튼은 1725년 이후 해적행위로 인한 경제적 불확실성이 감소했다고 지적했다.

98. "An Act for the more effectual Suppressing of Piracy" (8 George I, c. 24, 1721), in Sir Thomas Parker, *The Laws of Shipping and Insurance, with a Digest of Adjudged Cases* (London, 1775), republished in *British Maritime Cases* (Abingdon, Oxford-shire, 1978), 24 : 94~95를 참조하라. 이전에 논의한 인구 범위가 정확하다면 열 명의 해적 중 한 명은 교수대에서 죽었는데 이는 다른 어떤 해적행위의 시기보다 높은 비율로 나타난 수치였다.

99. E. P. Thompson, "The Moral Economy of the English Crowd in the Eighteenth Century," *Past & Present* 50 (1971) : 76~136.

100. Hayward, *Remarkable Criminals*, 37. 또한, Christopher Hill, *The World Turned Upside Down : Radical Ideas in the English Revolution* (New York : Viking, 1972)를 참조하라.

101. William McFee, *The Law of the Sea* (Philadelphia, Lippincott, 1951), 50, 54, 59, 72.

102. Barnaby Slush, *The Navy Royal : Or a Sea-Cook Turn'd Projector* (London, 1709), viii.

5장 아메리카 혁명의 잡색 부대

1. Henry Laurens to J.B., Esq., Oct. 26, 1765 ; Laurens to John Lewis Gervais, Jan. 29, 1766 ; Laurens to James Grant, Jan. 31, 1766 ; all in *The Papers of Henry Laurens*, ed. George C. Rogers Jr., David R. Chesnutt, and Peggy J. Clark (Columbia : University of South Carolina Press, 1968), vol. 5 (1765~68), 38~40, 53~54, 60 ; Bull에 관해서는 Pauline Maier, "The Charleston Mob and the Evolution of Popular Politics in Revolutionary South Carolina, 1765~1784," *Perspectives in American History* 4 (1970) : 176을 인용했다.

2. Linebaugh and Rediker, *The Many-Headed Hydra*, chaps. 5~6[레디커·라인보우, 『히

드라』, 5장, 6장].

3. * 프랑스 혁명력에서 테르미도르 9일에 공포정치를 하던 혁명정부가 하층민의 지지를 얻지 못하고 결국 무너진 사건을 말하며, 혁명이 일어난 후 국가가 결국 혁명 이전으로 돌아가는 단계를 의미한다.

4. Jesse Lemisch, "Jack Tar in the Streets: Merchant Seamen in the Politics of Revolutionary America," *William and Mary Quarterly*, 3rd ser., 25 (1968): 371~407; Marcus Rediker, Between the Devil and the Deep Blue Sea, chap. 5 [레디커, 『악마와 검푸른 바다 사이에서』, 5장].

5. Dora Mae Clark, "The Impressment of Seamen in the American Colonies," *Essays in Colonial History Presented to Charles McLean Andrews by his Students* (New Haven, CT: Yale University Press, 1931), 217; Richard Pares, "The Manning of the Navy in the West Indies, 1702~1763," *Transactions* of the Royal Historical Society 20 (1937): 48~49; Daniel Baugh, *British Naval Administration in the Age of Walpole* (Princeton, NJ: Princeton University Press, 1965), 162.

6. Peter Warren to the Duke of Newcastle, June 18, 1745, in *The Royal Navy and North America: The Warren Papers, 1736-1752*, ed. Julian Gwyn (London: Navy Records Society, 1973), 126.

7. Charles Knowles to ?, Oct. 15, 1744, Admiralty Papers (이하 ADM으로 표기) 1/2007, f. 135, National Archives of the UK; "The Memorial of Captain Charles Knowles" (1743), ADM 1/2006; Peter Warren to Thomas Corbett, June 2, 1746, in *Warren Papers*, 262.

8. Thomas Hutchinson, *The History of the Colony and Province of Massachusetts-Bay*, ed. Lawrence Shaw Mayo (Cambridge, MA: Harvard University Press, 1936, republished, 1970), 2:330~31; William Shirley to Lords of Trade, Dec. 1, 1747; Shirley to Duke of Newcastle, Dec. 31, 1747; Shirley to Josiah Willard, Nov. 19, 1747; all in Charles Henry Lincoln, ed., *Correspondence of William Shirley, Governor of Massachusetts and Military Commander of America, 1731-1760* (New York: Macmillan, 1912), 1:415, 416, 417, 418, 421, 422; John Lax and William Pencak, "The Knowles Riot and the Crisis of the 1740s in Massachusetts," *Perspectives in American History* 19 (1976): 182, 186 (Knowles를 인용했으며 강조는 추가되었다), 205, 214; Douglass Adair and John A. Schutz, eds., *Peter Oliver's Origin and Progress of the American Rebellion: A Tory View* (Stanford, CA: Stanford University Press, 1961), 41, 39; William Roughead, ed., *Trial of Captain Porteous* (Toronto: Canada Law Book Co., 1909), 103.

9. Lax and Pencak, "Knowles Riot," 199; John C. Miller, *Sam Adams: Pioneer in Propaganda* (Stanford, CA: Stanford University Press, 1936), 15~16.

10. *Independent Advertiser*, Jan. 4, 1748; Shirley to Lords of Trade, *Correspondence*

of William Shirley, 1 : 412 ; Boston Town Meeting의 결의안, Nov. 20, 1747, 그리
고 Massachusetts House of Representatives의 결의안, Nov. 19, 1747, 두 출처 모
두 *Boston weekly Post Boy*, Dec. 21, 1747에서 가져왔다 ; Hutchinson, *History
of the Colony*, 2 : 332 ; William Douglass, *A Summary, Historical and Political,
of the First Planting, Progressive Improvements, and Present State of the British
Settlements in North America* (Boston, 1749), 254~55 ; *Independent Advertiser*,
Aug. 28, 1749 ; Amicus Patriae, *An Address to the Inhabitants of the Province of
Massachusetts-Bay in New-England ; More Especially, To the Inhabitants of New
England ; Occasioned by the late Illegal and Unwarrantable Attack upon their Liber-
ties* (Boston, 1747), 4.

11. *Independent Advertiser*, Feb. 8, 1748 ; Mar. 6, 1749 ; Apr. 18, 1748 ; Jan. 25, 1748 ;
Mar. 14, 1748 ; Jan. 11, 1748.

12. * 보스턴 서쪽 끝에 위치한 올드 웨스트 처치를 가리킨다.

13. * 찰스 1세를 사형에 처한 재판관.

14. Jonathan Mayhew, *A Discourse on Unlimited Submission* (Boston, 1750), reprinted
in Bernard Bailyn, ed., *Pamphlets of the American Revolution : 1750-1776*, vol. 1,
1750-1765 (Cambridge, MA : Belknap Press of Harvard University Press, 1965),
213~47 ; Charles W. Akers, *Called Unto Liberty : A Life of Jonathan Mayhew,
1720-1766* (Cambridge, MA : Harvard University Press, 1964), 53, 67, 84.

15. Lord Colvill to Philip Stephens, Sept. 9, 1764, and Nov. 30, 1764, ADM 1/482,
ff. 386, 417~19 ; Neil R. Stout, "Manning the Royal Navy in North America,
1763~1775," *American Neptune* 23 (1963) : 175.

16. Rear Admiral Colvill to Mr. Stephens, July 26, 1764, in *Records of the Colony of
Rhode Island and Providence Plantations in New England*, ed. John Russell Bartlett
(Providence : Knowles, Anthony & Co., 1861), 6 : 428~29 ; Thomas Hill, "Remarks
on board His Maj[esty]'s Schooner St. John in Newport Harbour Rhode Island,"
ADM 1/482, f. 372 ; Thomas Langhorne to Lord Colvill, Aug. 11, 1764, ADM
1/482, f. 377. 또한 *Newport Mercury*, July 23, 1764 ; Colvill to Stephens, Jan. 12,
1765, ADM 1/482, f. 432를 참조하라.

17. Governor Samuel Ward to Captain Charles Antrobus, July 12, 1765, in *Records
of the Colony of Rhode Island and Providence Plantations in New England*, ed.
John Russell Bartlett (Providence : Knowles, Anthony & Co., 1861), 6 : 447 ; Lords
of Admiralty to Mr. Secretary Conway, Mar. 20, 1766, in *Calendar of Home Of-
fice Papers of the Reign of George III, 1766-1768*, ed. Joseph Redington (London,
1879), 2 : 26 ; Hutchinson, *History of the Colony*, 3 : 138 ; Donna J. Spindel, "Law
and Disorder : The North Carolina Stamp Act Crisis," *North Carolina Historical
Review* 57 (1980) : 10~11 ; *Pennsylvania Journal*, Dec. 26, 1765 ; Adair and Schutz,

Peter Oliver's Origin, 69; Lemisch, "Jack Tar in the Streets," 392; David S. Lovejoy, *Rhode Island Politics and the American Revolution, 1760-1776* (Providence: Brown University Press, 1958), 157; Paul A. Gilje, *The Road to Mobocracy: Popular Disorder in New York City, 1763-1834* (Chapel Hill: University of North Carolina Press, 1987), 63.

18. *Oxford English Dictionary*, s.v., "strike"; C. R. Dobson, *Masters and Journeymen: A Prehistory of Industrial Relations, 1717-1800* (London: Croom Helm, 1980), 154~70; Oliver M. Dickerson, *The Navigation Acts and the American Revolution* (Philadelphia: University of Pennsylvania Press, 1951), 218~19.

19. J. Cunningham, *An Essay on Trade and Commerce* (London, 1770), 52, 58. 윌크스에 관해서는 Pauline Maier, *From Resistance to Revolution: Colonial Radicals and the Development of American Opposition to Britain, 1765-1776* (New York: Vintage Books, 1972), 162~69; George Rudé, *Wilkes and Liberty: A Social Study of 1763-1774* (Oxford: Clarendon Press, 1962)를 참조하라.

20. Nauticus, *The Rights of the Sailors Vindicated, In Answer to a Letter of Junius, on the 5th of October, wherein he asserts The Necessity and Legality of pressing men into the Service of the Navy* (London, 1772); Nicholas Rogers, "Liberty Road: Opposition to Impressment in Britain during the War of American Independence," in *Jack Tar in History: Essays in the History of Maritime Life and Labour*, ed. Colin Howell and Richard Twomey (Fredericton, New Brunswick: Acadiensis Press, 1991), 53~75.

21. * 인신(人身)의 자유를 뜻하는 라틴어로 "내 몸은 내 것이다."라는 뜻이다. 일반적으로 위법한 신체 구속을 당한 사람들의 신체적 자유 확보를 위해 발달한 법률적 제도를 뜻한다.

22. * 샤프는 변호사가 아니었지만, 재판 전에 수년간 영국 법을 공부하여 개인의 자유에 관해 상당한 지식을 얻었고 서머싯의 변호사들에게도 이를 전수하였다. 결국 서머싯과 샤프 그리고 서머싯의 변호사들이 중요한 승리를 거두었다.

23. Prince Hoare, *Memoirs of Granville Sharp* (1820); Edward Lascelles, *Granville Sharp and the Freedom of Slaves in England* (London: Oxford University Press, 1928); John Fielding, *Penal Laws* (London, 1768).

24. R. Barrie Rose, "A Liverpool Sailors' Strike in the Eighteenth Century," *Transactions of the Lancashire and Cheshire Antiquarian Society* 68 (1958): 85~92; "Extract of a Letter from Liverpool, Sept. 1, 1775," *Morning Chronicle and London Advertiser*, Sept. 5, 1775, republished in Richard Brooke, *Liverpool as it was during the Last Quarter of the Eighteenth century, 1775 to 1800* (Liverpool, 1853), 332.

25. *A Letter To the Right Honourable The Earl of T-----e: or, the Case of J--- W----s, Esquire* (London, 1768), 22, 39; Maier, *From Resistance to Revolution*, 161; Adair

and Schutz, *Peter Oliver's Origin*, 56; *The Trial at Large of James Hill..., Commonly known by the Name of John the Painter...* 2nd edition (London, 1777).

26. * 이그부어루 오비아는 지시을 뜻하며 이들은 일족의 현지의 같은 역할을 했다.

27. Edward Long, *The History of Jamaica, or General Survey of the Antient and Modern State of that Island; Reflections on its Situation, Settlements, Inhabitants, Climate, Products, Commerce, Laws, and Government* (London, 1774), 2:462; Mervyn Alleyne, *Roots of Jamaican Culture* (London, 1988), chap. 4.

28. * 정부에 협력하는 조건으로 정착을 허락받은 마을로 자메이카 흑인 주민과 백인 감독관, 종교인 및 관리가 마을을 이루었다.

29. Douglas Hall, ed., *In Miserable Slavery: Thomas Thistlewood in Jamaica, 1750-1786* (London: Macmillan, 1989), 106; Michael Craton, *Testing the Chains: Resistance to Slavery in the British West Indies* (Ithaca, NY: Cornell University Press, 1982), 125~39.

30. Long, *History of Jamaica*, 2:460; Hall, *In Miserable Slavery*, 98.

31. * J. 필모어는 필명으로 실제 저자가 누구인지는 정확히 알려지지 않았다. 후대 노예무역 관련 저자 중에서도 이 필명을 그대로 활용하는 경우가 있었다.

32. J. Philmore, *Two Dialogues on the Man-Trade* (London, 1760), 9, 7, 8, 10, 14; David Brion Davis, *The Problem of Slavery in the Age of Revolution, 1770-1823* (Ithaca, NY: Cornell University Press, 1975); Davis, "New Sidelights on Early Antislavery Radicalism," *William and Mary Quarterly*, 3rd ser., 28 (1971): 585~94.

33. Philmore, *Two Dialogues*, 45, 51, 54; Anthony Benezet, *A Short Account of that Part of Africa Inhabited by the Negroes...* (Philadelphia, 1762); Benezet, *Some Historical Account of Guinea* (Philadelphia, 1771); Davis, *Problem of Slavery*, 332.

34. * 현재의 수색영장과 유사한 개념으로 세관원이 개인의 재산을 수색하거나 또 다른 법 조항을 적용할 수 있도록 강제했다.

35. James Otis, *The Rights of the British Colonies Asserted and Proved* (Boston, 1764), republished in Bailyn, *Pamphlets of the American Revolution*, 419~82; *Boston News-Letter*, June 19, July 10, Sept. 18, and Oct. 30, 1760; Feb. 2, 1761.

36. * 나폴리의 시장 상인이자 어부로, 1640년대 30년 전쟁으로 민중의 불만이 극에 달하자 폭동이 일어났고 마사니엘로는 세금 감면과 식량 지원을 요구하며 투쟁했다. 초기 일부 성공을 거두었으나 결국 살해되었다.

37. Charles Francis Adams, ed., *The Works of John Adams* (Boston: Little, Brown, 1856), 10:247, 272, 314~16; Adair and Schutz, *Peter Oliver's Origin*, 35.

38. Craton, *Testing the Chains*, 138, 139, 140; O. Nigel Bolland, *The Formation of a Colonial Society: Belize, from Conquest to Crown Colony* (Baltimore: Johns Hopkins University Press, 1977), 73.

39. Peter Wood, " 'Taking Care of Business' in Revolutionary South Carolina: Re-

publicanism and the Slave Society," in *The Southern Experience in the American Revolution*, ed. Jeffrey J. Crow and Larry E. Tise (Chapel Hill : University of North Carolina Press, 1978), 276, 그리고 " 'The Dream Deferred' : Black Freedom Struggles on the Eve of White Independence," in *In Resistance : Studies in African, Caribbean, and Afro-American History*, ed. Gary Y. Okihiro (Amherst, MA : University of Massachusetts Press, 1986), 170, 172~73, 174~75 ; Jeffrey J. Crow, "Slave Rebelliousness and Social Conflict in North Carolina, 1775 to 1802," *William and Mary Quarterly*, 3rd ser., 37 (1980) : 85~86 ; Herbert Aptheker, *American Negro Slave Revolts* (New York : Columbia University Press, 1943), 87, 200~202 ; Benjamin Quarles, *The Negro in the American Revolution* (Chapel Hill : University of North Carolina Press, 1961), 14를 참조하라.

40. Sylvia R. Frey, *Water from the Rock : Black Resistance in a Revolutionary Age* (Princeton, NJ : Princeton University Press, 1991), 38, 61~62, 202.

41. Gary B. Nash, *Forging Freedom : The Formation of Philadelphia's Black Community, 1720-1840* (Cambridge, MA : Harvard University Press, 1988), 72 ; Quarles, *Negro in the American Revolution*, 84 ; Lemisch, "Jack Tar in the Streets," 375 ; Shane White, " 'We Dwell in Safety and Pursue Our Honest Callings' : Free Blacks in New York City, 1783~1810," *Journal of American History* 75 (1988) : 453~54 ; Ira Dye, "Early American Merchant Seafarers," *Proceedings of the American Philosophical Society* 120 (1976) : 358 ; Philip D. Morgan, "Black Life in Eighteenth-Century Charleston," *Perspectives in American History*, New ser., 1 (1984) : 200 ; Wood, "Taking Care of Business," 276 ; Crow, "Slave Rebelliousness," 85 ; Henry Laurens to John Laurens, June 18, 1775, and June 23,1775, in Rogers, Chesnutt, and Clark, *Papers of Henry Laurens*, 10 : 184, 191.

42. F. Nwabueze Okoye, "Chattel Slavery as the Nightmare of the American Revolutionaries," *William and Mary Quarterly* 3rd ser., 37 (1980) : 12 ; Anthony Benezet to Granville Sharp, Mar. 29, 1773, in *Am I Not a Man and a Brother : The Antislavery Crusade of Revolutionary America, 1688-1788*, ed. Roger Bruns (New York : Chelsea House Publishers, 1977), 263.

43. John M. Bumsted and Charles E. Clark, "New England's Tom Paine : John Allen and the Spirit of Liberty," *William and Mary Quarterly* 3rd ser., 21 (1964) : 570 ; Bruns, *Am I Not a Man*, 257~62 ; Thomas Paine, "African Slavery in America" (1775), in *The Collected Writings of Thomas Paine*, ed. Philip S. Foner (New York : Citadel Press, 1945), 17, 19 ; Wood, "Dream Deferred," 168, 181.

44. Sharon Salinger, *"To Serve Well and Faithfully" : Indentured Servitude in Pennsylvania, 1682-1800* (Cambridge, UK : Cambridge University Press, 1986), 101~2 ; Morgan, "Black Life," 206~7, 219.

45. * 식민지인에게 영국 부대를 위해 병영과 식량을 제공할 의무를 부담하게 한 법.

46. * 차에 세금을 부과한 법으로 보스턴 차 사건과 연결된다.

47. * 보스턴 차 사건에 대한 직접적인 반응으로 징벌적 수단의 여러 법 조항이 포함되었다.

48. Arthur Meier Schlesinger, "Political Mobs and the American Revolution, 1765~1776," *Proceedings of the American Philosophical Society* 99 (1955): 244~50; Lemisch, "Jack Tar in the Streets"; Pauline Maier, "Popular Uprisings and Civil Authority in Eighteenth-Century America," *William and Mary Quarterly*, 3rd ser., 27 (1970): 3~35; Dirk Hoerder, *Crowd Action in Revolutionary Massachusetts, 1765-1780* (New York: Academic Press, 1977).

49. Hutchinson, *History of the Colony*, 2:332; Carl Bridenbaugh, *Cities in Revolt: Urban Life in America, 1743-1776* (New York: Capricorn Books, 1955), 309; Jeremiah Morgan to Francis Fauquier, Sept. 11, 1767, ADM 1/2116; Miller, *Sam Adams*, 142; Lemisch, "Jack Tar in the Streets," 386, 391; Colden to General Gage, July 8, 1765, Colden Letter-Books, 1760~1765 in *Collections of the New York Historical Society* (1877), 23; Elaine Forman Crane, *A Dependent People: Newport, Rhode Island in the Revolutionary Era* (New York: Fordham University Press, 1985), 113.

50. Oliver Morton Dickerson, ed., *Boston Under Military Rule, 1768-1769, as revealed in A Journal of the Times* (Boston: Chapman and Grimes, Mount Vernon Press, 1936), May 4, 1769, 94, 95, 110의 기록; Allen, *Oration on the Beauties of Liberty*, in Bruns, *Am I Not a Man*, 258, 259 (원문의 강조를 따랐다).

51. Gary B. Nash, *The Urban Crucible: Social Change, Political Consciousness, and the Origins of the American Revolution* (Cambridge, MA: Harvard University Press, 1979), 366; Schlesinger, "Political Mobs," 244; Edmund S. Morgan and Helen M. Morgan, *The Stamp Act Crisis: Prologue to Revolution (Chapel Hill: University of North Carolina Press, 1953), 162, 208, 231~39; Adair and Schutz, *Peter Oliver's Origin*, 51.

52. * 마사니엘로는 나폴리 출신의 어부이자 상인으로 여러 화가의 작품에서 맨발의 모습으로 그려졌다.

53. Hutchinson에 관해서는 Anthony Pagden, *Spanish Imperialism and the Political Imagination: Studies in European and Spanish-American Social and Political Theory, 1513-1830* (New Haven, CT: Yale University Press, 1990), 66; Lovejoy, *Rhode Island Politics*, 105; Redington, *Calendar of Home Office Papers*, 1:610; Morgan and Morgan, *Stamp Act Crisis*, 196; Lloyd I. Rudolph, "The Eighteenth Century Mob in America and Europe," *American Quarterly* 11 (1959): 452; Spindel, "Law and Disorder," 8; *Pennsylvania Journal*, Nov. 21, 1765, Dec. 26, 1765; Alfred F. Young, "English Plebeian Culture and Eighteenth-Century American Radicalism," in *The Origins of Anglo-American Radicalism*, ed. Margaret Jacob and

James Jacob (London : George Allen and Unwin, 1984), 193~94 ; Gage에 관해서는 Schlesinger, "Political Mobs," 246을 인용했다.

54. Lemisch, "Jack Tar in the Streets," 398 ; Lovejoy, *Rhode Island Politics*, 156, 159, 164.

55. Lee R. Boyer, "Lobster Backs, Liberty Boys, and Laborers in the Streets : New York's Golden Hill and Nassau Street Riots," *New York Historical Society Quarterly* 57 (1973) : 289~308 ; Hiller B. Zobel, *The Boston Massacre* (New York : Norton, 1970) ; L. Kinvin Wroth and Hiller B. Zobel, eds., *Legal Papers of John Adams* (Cambridge, MA : Belknap Press of Harvard University Press, 1965), 3 : 266 ; Hoerder, *Crowd Action*, chap. 13.

56. Timothy에 관해서는 Maier, "Charleston Mob," 181 ; Edward Countryman, *A People in Revolution : The American Revolution and Political Society in New York, 1760-1790* (Baltimore : Johns Hopkins University Press, 1981), 37, 45 ; Gage to Conway, Nov. 4, 1765, in *The Correspondence of General Thomas Gage, with the Secretaries of State, 1763-1775*, ed. Edwin Carter (New Haven, CT : Yale University Press, 1931), 1 : 71 ; Barrington에 관해서는 Tony Hayter, *The Army and the Crowd in Mid-Georgian London* (Totowa, NJ : Rowman and Littlefield, 1978), 130 ; Charles G. Steffen, *The Mechanics of Baltimore : Workers and Politics in the Age of Revolution, 1763-1812* (Urbana : University of Illinois Press, 1984), 73을 인용했다.

57. Clarence S. Brigham, *Paul Revere's Engravings* (Worcester, MA : American Antiquarian Society, 1954), 41~57 ; Quarles, *Negro in the American Revolution*, 125.

58. Steffen, *Mechanics of Baltimore*, 73 ; Gouverneur Morris to Mr. Penn, May 20, 1774, in *American Archives*, 4th ser., ed. Peter Force (Washington, DC, 1837), 1 : 343 ; Maier, "Charleston Mob," 185 ; Leonard W. Labaree, ed., *The Papers of Benjamin Franklin* (New Haven, CT : Yale University Press, 1961), vol. 3 (1745~1750), 106 ; Adair and Schutz, *Peter Oliver's Origin*, xv, 35, 51~55, 88, 107 ; Joseph Chalmers, *Plain Truth* (Philadelphia, 1776), 71.

59. Richard B. Morris, *Government and Labor in Early America* (New York : Harper and Row, 1946), 189 ; Lovejoy, *Rhode Island Politics*, 159 ; Leonard에 관한 내용은 Esmond S. Wright, *Fabric of Freedom, 1763-1800*, rev. ed. (New York : Hill and Wang, 1978), 77~78을 인용했다.

60. Rush에 관한 내용은 Eric Foner, *Tom Paine and Revolutionary America* (New York : Oxford University Press, 1976), 138 ; David S. Lovejoy, *Religious Enthusiasm in the New World : Heresy to Revolution* (Cambridge, MA : Harvard University Press, 1985), 223~24 ; Davis, *Problem of Slavery*, 333을 인용했다.

61. Don M. Wolfe, *Leveller Manifestoes of the Puritan Revolution* (New York : Thomas Nelson and Sons, 1944), 227, 300, 125, 287, 320, 405. 또한 Robin Blackburn, *The*

Overthrow of Colonial Slavery, 1776~1848 (London : Verso, 1988), chap. 1 ; Pauline Maier, *American Scripture : Making the Declaration of Independence* (New York : Knopf, 1997), 51 ff ; Garry Wills, *Inventing America : Jefferson's Declaration of Independence* (Garden City, NY : Doubleday, 1978)를 참조하라.

62. Maier, *From Resistance to Revolution*, 76, 97~100 ; Gilje, *Road to Mobocracy*, 48 ; Wroth and Zobel, *Legal Papers of John Adams*, 3 : 269 ; *Works of John Adams*, 2 : 322.

63. Carl Becker, *The Declaration of Independence : A Study in the History of Political Ideas* (New York : Harcourt Brace, 1922), 214.

64. Alyce Barry, "Thomas Paine, Privateersman," *Pennsylvania Magazine of History and Biography* 101 (1977) : 459~61.

65. Maier, "Charleston Mob," 181, 186, 188, 그리고 "Popular Uprising and Civil Authority," 33~35 ; Hoerder, *Crowd Action*, 378~88 ; Gordon S. Wood, *The Creation of the American Republic, 1776-1787* (Chapel Hill : University of North Carolina Press 1969), 319~28.

66. Charles Patrick Neimeyer, *America Goes to War : A Social History of the Continental Army* (New York : New York University Press, 1996), chap. 4 ; Quarles, *Negro in the American Revolution*, 15~18 ; Frey, *Water from the Rock*, 77~80 ; Cassandra Pybus, *Epic Journeys of Freedom : Runaway Slaves of the American Revolution and Their Global Quest for Liberty* (Boston : Beacon Press, 2007).

67. * 아메리카의 시인 모임.

68. James Madison, "Republican Distribution of Citizens," *National Gazette*, Mar. 3, 1792, republished in *The Papers of James Madison*, vol. 14 (1791~1793), 244~46 ; David Humphreys, Joel Barlow, John Trumbull, and Dr. Lemuel Hopkins, *The Anarchiad : A New England Poem (1786-1787)*, ed. Luther G. Riggs (Gainesville, FL : Scholars' Facsimiles & Reprints, 1967), 29, 56, 38, 69, 14, 15, 34.

69. Madison의 노트와 Abraham Yates의 노트, June 26, 1787, in *The Records of the Federal Convention of 1787*, ed. Max Farrand (New Haven, CT : Yale University Press, 1937), 1 : 423, 431.

70. Staughton Lynd, "The Abolitionist Critique of the United States Constitution," in *Class Conflict, Slavery, and the United States Constitution* (Indianapolis : Bobbs-Merrill, 1967), 153~54.

71. James D. Essig, *The Bonds of Wickedness : American Evangelicals against Slavery, 1770-1808* (Philadelphia : Temple University Press, 1982), 132.

72. Barbara Jeanne Fields, "Slavery, Race, and Ideology in the United States of America," *New Left Review* 181 (1990) : 101 ; Frey, *Water from the Rock*, 234~36. Adams에 관한 내용은 Schlesinger, "Political Mobs," 250을 인용했다.

73. * 독립전쟁 당시 영국에 고용된 독일 용병으로 대략 3만 명으로 구성되었다.

74. Sidney Kaplan and Emma Nogrady Kaplan, *The Black Presence in the Era of the American Revolution*, rev. ed. (Amherst : University of Massachusetts Press, 1989), 68~69 ; Forrest McDonald, "The Relation of the French Peasant Veterans of the American Revolution to the Fall of Feudalism in France, 1789~1792," *Agricultural History* 25 (1951) : 151~61 ; Horst Dippel, *Germany and the American Revolution, 1770-1800 : A Sociohistorical Investigation of Late Eighteenth-Century Political Thinking*, trans. Bernard A. Uhlendorf (Chapel Hill : University of North Carolina Press, 1977), 228, 236.

75. Arthur N. Gilbert, "The Nature of Mutiny in the British Navy in the Eighteenth Century," in *Naval History : The Sixth Symposium of the US Naval Academy, ed. Daniel Masterson* (Wilmington, DE : Scholarly Resources, 1987), 111~21 ; Richard B. Sheridan, "The Jamaican Slave Insurrection Scare of 1776 and the American Revolution," *Journal of Negro History* 61 (1976) : 290~308 ; Julius Sherrard Scott III, "The Common Wind : Currents of Afro-American Communication in the Era of the Haitian Revolution," PhD diss., Duke University, 1986, 19, 204, 52.

76. Lord Balcarres to Commander-in-Chief, July 31, 1800, CO 137/104, Scott, "Common Wind," 33 ; Pybus, *Epic Journeys of Freedom*을 인용했다.

77. Rediker, *Slave Ship*, 321~22 [레디커, 『노예선』].

6장 아프리카인의 반란

1. Silas Told, *An Account of the Life, and Dealings of God with Silas Told, Late Preacher of the Gospel ...* (London : Gilbert and Plummer, 1785), 22~24. 로열조지호의 항해에 관해서는 David Eltis, Stephen D. Behrendt, David Richardson, and Herbert S. Klein, *The Transatlantic Slave-Trade Data Base* (www.slavevoyages.org), no. 16490 (이후로는 *TSTD*로 쓴다)를 참조하라.

2. William D. Piersen, "White Cannibals, Black Martyrs : Fear, Depression, and Religious Faith as Causes of Suicide Among New Slaves," *Journal of Negro History* 62 (1977) : 147~59.

3. * 노예를 강제적으로 운동시키는 방법.

4. Sidney W. Mintz and Richard Price, *The Birth of African-American Culture : An Anthropological Perspective* (1976 ; repr. Boston : Beacon Press, 1992) ; Michael A. Gomez, *Exchanging Our Country Marks : The Transformation of African Identities in the Colonial and Antebellum South* (Chapel Hill : University of North Carolina Press, 1998) ; Stephanie E. Smallwood, *Saltwater Slavery : A Middle Passage from Africa to American Diaspora* (Cambridge, MA : Harvard University Press, 2006).

5. Antonio T. Bly, "Crossing the Lake of Fire : Slave Resistance during the Middle

Passage, 1720~1842," *Journal of Negro History* 83 (1998) : 178~86 ; Richard Rathbone, "Resistance to Enslavement in West Africa," in *De la traite à l'esclavage : Actes du colloque international sur la traite des noirs*, ed. Serge Daget (Nantes, 1988), 173~84.

6. * 오늘날의 치과용 개구기와 유사한 기구.

7. John Riland, *Memoirs of a West-India Planter* (London, 1827), 52 ; James Morley 의 증언, 1790, in *House of Commons Sessional Papers of the Eighteenth Century*, ed. Sheila Lambert (Wilmington, DE : Scholarly Resources, 1975) (이하 *HCSP*로 표기), 73 : 160~61.

8. Isaac Parker의 증언, 1790, *HCSP*, 73 : 124~25, 130 ; *TSTD*, no. 91135.

9. Edward Fentiman v. James Kettle (1730), HCA 24/136 ; *TSTD*, no. 76618 ; James Towne의 증언, 1791, *HCSP*, 82 : 21 ; "The Deposition of John Dawson, Mate of the Snow Rainbow," 1758, in *Documents Illustrative of the History of the Slave Trade to America*, ed. Elizabeth Donnan, vol. 4, *The Border Colonies and Southern Colonies* (Washington, DC : Carnegie Institution of Washington, 1935), 371~72.

10. T. Aubrey, *The Sea-Surgeon, or the Guinea Man's Vade Mecum* (London, 1729), 128. 폭력이 노예의 의지에 반해 효과를 보이지 않았다는 또 다른 판단에 관해서는 "Information of Janverin" in *Substance of the Evidence of Sundry Persons on the Slave Trade...*, ed. Thomas Clarkson (London, 1789), 249를 참조하라.

11. William Snelgrave, *A New Account of Some Parts of Guinea and the Slave Trade* (London, 1734), 190 ; "Anecdote IX" (작자 미상), in Clarkson, *Substance of the Evidence*, 315~16 ; Jones v. Small, Law Report, *Times* (UK), July 1, 1785.

12. "Voyage to Guinea," Add. Ms. 39946, f. 8 (*TSTD*, no. 75489) ; *Memoirs of the Late Captain Hugh Crow of Liverpool...* (London : Longman, Rees, Orme, Brown, and Green, 1830), 44 ; James Hogg to Humphrey Morice, Mar. 6, 1732, Humphrey Morice Papers, Bank of England Archives, London.

13. *Connecticut Journal*, Feb. 2, 1786 ; Falconbridge의 증언, 1790, *HCSP*, 72 : 307~8 ; "Extract from a Letter on Board the Prince of Orange," Apr. 7, 1737, *Boston News-Letter*, Sept. 15, 1737.

14. Isaac Wilson의 증언, 1790, *HCSP*, 72 : 281 ; Claxton의 증언, *HCSP*, 82 : 35~36 ; *Pennsylvania Gazette*, May 21, 1788. Clarkson은 Mirabeau에게 보내는 편지 에서 다시 한 번 자신의 이야기를 했다, Dec. 9, 1789, Clarkson의 서류들, Huntington Library, San Marino, CA. 종호(Zong)에 관해서는, Granville Sharp to the Lord Commissioners of the Admiralty, London, July 2, 1783, "Documents Related to the Case of the *Zong* of 1783," Manuscripts Department, National Maritime Museum, REC/19, fo. 96를 참조하라.

15. Wilson과 Falconbridge의 증언, 두 사람의 증언 모두 *HCSP*, 72 : 279, 300에서 가져 왔다 ; Ranger호의 항해일지, Captain John Corran, Master, 1789~1790, 387 MD

56, Liverpool Record Office ; (John Wells), "Journal of a Voyage to the Coast of Guinea, 1802," Add. Ms. 3,871, f. 15, Cambridge University Library ; Mr. Thompson의 증언, *Substance of the Evidence*, 207.

16. Mr. Thomas Gatherer에게 보내는 편지에서 발췌, in Lombard Street ; dated Fort-James, River Gambia, Apr. 12, 1773, *Newport Mercury*, Dec. 27, 1773 ; *Independent Journal*, Apr. 29, 1786 ; *Newport Mercury*, Mar. 3, 1792 ; *Newport Mercury*, Nov. 25, 1765 ; *Connecticut Journal*, Jan. 1, 1768 ; "The Log of the *Unity*, 1769~1771," Earle Family Papers, Merseyside Maritime Museum, Liverpool, D/EARLE/1/4 ; *Providence Gazette and Country Journal*, Sept. 10, 1791.

17. "1788년 8월 1일부터 아프리카 해안에서 무역을 하던 함선의 의사 일지 발췌문, 런던 세관에 제출된 서류로 노예들이 함선에 승선한 이후 그들의 상태를 기록함." Slave Trade Papers, May 3, 1792, HL/PO/JO/10/7/920 ; "Log-books, etc. of slave ships, 1791~7," Main Papers, June 17~19, 1799, HL/PO/JO/10/7/1104 ; "Certificates of Slaves Taken Aboard Ships," 1794, HL/PO/JO/10/7/982, all in the House of Lords Record Office, Westminster. 모든 의사가 사망 원인을 기록한 것은 아니라는 점에 주목해야 하며 그런 까닭에 위 아카이브에는 이 책에서 분석한 86건 이외의 다른 일지들도 포함되어 있다. 이 일지 기록의 일부는 Richard H. Steckel and Richard A. Jensen, "New Evidence on the Causes of Slave and Crew Mortality in the Atlantic Slave Trade," *Journal of Economic History* 46 (1986) : 57~77에 대한 경험적인 근거를 형성했다.

18. 법적 판결에 관해서는 Jones v. Small, Law Report, *Times* (UK), July 1, 1785를 참조하라. 다른 형태의 저항과 마찬가지로 배 밖으로 뛰어내리는 행동에 대한 소문은 대서양을 돌아 대도시로 흘러들었고 이곳의 여러 작가는 시를 통해 노예로서의 불명예스러운 삶 대신 죽음을 택한 결정을 영원한 기록으로 남겼다. 리버풀의 귀족 윌리엄 로스코와 의사 제임스 커리가 익명으로 함께 쓴 유명한 폐지론자의 시 「흑인의 불만」에서는 아프리카인 화자 마라탄(Maratan)이 "내일이 되면 오만한 백인이 / 자랑스레 나를 자신의 노예라 칭하리니 / 족쇄를 차고 바다에 뛰어들어 / 용기의 제국으로 달려가리라"라고 말했다. Dr. James Currie to Admiral Sir Graham Moore, Mar. 16, 1788, 920 CUR 106, Papers of Dr. James Currie, Liverpool Record Office. 이 시는 원래 상류 사교계에만 소개되었다가 후에 미국에서 다시 출판되었다. *Federal Gazette*, 그리고 *Philadelphia Evening Post*, Apr. 8, 1790을 참조하라. 같은 종류의 이야기가 Roscoe의 *The Wrongs of Africa* (London, 1788)에도 나타난다. James G. Basker의 뛰어난 편집물인 *Amazing Grace : An Anthology of Poems about Slavery, 1660-1810* (New Haven, CT : Yale University Press, 2002)를 참조하라.

19. Ellison의 증언, *HCSP*, 73 : 374.

20. * con(함께)+ spire(숨 쉬다).

21. Arnold의 증언, *HCSP*, 69 : 130.

22. *Times*, July 1, 1785; "Log of the *Unity*," Earle Family Papers, D/EARLE/1/4; *Connecticut Journal*, Feb. 2, 1786; Robert Hume의 증언, 1799, in *House of Lords Sessional Papers*, ed. F. William Torrington (Dobbs Ferry, NY: Oceana Publications, 1974), 3:110; Trotter의 증언, *HCSP*, 73:87; John Atkins, *A Voyage to Guinea, Brasil, and the West Indies* (London, 1735), 72~73. 남자아이에 관해서는 Mr. Thomas Gatherer에게 보내는 편지에서 발췌, Apr. 12, 1773, *The Newport Mercury*, Dec. 27, 1773을 참조하라.

23. William Butterworth, *Three Years Adventures of a Minor, in England, Africa, the West Indies, South Carolina and Georgia* (Leeds, 1822), 96; Snelgrave, *A New Account*, 77; Fountain의 증언, *HCSP*, 68:273; John Thornton, *Warfare in Atlantic Africa, 1500-1800* (New York: Routledge, 1999), 140.

24. *Pennsylvania Gazette*, May 16, 1754; Lieutenant Governor Thomas Handasyd to the Board of Trade and Plantations, from Jamaica, Oct. 5, 1703, in Donnan, *Documents Illustrative of the History*, 2:4; *Boston News-Letter*, May 6, 1731 (also *Boston Gazette*, Apr. 26, 1731); *Bath Journal*, Dec. 18, 1749; *Boston Gazette*, Oct. 4, 1756; *Pennsylvania Gazette*, May 31, 1764; *New London Gazette*, Dec. 18, 1772; *Newport Mercury*, Dec. 27, 1773; William Fairfield to Rebecca Fairfield, Cayenne, Apr. 23, 1789, in Donnan, *Documents Illustrative of the History*, 3:83; *Providence Gazette and Country Journal*, Sept. 10, 1791; *Massachusetts Spy: Or, the Worcester Gazette*, Apr. 4, 1798; *Federal Gazette & Baltimore Daily Advertiser*, July 30, 1800; *Newburyport Herald*, Mar. 22, 1808.

25. William Smith, *A New Voyage to Guinea* (London, 1744), 28. 코로만티족에 관해서는 Thomas Trotter, *Observations on the Scurvy* (London, 1785), 23; Alexander Falconbridge, *An Account of the Slave Trade on the Coast of Africa* (London, 1788), 70. 또한, Snelgrave, *New Account*, 168~69, 177~78을 참조하라.

26. *Felix Farley's Bristol Journal*, Mar. 24, 1753.

27. Stephanie Smallwood, *Saltwater Slavery: A Middle Passage from Africa to African Diaspora* (Cambridge, MA: Harvard University Press, 2009), 123.

28. *Newburyport Herald*, December 4, 1801.

29. *Boston Post Boy*, August 13, 1750.

30. *Pennsylvania Gazette*, November 9, 1732; Atkins, *A Voyage to Guinea*, 175~76. 또한, *Three Years Adventures*, 103을 참조하라.

31. *Boston News-Letter*, September 18, 1729; *TSTD*, #77058; *Bath Journal*, December 18, 1749; *TSTD*, #90233.

32. *American Mercury*, January 31, 1785.

33. Ellison의 증언, *HCSP*, 73:375; Snelgrave, *New Account*, 167, 173; "Anecdote I" (작자 미상), in Clarkson, *Substance of the Evidence*, 311; Arnold의 증언, *HCSP*,

69 : 134.

34. Towne의 증언, 1791, *HCSP*, 82 : 21; David Richardson, "Ship-board Revolts, African Authority, and the Atlantic Slave Trade," *William and Mary Quarterly*, 3rd ser., 58 (2001) : 82~90.

35. *Boston News-Letter*, Sept. 9, 1731; Richardson, "Shipboard Revolts," 74~75.

36. Thomas Clarkson, *An Essay on the Slavery and Commerce of the Human Species, particularly The African, translated from a Latin Dissertation, ...* (London, 1786; repr., Miami, FL : Mnemosyne Publishing, 1969), 88~89.

37. *Newburyport Herald*, Dec. 4, 1801; Clarkson to Mirabeau, Dec. 9, 1789, ff. 1~2, Papers of Clarkson, Huntington Library.

38. Piersen, "White Cannibals, Black Martyrs," 147~59.

39. "Anonymous Account," Add. Ms. 59777B, ff. 40~41, British Library; John Douglas의 증언, 1791, *HCSP*, 82 : 125 : Michael Mullin, *Africa in America : Slave Acculturation and Resistance in the American South and British Caribbean, 1736-1831* (Urbana : University of Illinois Press, 1992), 66~69; Smallwood, *Saltwater Slavery*, 147.

40. "Voyage to Guinea," Add. Ms. 39946, ff. 9~10; Millar의 증언, *HCSP*, 73 : 394; Hawkins, *A History of a Voyage to the Coast of Africa*, 108; Clarkson, *Essay on the Slavery*, 143~44. 이 믿음의 출처에 관해서는 *Times*, Feb. 2, 1790; Atkins, *Voyage to Guinea*, 175~76을 참조하라.

41. "Anonymous Account," Add. Ms. 59777B, ff. 40~41v.

42. Claxton의 증언, 1791, *HCSP*, 82 : 35; Snelgrave, *New Account*, 183~84; *Memoirs of the Late Captain*, 26.

43. Clarkson to Mirabeau, Dec. 9, 1789, f. 1, Papers of Clarkson, Huntington Library.

44. John Thornton, *Africa and Africans in the Making of the Atlantic World, 1400-1800* (New York : Cambridge University Press, 1992), 195.

45. Butterworth, *Three Years Adventures*, 80~82; William James의 증언, *HCSP*, 69 : 49; Wilson의 증언, *HCSP*, 72 : 281~82; Arnold의 증언, *HCSP*, 69 : 50, 137~38; Trotter의 증언, *HCSP*, 73 : 97, 99~100.

46. John Matthews, *A Voyage to the River Sierra Leone, on the Coast of Africa* (London, 1788), 153; Bowen의 자료, Clarkson, *Substance of the Evidence*, 230.

47. Thomas Winterbottom, *An Account of the Native Africans in the Neighbourhood of Sierra Leone* (London, 1803), 1 : 212; Butterworth, *Three Years Adventures*, 126.

48. Falconbridge의 증언, *HCSP*, 72 : 308; Ellison의 증언, *HCSP*, 73 : 381.

49. Trotter의 증언, *HCSP*, 73 : 88; Bowen의 자료, *Substance of the Evidence*, 230; "Extract of a letter from Charleston to the Editor of the Repertory, dated March 8th," *Massachusetts Spy, or Worcester Gazette*, Apr. 4, 1804.

50. Thomas King의 증언, 1789, *HCSP*, 68:333;Arnold의 증언, *HCSP*, 69:50.

7장 "검은 해적"

1. *New York Morning Herald*, Aug. 24, 1839. 여기와 이후 단락의 모든 인용은 이 기사로 부터 나왔다.

2. *New York Morning Herald*, Aug. 26, 1839;*New York Journal of Commerce*, Aug. 28, 1839;*New York Morning Herald*, Sept. 2, 1839;*New Orleans Bee*, Sept. 4, 1839.

3. * penny press. 싸구려 지라시 형태로 대량 생산된 1센트짜리 신문.

4. *Richmond Enquirer*, Oct. 25, 1839. The "The Long Low Black Schooner"는 *New York Sun*, Aug. 31, 1839에 출판된 기사였으며 매사추세츠의 에식스, 사우스캐롤라이나의 찰스턴, 그리고 루이지애나의 뉴올리언스에 이르는 지역에서 적어도 9개의 다른 신문에 2주 동안 다양한 형태로 재출간되었다. 페니 프레스의 부흥에 관해서는 James L. Crouthamel, *Bennett's New York Herald and the Rise of the Popular Press* (Syracuse, NY:Syracuse University Press, 1989), chap. 2를 참조하라. "지역사회의 많은 사람들"에게 다가가고자 한 베넷의 창립 논평은 22페이지를 참조하라.

5. *New York Commercial Advertiser*, June 16, 1840;*New York (Morning) Herald*, Oct. 3, 1847.

6. Arthur Abraham, *The Amistad Revolt:An Historical Legacy of Sierra Leone and the United States* (Washington, DC:US Department of State International Information Programs, 1998);Howard Jones, *Mutiny on the Amistad:The Saga of a Slave Revolt and Its Impact on American Abolition, Law, and Diplomacy* (New York:Oxford University Press, 1987);Iyunolu Folayan Osagie, *The Amistad Revolt:Memory, Slavery, and the Politics of Identity in the United States and Sierra Leone* (Athens:University of Georgia Press, 2000).

7. * 마체테의 일종으로 사탕수수를 수확할 때 쓰는 넓적한 칼.

8. 1839년 6월 28일 아미스타드호는 아바나로부터 53명의 아프리카인 노예(49명의 남자와 4명의 아이)를 300마일 동쪽의 쿠바 포르토프랭스로 수송하는 항해를 시작했다. 아프리카인들은 반란을 일으키고 선장과 선원 한 명을 살해했다. 두 명의 백인 탑승자 페드로 몬테스와 호세 루이즈는 노예들의 아프리카 고향인 시에라리온으로 선박을 조종하기 위해 살려두었다. 그러나 몬테스는 누군가 배를 붙잡길 바라며 낮에는 해가 뜨는 방향인 동쪽으로 밤에는 북서쪽으로 배를 항해했고 결국 배는 1839년 8월 26일 미합중국 브릭급 함선 워싱턴호에 의해 나포되었다. 코네티컷 뉴런던으로 끌려간 싱케이와 그의 동지들은 해적행위와 살인의 혐의를 받았다. 폐지론자들은 대의를 가지고 모였으며 대중적, 법적 옹호 캠페인을 조직했다. 일련의 극적 재판 결과로 1841년 3월 대법원은 아미스타드호 포로들을 풀어주었고 그들은 그해 11월 시에라리온으로 돌아가게 되었다.

9. 더 중요한 비교에 관해서는 Stanley Harrold, "Romanticizing Slave Revolt:Madison Washington, the Creole Mutiny, and Abolitionist Celebration of Violent Means,"

in *Antislavery Violence: Sectional, Racial, and Cultural Conflict in Antebellum America*, ed. *John R. McKivigan and Stanley Harrold* (Knoxville: University of Tennessee Press, 1999), 89~107을 참조하라.

10. 이 시기의 유명인에 관해서는 Paul Johnson, Sam Patch, *the Famous Jumper* (New York: Hill and Wang, 2004)를 참조하라.

11. *A True History of the African Chief Jingua and his Comrades, with a Description of the Kingdom of Mandingo, and of the Manners and Customs of the Inhabitants— An Account of King Sharka, of Gallinas, A Sketch of the Slave Trade and Horrors of the Middle Passage ; with the Proceedings on Board the "Long, Low, Black Schooner"* (Hartford, New York, and Boston: 1839); *Colored American*, Oct. 5, 1839.

12. *New York Morning Herald*, Aug. 29, 1839.

13. James Fenimore Cooper, *The Pilot: A Tale of the Sea* (New York, 1823); Cooper, *The Red Rover: A Tale* (Philadelphia, 1828); Richard Henry Dana, *Two Years before the Mast* (New York, 1840); Mary K. Bercaw Edwards, *Cannibal Old Me: Spoken Sources in Melville's Early Works* (Kent, OH: Kent State University Press, 2009); Lord Byron, *The Corsair* (London, 1814); Sir Walter Scott, *The Pirate* (London, 1821); Frederick Marryat, *The Pirate* (London, 1836); Frederick Engels, "The Pirate," *Collected Works of Karl Marx and Frederick Engels* (New York: International Publishers, 1975), 2:557~71; "The Lives of Anne Bonny and Mary Read," *Waldie's Select Circulating Library* (1833); "From the New Novel—Blackbeard," *New York Mirror*, June 6, 1835.

14. Rediker, *Villains of All Nations,* 173.

15. *Boston News-Letter*, Apr. 4, 1723; Rediker, *Villains of All Nations*, 53~56. 또한, Kenneth J. Kinkor, "Black Men Under the Black Flag" in *Bandits at Sea: A Pirates Reader*, ed. C. R. Pennell (New York: New York University, 2001), 195~210을 참조하라.

16. Lawrence A. Peskin, *Captives and Countrymen: Barbary Slavery and the American Public, 1785-1816* (Baltimore: Johns Hopkins University Press, 2009); Frederick C. Leiner, *The End of Barbary Terror: America's 1815 War against the Pirates of North Africa* (Oxford, UK: Oxford University Press, 2006); Frank Lambert, *The Barbary Wars: American Independence in the Atlantic World* (New York: Hill and Wang, 2006); Hester Blum, "Barbary Captivity and Intra-Atlantic Print Culture," in her *The View from the Masthead: Maritime Imagination and Antebellum American Sea Narratives* (Chapel Hill: University of North Carolina Press, 2008), 46~70.

17. *A Report of the Trial of Pedro Gilbert* (Boston: Russell, Oridorne and Metcalf, 1834)를 참조하라. 이는 너무나 인기가 많아서 즉시 2판과 3판이 제작되었다. *Trial of the Twelve Spanish Pirates of the Schooner Panda, A Guinea Slaver ... For Robbery*

and Piracy, Committed on Board the Brig Mexican, 20th Sept. 1832 (Boston : Lemuel Gulliver, 1834) ; 그리고 A Supplement to the Report of the Trial of the Spanish Pirates, with the Confessions or Protests, Written by Them in Prison (Boston : Lemuel Gulliver, 1835).

18. Public Ledger, June 6, 1838 ; Connecticut Courant, Jan. 9, 1841 ; Army & Navy Chronicle, Mar. 14, 1839 ; Ben Bobstay, "The Chase," The Hesperian : or, Western Monthly Magazine, Jan. 1839. 또한 (Baltimore) Sun, July 3, 1839를 참조하라.

19. 스트롱이 출판한 책은 Thomas Carey, The History of the Pirates, Containing the Lives of Those Noted Pirate Captains, Misson, Bowen, Kidd, Tew, Halsey, White, Condent, Bellamy, Fly, Howard, Lewis, Cornelius, Williams, Burgess, North, and Their Several Crews ... (Haverhill, MA, 1829)를 개정한 것이었다. 이 책은 1829년과 1834년 그리고 1835년에 하트퍼드에서 재출판되었다. Philip Gosse, A Bibliography of the Works of Captain Charles Johnson (London : Dulau and Company, 1927), 53~64를 참조하라. 또한, Blum, View from the Masthead, 35, 47을 참조하라.

20. Henry K. Brooke, comp., Book of Pirates, Containing Narratives of the Most Remarkable Piracies and Murders, Committed on the High Sea : Together with an Account of the Capture of the Amistad, and a Full and Authentic Narrative of the Burning of the Caroline (Philadelphia : J. B. Perry and New York : N. C. Nafis, 1841), 184~96 ; 인용구는 185, 196, x에서 가져왔다(원문의 강조를 따랐다).

21. Gosse, Bibliography, 50~51 ; Charles Ellms, The Pirates' Own Book ; or, Authentic Narratives of the Lives, Exploits, and Executions of the Most Celebrated Sea Robbers, with Historical Sketches of the Joassamee, Spanish, Ladrone, West India, Malay, and Algerine Pirates, iii. Strong의 책은 1837년, 1839년, 1847년, 1849년, 1850년, 1851년, 1855년, 1860년에 재출판되었다. Ellms의 책은 1841년부터 1846년까지 매년, 그리고 1855년, 1856년과 1859년에 다시 재출판되었다. Brooke의 책은 1845년과 1846년 그리고 1847년에 재출판되었다.

22. David Grimsted, Melodrama Unveiled : American Theater and Culture, 1800-1850 (Chicago : University of Chicago Press, 1968), 149 ; Bank, Theatre Culture, 159.

23. 이 전단은 하버드 대형 극장의 소장품이다. New York Commercial Advertiser, Sept. 4, 1839, New York Sun, Aug. 31, 1839. Bruce A. McConachie, " 'The Theatre of the Mob' : Apocalyptic Melodrama and Preindustrial Riots in Antebellum New York," in Theatre for Working-Class Audiences in the United States, 1830-1980, ed. McConachie and Daniel Friedman (Westport, CT : Greenwood Press, 1985), 17~46과 같은 저자의 Melodramatic Formations : American Theatre and Society, 1820-1870 (Iowa City : University of Iowa Press, 1992) 그리고 Peter Reed, Rogue Performances : Staging the Underclasses in Early American Theatre Culture (London : Palgrave Macmillan, 2009)를 참조하라.

24. Christine Stansell, *City of Women : Sex and Class in New York, 1789-1860* (New York : Knopf, 1986), 89, 90, 93~95 ; McConachie, *Melodramatic Formations*, 122 ; Reed, *Rogue Performances*, 9, 11, 15 ; Rosemarie K. Bank, *Theatre Culture in America, 1825-1860* (Cambridge, UK : Cambridge University Press, 1997), 84 ; Peter George Buckley, "To the Opera House : Society and Culture in New York City, 1820~1860," PhD diss., State University of New York at Stony Brook, 1984, 181~82.

25. *Philadelphia Inquirer*, Sept. 2, 1839 ; *New York Mirror*, Sept. 14, 1839. 여기에서는 이 연극이 그 시기의 성공작 중 하나라고 썼다. 예상 수익은 Perry Walton이 잘 조사하였으나 문서화하지는 않았던 자료에서 따왔다. "The Mysterious Case of the Long, Low, Black Schooner," *New England Quarterly* 6 (1933) : 360. 또한, 그는 연극이 바우어리뿐만 아니라 파크 극장, 국립 극장 그리고 니블로 가든에서도 공연되었다고 언급했다. 나는 주요한 출처에서 다른 곳의 수익은 확인할 수 없었다. 이 연극에 관한 마지막 언급은 *New Orleans Bee*, Sept. 17, 1839에 나타났다.

26. *New York Commercial Advertiser*, Sept. 4, 1839 ; *New York Morning Herald*, Feb. 28, 1840 ; *Public Ledger*, Apr. 11, 1839 ; Bank, *Theatre Culture*, 72.

27. 젬바라는 이름은 *The Court Magazine, containing Original papers by Distinguished Writers* (London : Bull and Churton, 1833), vol. 3 (July~Dec. 1833), 71~74에 수록된 「흑인 이야기 : 젬바와 조랴디」에서 발췌한 것으로 보인다. 이 이야기는 1838년 1월 2일 *Philadelphia Inquirer*에 재출판되었다.

28. 스쿠너의 선창을 배경으로 활용한 점이 연극을 색다르게 했다. 헤더 네이선스는 노예 무역이 국가 내부의 문제라고 간주하되 중간 항로는 미국 무대에서 "사실상 사라졌다."고 기록했다. 그녀의 *Slavery and Sentiment on the American Stage, 1787-1861 : Lifting the Veil of Black* (New York : Cambridge University Press, 2009), 129~30을 참조하라.

29. 피터 리드는 무대에서 처형을 보여줬을 리는 없으며 당시 더 일반적인 각색에서는 영웅을 구해주는 것이었다고 적었다. 저자와의 개인적 교신, Dec. 14, 2010.

30. * Brook Farm, 19세기 미국의 사회주의 공동생활체.

31. Bank, *Theatre Culture*, 96 ; *Supplement to the Royal Gazette*, Jan. 27, 1781~Feb. 3, 1781, 79. Diana Paton, "The Afterlives of Three-Fingered Jack," in *Slavery and the Cultures of Abolition : Essays Marking the Bicentennial of the Abolition Act of 1807*, ed. Brycchan Carey and Peter J. Kitson (London : D. S. Brewer, 2007), 44 ; McConachie, *Melodramatic Formations*, 70~71, 142, 143 ; 그리고 Reed, *Rogue Performances*, 21, 37, 100, 122, 159~60에서 인용됨.

32. Reed, *Rogue Performances*, 5, 13 (quotation), 43 ; McConachie, *Melodramatic Formations*, 97~100.

33. "Private Examination of Cinquez," *New York Commercial Advertiser*, Sept. 13 1839 ; *New York Sun*, Aug. 31, 1839.

34. Reed, *Rogue Performances*, 10, 175~85 ; Jonas B. Phillips, *Jack Sheppard, or the*

Life of a Robber! Melodrama in Three Acts founded on Ainsworth's Novel (1839).

35. *Joseph Cinquez, Leader of the Gang of Negroes, who killed Captain Ramon Fer-rers and the Cook, on board the Spanish Schooner Amistad, Captured by Lieutenant Gedney of the US Brig Washington at Culloden Point, Long Island, Aug. 24th 1839*, hand-colored lithograph, Stanley Whitman House, Farmington, Connecticut.

36. *Joseph Cinquez, Leader of the Piratical Gang of Negroes, who killed Captain Ra-mon Ferris and the Cook, on board the Spanish Schooner Amistad, taken by Lieut. Gedney, commanding the U.S. Brig Washington at Culloden Point, Long Island, 24th Augt 1839, Drawn from Life by J. Sketchley, Aug.* 30, 1839, lithograph by John Childs, New Haven Colony Historical Society.

37. *Joseph Cinquez, The brave Congolese Chief, who prefers death to Slavery, and who now lies in Jail at New Haven Conn. awaiting his trial for daring for freedom*, Library of Congress. 아마도 전단이었던 것으로 보이는 두 번째 작은 판형 그림은 Frances Manwaring Caulkins Scrapbook, reference 029.3 Scr 15, Misc. American, 1830~1850, New London County Historical Society, New London, Connecticut. The *New York Sun* of Aug. 31, 1839에 "James Sheffield of New London"를 화가 이름으로 내걸고 보관되어 있다. 그러나 이 시기 뉴런던의 주요 해상 화가는 아이작 셰필드(Isaac Sheffield)였다. H. W. French, *Art and Artists in Connecticut* (Boston, 1879), 60을 참조하라.

38. "Portrait of Cinquez"는 Monday, Sept. 2, 1839 edition에서 발췌했으며, 이는 *New York Sun*, Sept. 7, 1839, Country Edition, Weekly―No. 147에 재간행되었다.

39. *New York Morning Herald*, Sept. 17, 1839 ; Oct. 9, 1839.

40. * Barbary Corsair. 바르바리 커세어 또는 바르바리 해적은 지중해 알제항이나 튀니지 지역을 거점으로 삼은 무슬림 해적을 말하며 오랜 기간 유럽과 미국의 상선을 약탈했다. 아미스타드호의 아프리카인들은 이슬람으로 오해받는 경우가 많았고, 아메리카의 바르바리 지역으로 여겨지기도 하는 쿠바를 근거지로 삼았다고 묘사되기도 했기 때문에 바르바리 해적의 명칭을 얻은 것으로 보인다

41. *New York Sun*, Aug. 31, 1839 ; *New York Journal of Commerce*, Sept. 10 1839 ; *New York Commercial Advertiser*, Sept. 13, 1839 ; *New Hampshire Sentinel*, Oct. 2, 1839 ; *Colored American*, Oct. 5, 1839.

42. 인용되거나 주로는 표절된 작품에는 Mungo Park, *Travels in the Interior Districts of Africa: Performed in the Years 1795, 1796, and 1797* (London, 1799) ; Richard Land-er, *Journal of an Expedition to Explore the Course and Termination of the Niger* (London, 1832) ; Joseph Hawkins, *A History of a Voyage to the Coast of Africa, and Travels into the Interior of that Country* (Troy, NY, 1797) ; Captain J. K. Tuckey, *Narrative of an Expedition to Explore the River Zaire* (London, 1818) ; 그리고 Sir Thomas Fowell Buxton, *The African Slave Trade, and its Remedy* (London, 1839)

가 있다. 하트퍼드의 방문자에 관해서는 *New York Commercial Advertiser*, Sept. 20, 1839를 참조하라.

43. *New York Commercial Advertiser*, Sept. 6, 1839.

44. 저자는 아마도 루이스 태판이 노예들을 만딩고라고 잘못 기재했던 *New York Sun* (Sept. 10, 1839)의 기사를 바탕으로 글을 썼을 것이다.

45. 저자는 "History of the Adventures, Capture, and Execution of the Spanish Pirates," in Ellms, *Pirates Own Book*을 바탕으로 글을 썼다.

46. 『진정한 역사』의 마지막 단락은 *African Repository and Colonial Journal* 8 (1832) : 121 (인용)에서 따왔다.

47. 1820년대와 1830년대에는 바이런의 영향으로 "무어 문화"에 매료된 대중을 쉽게 볼 수 있었다.

48. "Records of the U.S. District and Circuit Courts for the District of Connecticut : Documents Relating to the Various Cases Involving the Spanish Schooner Armistad," Folder II : U.S. v. Faqnannah et. Al, September 1839 term, RG-21 USCC CT (United States Circuit Court, Connecticut), Frederick C. Murphy Federal Records Center, Waltham, MA.

49. Jones, *Mutiny on the Amistad*, 50~53.

50. *New York Commercial Advertiser*, Sept. 4, 1839 ; *New York Journal of Commerce*, Sept. 4, 1839 ; *New York Journal of Commerce*, Sept. 5, 1839 ; *Emancipator*, Sept. 14, 1839.

51. *New York Journal of Commerce*, Sept. 5, 1839. 또한, Jones, *Mutiny on the Amistad*, 138~44 그리고 Douglas R. Egerton, *Charles Fenton Mercer and the Trial of National Conservatism* (Jackson : University of Mississippi Press, 1989), 179~81을 참조하라.

52. *New York Journal of Commerce*, Sept. 14, 1839.

53. *The African Captives : Trials of the Prisoners of the Amistad on the Writ of Habeas Corpus, before the Circuit Court of the United States, for the District of Connecticut, at Hartford, Judges Thompson and Judson, September Term, 1839* (New York, 1839), 44.

54. *New York Journal of Commerce*, Mar. 17, 1841 ; *Argument of John Quincy Adams Before the Supreme Court of the United States in the Case of the United States, Appellants, vs. Cinque, and others, Africans, captured in the schooner Amistad, by Lieut. Gedney, Delivered on the 24th of February and 1st of March 1841* (New York : S. W. Benedict, 1841), 23 ; *Argument of Roger S. Baldwin, of New Haven, before the Supreme Court of the United States, in the Case of the United States, Appellant, vs. Cinque, and Others, Africans of the Amistad* (New York : S. W. Benedict, 1841), 20. 또한, Jones, *Mutiny on the Amistad*, chap. 10을 참조하라.

55. Rediker, *The Slave Ship* [레디커, 『노예선』]에서 인용된 노예선에서의 폭동에 관한 다양한 신문 기사를 참조하라.

56. David Walker, *Walker's Appeal in Four Articles; Together with a Preamble, To the Coloured Citizens of the World, but in Particular, and Very Expressly, to Those of the United States of America* (Boston, 1829) ; Peter Hinks, *To Awaken My Afflicted Brethren: David Walker and the Problem of Antebellum Slave Resistance* (State College : Pennsylvania State University Press, 1996) ; Kenneth S. Greenberg, ed., *Nat Turner: A Slave Rebellion in History and Memory* (New York : Oxford University Press, 2004) ; Michael Craton, *Testing the Chains: Resistance to Slavery in the British West Indies* (Ithaca, NY : Cornell University Press, 1982) ; João José Reis, *Slave Rebellion in Brazil: The Muslim Uprising of 1835 in Bahia* (Baltimore : Johns Hopkins University Press, 1995).

57. *New York Journal of Commerce*, Mar. 20, 1841에 재출판된 Kale to John Adams, Jan. 4, 1841을 참조하라.

58. 해적 형상은 아미스타드호 사건의 형성 단계인 초기에는 중요했지만, 이후 폐지론자들의 주장으로 가려지게 된다.

59. *New York Morning Herald*, Sept. 9, 1839.

60. 『헤럴드 오브 프리덤』의 기사는 *Colored American*, Oct. 19, 1839에서 재출판된다.

61. 아래로부터의 폐지론에 관한 중요한 업적으로 Merton L. Dillon, *Slavery Attacked: Southern Slaves and the Allies, 1619~1865* (Baton Rouge : Louisiana State University Press, 1990)이 있다.

62. Reed, *Rogue Performances*, 11 ; McConachie, *Melodramatic Formations*, 97~100.

63. Douglas R. Egerton, *Gabriel's Rebellion: The Virginia Slave Conspiracies of 1800 and 1802* (Chapel Hill : University of North Carolina Press, 1993), 40, 51, 109 ; Egerton, *Death or Liberty: African Americans and Revolutionary America* (New York : Oxford University Press, 2009).

64. 이 2행시는 후에 1841년 5월 1일 글래스고에서 출판된 *Chartist Circular*에서 "아르거스"(Argus)의 「자유! 보편적 자유!」라는 제목의 시로 나타난다. *True History of the African Chief, frontispiece*를 참조하라.

65. Mary Cable, *Black Odyssey: The Case of the Slave Ship "Amistad"* (New York : Penguin, 1971), 121.

66. 필립 랩선스키는 다음과 같이 썼다. "폭력의 공포를 완화하려는 노력의 일환으로 반노예제 운동은 흑인폭력과 자기주장 또는 통제의 표상을 만들어내지는 않았다. 그의 "Graphic Discord: Abolitionists and Antiabolitionist Images," in *The Abolitionist Sisterhood: Women's Political Culture in Antebellum America*, ed. Jean Fagan Yellin and John C. Van Horne (Ithaca, NY : Cornell University Press, 1994), 218~21을 참조하라. 또한, Marcus Wood, *Blind Memory: Visual Representations of Slavery in*

England and America, 1780-1865 (Manchester, UK : Manchester University Press, 2000), chap. 5, 그리고 Nathans, *Slavery and Sentiment*, 129~30, 202를 참조하라.

67. 대법원 판결 이후 코네티컷 파밍턴에서 아미스타드호 아프리카인들 몇몇이 지역의 불량배 무리와 싸우며 분명 그들을 구타하면서 한 사소한 폭력 사태가 발생했다. John Pitkin Norton Papers의 논쟁에 대한 John Pitkin Norton의 설명, MS 367, Diaries, Volume III : June 29, 1840~Sept. 15, 1841, Box No. 3, Folder 18, Manuscripts and Archives, Sterling Memorial Library, Yale University, Tuesday, Sept. 7, 1841, 그리고 Wednesday, Sept. 8, 1841의 기록. *Gentlemen of Property and Standing : Anti-Abolition Mobs in Jacksonian America* (New York : Oxford University Press, 1971), Leonard L. Richards는 1838년에서 1839년까지의 노예제 폐지론자 무리의 쇠퇴를 기록했다(6장을 참조하라). 또한, David Grimsted, *American Mobbing, 1828-1861 : Toward Civil War* (Oxford, UK : Oxford University Press, 1998)를 참조하라.

68. "Joseph Sturge's Visit to the United States," *Edinburgh Journal*, Apr. 1842.

69. Stanley Harrold, *The Rise of Aggressive Abolitionism : Addresses to the Slaves* (Lexington : University of Kentucky Press, 2004), 37~38, 155 ; Henry Highland Garnet, "An Address to the Slaves of the United States of America" (1843), republished in Harrold, *Rise of Aggressive Abolitionism*, 179~88을 참조하라. 러글스에 관해서는 *Liberator*, Aug. 13, 1841, Herbert Aptheker, "Militant Abolitionism," *Journal of Negro History* 26 (1941) : 438~84 ; 그리고 Graham Russell Gao Hodges, *David Ruggles : A Radical Black Abolitionist and the Underground Railroad in New York City* (Chapel Hill : University of North Carolina Press, 2010)을 인용했다. 또한, Jane H. Pease and William H. Pease, "Black Power — The Debate in 1840," *Phylon* 29 (1968) : 19~26, Patrick Rael, ed., *African-American Activism before the Civil War* (New York : Routledge, 2008), 50~57에 재출간된 내용을 참조하라.

70. Marcus Rediker, *Amistad Rebellion*, 171, 206~8.

71. *New York Morning Herald*, Aug. 26, 1839.

에필로그

1. Jamaica Kincaid, *A Small Place* (New York : Farrar, Straus and Giroux, 1988), 24.

2. * 아메리카 독립전쟁에 참전한 유명한 해군 제독.

3. Samuel Eliot Morison, *Admiral of the Ocean Sea : A Life of Christopher Columbus* (Boston : Little, Brown, 1942) ; Morison, *John Paul Jones : A Sailor's Biography* (New York : Time-Life Books, 1959).

4. Jesse Lemisch, "The American Revolution Seen from the Bottom Up," in *Towards a New Past : Dissenting Essays in American History*, ed. Barton J. Bernstein (New York : Vintage, 1967), 29.

5. *Pennsylvania Gazette*, Sept. 20, 1759 ; *Boston Weekly News-Letter*, Aug. 24, 1769.

: : 인명 찾아보기